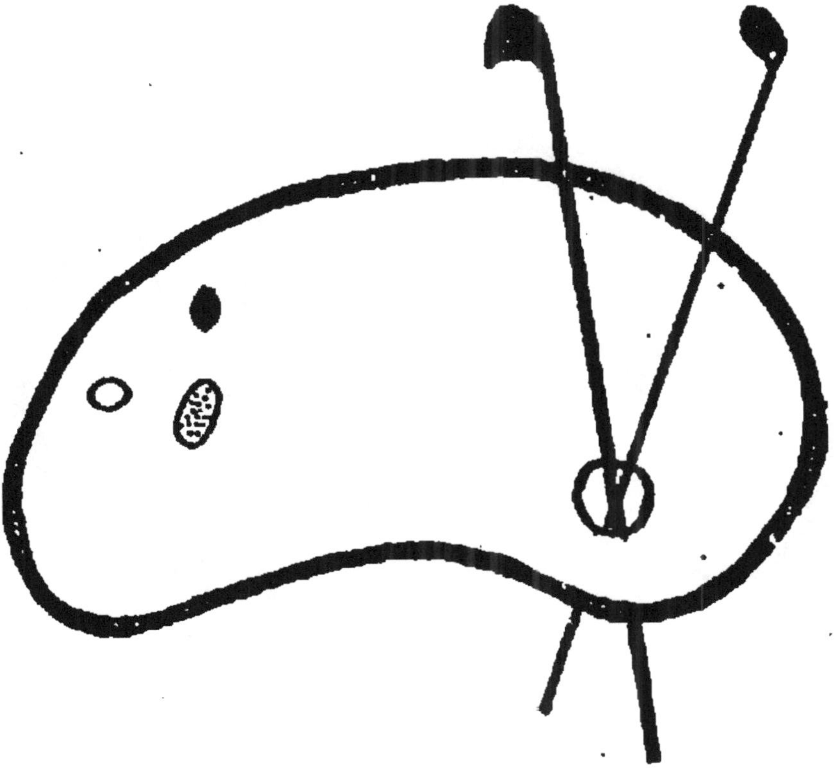

DEBUT D'UNE SERIE DE DOCUMENTS
EN COULEUR

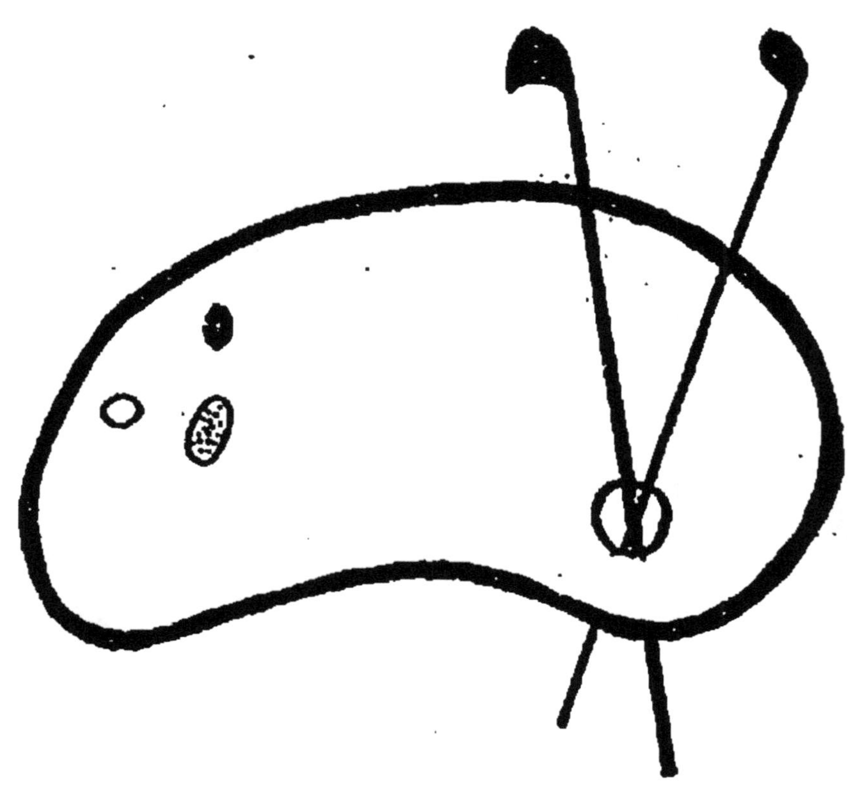

FIN D'UNE SÉRIE DE DOCUMENTS
EN COULEUR

LA LANGUE NOUVELLE

LA
LANGUE NOUVELLE

ESSAI DE CRITIQUE CONSERVATRICE

PAR

A. CLAVEAU

PARIS

LIBRAIRIES-IMPRIMERIES RÉUNIES

Motteroz et Martinet, Directeurs

7, rue Saint-Benoît, 7

1907

AVANT-PROPOS

L'idée de ce livre me sollicite depuis plus de vingt ans. Dans un volume, *Contre le flot*, que l'Académie française a bien voulu honorer de son suffrage, elle se faisait jour dès 1884; on me permettra de le rappeler et de prouver, par là, que j'ai pris le temps de la réflexion :

« Il s'est produit, dans ces derniers temps, disais-je alors, un phénomène littéraire qu'on n'a peut-être pas assez remarqué : nous avons créé une langue nouvelle. La vieille langue de Pascal, de Bossuet, de Racine, de Voltaire et de Chateaubriand ne nous suffisait plus pour exprimer nos idées et nos sentiments; nous en avons fabriqué une autre. Nous avons ouvert au génie français une mine à peu près inépuisable de locutions et de tours qu'il n'avait jamais soupçonnés. Je voudrais dire un mot de cette révolution en employant son propre langage...

« Ce qui caractérise avant tout la langue nouvelle, c'est le triomphe de l'adjectif. Nous mettons aujourd'hui dans la prose française autant d'épithètes que nos écoliers en mettaient autrefois dans les vers latins. Les plus forts d'entre nous en amassent des provisions, des cargaisons. Ce que nous en forgeons tous les jours est incroyable. Il faut absolument que chaque substantif ait la sienne, tirée de lui-même et, pour ainsi dire, de sa propre côte. C'est ainsi que d'*écritoire* on tirera *écritorieuse* et *vachique* de vache. Vous voyez d'ici quelles ressources offre le système et quelles richesses il nous promet! Le moindre mot, même étranger, à peine naturalisé, se double et se triple d'un ou deux compagnons, prêts à gonfler les vocabulaires : *turf*, *turfeux*. Il n'y a qu'à souffler dessus!

« Qui donc disait autrefois que l'adjectif était la mort de la langue? C'en est la vie; surtout quand on sait le combiner avec d'intelligents participes. Oh! le participe, présent et passé, voilà un trésor! En sentez-vous bien, au moins, toute la puissance et toute la beauté? Avez-vous mesuré le rôle que l'adjectif et le participe jouent, et la place qu'ils tiennent dans cette savante évolution de notre idiome national? De leur enchevêtrement, artistement balancé, naît une phrase enveloppante, enlaçant dans son fourmillement grouillant et compréhensif toutes les exquisités unies à toutes les sombreurs d'une pensée onduleuse et d'une passion cataractante, montant et tombant tour à tour à l'ivresse ou au navrement de la plénitude atteinte ou de la possession fuyante et inobtenue; — et, comme on entend la poule cotcodaquer après qu'elle a pondu, — ainsi la gamme ascendante des sensations troublantes et exacerbées se résout en l'intensité d'une névrose hyperaiguë et d'une hystérie stylique, imprimant à tout ce qui s'échappe de notre plume migrainée l'apparence d'une hantise cérébrale ou cardiaque, aboutissant, par la série scientifique des oscillations isochrones, à l'excrément inattendu et génial.

« Lorsque nous méditons, la pensée indolemment somnolente, la tête abaissée sur le croisement de nos deux bras aux coudes remontants, il se fait dans notre cervelle un vol de poils fendus en quatre. Entourant l'aisselle de l'aimée d'un enveloppement pudique, nous rêvons d'une littérature fantasque et clownesque ; des phrases nous montent au visage en coups de sang ; nous appelons dans un râle, parmi des flottements d'écharpe, une langue exaspérée et précieuse, coquebine et farouche, avec, dans les coins, des flexibilités paresseuses et mignardes ; aux mouvements de laquelle ne vienne aucune maladresse balourde ; mais plutôt, çà et là, des mots benjamins que l'on gâte sans savoir pourquoi et qui suffisent généralement pour qu'un succès se lève et chuchote autour de nous. Enfin nous sommes, dans l'allumement et le refermement successifs de notre virtuosité intermittente, sans débauche d'apparat fébrile, plongeants et creuseurs, et perforateurs et isthmeux.

« Ce n'est pas tout ! Cette moelle des lions, ce pain des forts ne suffiraient pas à nos rugissements d'âme, si nous n'avions en même temps, à notre disposition, le clavier complet de tous les gazouillements de l'esprit. Mais personne n'ignore que nous touchons à volonté ces deux pôles de l'art, hors desquels l'idée, à la fois égrotante et serpentine, ne peut éployer ses ailes, demeure, les prunelles abolies, dans un contemplement vide, tandis que les tempes auréolées du génie, qui est à la fois mâle et femelle, tracent dans l'air bleui un sillon lumineux, éclairant de son ironie inconsciente

toutes les impuissances et tous les avortements d'en
bas...

« Les vieux sont enfoncés, éteints, morts. Ils ont pu
montrer quelque talent à leur époque, dans ces siècles
primitifs de Molière et de Diderot, qui sont le moyen
âge de l'art. Mais au fond, quelle misère ! Jamais la
raideur dorsale de leur échine stylique n'embrassera,
dans un ondoiement plié aux sensations couleuvrines,
la troublante et crépusculaire complexité de la psychologie embryonnaire, effleurant, sans y pénétrer, la
superficialité perpétuellement moutonnante de l'être
humain... » (1).

Aux personnes qui seraient disposées à ne voir dans
ce galimatias qu'une parodie caricaturale, je montrerai
bientôt des échantillons authentiques dont il ne leur
paraîtra qu'une pâle copie. En tout cas, elles s'apercevront que mes inquiétudes datent de loin.

Le volume que je présente aujourd'hui au public
n'est que le développement, avec pièces et preuves,
de cette première et déjà ancienne protestation. C'est
pourquoi on y trouvera, non sans quelque ennui peut-
être, des citations longues et nombreuses, mais inévitables, dont je m'excuse. Je ne puis me dissimuler
que, s'il est lu, il soulèvera des objections et provo-
quera même des colères. On y accuse des écrivains français d'avoir profité d'une crise où notre langue, déjà
fatiguée par des polémiques violentes et des exagéra-
tions d'école, commençait à s'altérer, pour organiser

_____

(1) Cette espèce de jeu de patience a été découpé avec un soin méticuleux
dans le bagage littéraire des réformateurs. Il ne renferme pas un seul terme,
une seule locution, un seul tour de phrase qui n'en ait été scrupuleusement
extrait.

contre elle une conspiration en règle, et d'avoir ainsi accéléré ce mouvement de déformation qui est toujours un signe de décadence.

Un certain nombre, parmi ces conspirateurs, ne sont pas les premiers venus. Plusieurs portent un nom presque illustre dans l'histoire de notre littérature. Leurs chefs, reconnus et responsables, qui sont les frères de Goncourt, ont écrit des livres typiques. Ils ont été ce qu'on appelait autrefois des beaux esprits, réformateurs désintéressés et convaincus, ennemis de la convention et du poncif, sincèrement passionnés d'art et de style; curieux, trop curieux de nouveauté, portés à se singulariser pour sortir du rang, et à confondre, en matière de langage, l'originalité avec la bizarrerie. Ils ont réuni autour d'eux une élite de romanciers dont les survivants obéissent encore à leur inspiration et veillent sur leur mémoire. Ils ont même fondé, en face de l'Académie française, une seconde Académie fermée et rentée. Enfin ils ont joui d'une réputation qui s'explique par l'activité qu'ils ont déployée, leur foi en eux-mêmes et le long succès qu'ils ont obtenu.

On s'en voudrait de ne pas leur rendre l'équitable justice qui leur est due avant de dire en quoi ils se sont trompés. Mais le légitime respect que l'on garde à leur nom n'interdit à personne de montrer les dangers de la route où ils ont engagé, à leur suite, de trop serviles imitateurs.

Il nous paraît certain qu'ils ont fait du mal à notre langue, parce qu'ils sont partis d'un principe faux. C'est ce mal, c'est la fausseté de ce principe que j'ai essayé de mettre ici en pleine lumière. Je n'ai pas l'espoir de convaincre ceux qui ne voient pas à quel point nous sommes tombés dans l'afféterie et la manière, et par quelle série de chutes le sonnet d'Oronte, après deux

siècles et demi, a pris sa revanche sur Alceste et
Molière; mais il ne m'a pas paru impossible d'expliquer
que l'entreprise des révolutionnaires ne pourra jamais
réussir complètement parce qu'elle va contre la nature
des choses, autrement dit contre la nature des langues.
Les langues peuvent avoir de petites convulsions passagères, mais, une fois fixées, elles ne font pas de sauts
brusques, elles ne font pas de révolutions.

Il n'en faut pas moins craindre les accidents qui leur
arrivent ou dont elles sont menacées, et c'est ainsi que
j'ai été amené à étudier comment elles naissent, se
développent, se fixent, s'altèrent, se corrompent et
meurent, incapables d'échapper au sort commun des
choses humaines. Les langues mortes m'ont fourni, à
cet égard, des arguments et des témoignages; mais j'en
ai demandé aussi à la plupart des langues vivantes et
j'ai relevé là des indices, des symptômes qui n'ont pas
dissipé mes appréhensions. Non seulement toutes celles
qu'on parle dans le monde civilisé commencent à souffrir d'une pénétration réciproque due à la facilité des
communications et aux rapprochements des peuples,
mais les emprunts qu'elles se font mutuellement y
introduisent, en attendant mieux, des confusions qui
modifient leur physionomie primitive et originelle.

Elles voisinent trop! Les langues anciennes ont péri
avec les nations qui les ont parlées; les langues
modernes sont déjà victimes de cette promiscuité internationale qui les défigure en les fusionnant.

Je tiens beaucoup à déclarer que je ne me fais juge
ni des écoles littéraires, ni de leurs doctrines, ni de
leurs querelles. Qu'elles s'intitulent, à leur gré, classiques, romantiques, idéalistes, réalistes, spiritualistes,
matérialistes, naturalistes, naturistes, artistiques, par-
nassiennes, impressionnistes, symboliques, décadentes,

déliquescentes, ou simplement raisonnables, comme l'ancienne école du bon sens, je considère que ce n'est pas mon sujet. Je ne m'occupe ici que de la langue et de la manière dont ces diverses sectes se sont comportées avec ce magnifique instrument remis entre leurs mains par dix générations de prosateurs et de poètes.

Je ne m'attache même pas précisément au style des novateurs, bien que la langue et le style paraissent quelquefois se confondre et qu'il devienne assez difficile, en certains cas, d'établir une rigoureuse distinction entre l'outil et l'œuvre. Il y en a une cependant, et pour ne citer, en exemple, que deux maîtres contemporains, fort dissemblables, qu'on est habitué à réunir par un besoin d'antithèse et de contraste, Taine et Renan, ils ont chacun leur style qui leur est bien personnel; peut-on soutenir cependant qu'ils parlent une langue différente? Non, assurément. Ils emploient les mêmes mots, les mêmes tours, les mêmes constructions; ils ont la même grammaire, la même syntaxe, grammaire et syntaxe qui sont aussi les nôtres. Ce qui leur appartient en propre, c'est leur style, c'est-à-dire ce qui fait qu'on est Taine ou Renan.

Il ne s'agit donc pas dans ce livre — nous ne saurions trop le répéter, — de prendre parti entre les divers groupes littéraires, subdivisés à l'infini, qui se disputent l'opinion. Nous avons bien nos préférences, très réfléchies et très arrêtées, mais elles n'ont rien à faire dans une discussion qui reste en dehors de l'éternelle bataille des anciens et des modernes, puisqu'on n'a pas à comparer les mérites respectifs de leurs ouvrages. Notre tâche, beaucoup plus modeste, se réduit à raconter l'histoire d'une tentative dirigée contre les principes essentiels, les lois et les habitudes de notre *écriture* nationale.

C'est même, pour le dire en passant, ce qui nous a fait introduire, dans cet exposé, une digression sur ce qu'on a appelé la réforme de l'orthographe.

Les mécontents nous accuseront peut-être de pédantisme, tout au moins de purisme grammatical. On croira que nous réservons notre estime aux soigneux éplucheurs qui s'appliquent d'abord à écrire correctement en français. Ce sera une injustice, née d'une erreur. Sans faire fi de la correction qui n'a jamais gâté une belle page, notre faible, au contraire, est pour les inspirés du grand siècle, les Retz, les Sévigné, les Saint-Simon, et — ne vous récriez point — les Racine, dont le génie a pu quelquefois s'en passer.

On voit par là si nous méritons le reproche que Victor Hugo, dans son effervescence romantique, adressait un jour à toute la littérature française : « Les autres nations disent : Dante, Gœthe, Shakspeare! Nous, nous disons : Boileau! »

Non, nous ne disons pas : Boileau! Nous ne prenons de lui, à cette heure, que ses bons conseils et son religieux amour d'une langue si belle, si franche et si claire que, sauf les rares adjonctions nécessitées par le progrès matériel et les petites radiations consacrées par le temps, on ne peut que la détériorer en la transformant. C'est le dépit de la voir ainsi attaquée dans sa souplesse, son élégance et sa franchise; par conséquent, c'est une intention essentiellement conservatrice qui nous a suggéré cette résistance, trop tardive, à des entreprises dont on peut contester le péril, mais dont on ne saurait nier la réussite au moins partielle et momentanée.

Il semble bien aujourd'hui que la révolution radicale qu'on méditait, qu'on annonçait à grand tapage, qu'on présentait même comme un fait accompli, ait, non pas complètement échoué, mais sensiblement reculé. Ses adhérents eux-mêmes s'en aperçoivent puisque beaucoup d'entre eux renoncent en partie à leur programme et que les plus échauffés parlent et écrivent maintenant, surtout au théâtre, un français encore trop alambiqué, mais qui n'a plus rien de commun avec leurs anciens manifestes et leurs premières affiches (1).

Leur lente conversion prouve assez que nous ne nous battons pas contre des moulins, et ce qui le démontre encore mieux, c'est que, semblable à toutes les révolutions, celle-là, même interrompue ou manquée, a laissé derrière elle des traces fâcheuses, de mauvaises habitudes dont la langue se ressent encore et se ressentira peut-être toujours. Qui soutiendra, par exemple, que le besoin de grossissement et d'hyperbole qui caractérise la littérature contemporaine, n'en soit pas directement sorti? Or, c'est un fléau qui paralyse les meilleurs écrivains, obligés d'exagérer et d'outrer, pour ne pas paraître plats et se faire lire. Notre faculté première était la mesure; nous l'avons perdue et nous ne la retrouverons pas.

Malgré tout, l'ennui de heurter des opinions puissantes, des convictions sincères et de pieux souvenirs, le déplaisir plus vif encore de combattre des adversaires à demi vaincus, eût arrêté toute récrimination sur nos lèvres si certains signes nouveaux, quelques pétards mal éteints de l'ancienne explosion, ne nous eussent fait craindre que la langue, déjà entamée, ne fût encore une fois menacée par les mêmes agresseurs.

---

(1) Nous sommes loin surtout de la fameuse Préface de *Chérie* sur laquelle j'aurai à insister. Ce recul, ou au moins ce temps d'arrêt, est même devenu pour moi une difficulté, à mesure que j'avançais dans mon travail. Je voyais en quelque sorte fuir devant moi l'ennemi que j'attaquais, et j'aurais eu quelque peine à le suivre dans sa retraite, s'il ne se fût retourné de temps à autre pour interrompre la poursuite et continuer la bataille.

Il n'est pas impossible qu'ils reviennent à la charge, encouragés par l'adhésion ou le silence d'aveugles et inconscients complices, et c'est pourquoi, contre un retour offensif de ce genre, il faut prendre les précautions usitées en pareil cas, autrement dit se tenir prêts dans des retranchements inexpugnables. Mon livre n'a d'autre prétention que d'être un avertissement, un *garde à vous !* (1).

Janvier 1907.

(1) Ce livre était commencé depuis plusieurs années, comme en témoigne la citation précédente extraite d'un article paru en 1884, lorsque Émile Deschanel publia le sien sur les *Déformations de la langue française*. Je craignis d'abord d'y rencontrer des analogies qui rendissent mon travail inutile; mais, à la lecture, je pus bientôt me convaincre que, malgré un point de contact, l'identité apparente du sujet laissait place à des considérations nouvelles, omises volontairement par un maître auquel je suis heureux de rendre ici le plus mérité des hommages.

LA LANGUE NOUVELLE

CHAPITRE PREMIER

LA CONSPIRATION

I

État de la langue vers 1860. — Elle était fixée depuis longtemps. — La rivalité des écoles littéraires n'en avait pas altéré la constitution essentielle.—
Les premières entreprises contre elle remontent à la seconde moitié du dernier siècle. — Les mauvais écrivains ne doivent pas être confondus avec les
réformateurs de parti pris. — La corruption par le journalisme et surtout
par le reportage. — Décadence de la langue. — Abdication de la critique. —
Impudence de la réclame. — L'absence de toute discipline littéraire encourage les révolutionnaires et explique leur tentative sans la justifier.

Est-il nécessaire de démontrer que, depuis près de cinquante
ans, notre langue nationale s'est très sensiblement transformée
et même déformée? On la croyait fixée pour toujours dans ses
caractères essentiels, tout au moins dans sa structure et son
vocabulaire, par les maîtres classiques des trois derniers siècles,
au point que le temps lui-même ne pouvait plus rien contre
elle, sinon y ajouter quelques mots nécessités par les progrès
de la science et en retrancher quelques locutions tombées en
désuétude. La révolution romantique, avec tout son lyrisme
de pensée et de style, ne l'avait presque pas atteinte. C'était
comme un torrent qui, après avoir passé sur elle, en avait
laissé intacts les éléments principaux et à peine modifié la phy-

sionomie. La langue de Chateaubriand est la même que celle de J.-J. Rousseau qui est la même que celle de Bossuet, et ce qu'il y a de vraiment original chez Victor Hugo, poète ou prosateur, ce n'est pas la langue proprement dite, mais la manière dont il l'emploie et le parti qu'il en tire. L'ancienne terminologie suffit à sa perpétuelle antithèse.

Elle suffit en même temps à tous les écrivains, auteurs dramatiques, romanciers, historiens, critiques, journalistes, chroniqueurs et polygraphes, pour communiquer leur pensée au public. Tous ont à leur service les mêmes ressources d'expression et n'en réclament pas d'autres. Ils se bornent à en faire une application différente. Michelet écrit autrement que Guizot, la prose de Mérimée n'est pas plus celle de Balzac ou de George Sand que la prose d'Émile Augier n'est celle des Dumas père et fils. Enfin, entre les trois grandes plumes de Cousin, de Taine et de Renan, le goût hésite et les préférences se partagent ; mais on convient que si chacun de ces illustres a manié l'instrument suivant ses facultés personnelles, tous les trois l'ont jugé bon, l'ont employé sans regret en l'accommodant à leur talent propre et n'ont pas trouvé nécessaire d'en changer.

Aussi était-il permis d'espérer qu'il avait fait ses preuves, qu'on n'en changerait plus et que, sauf les petites retouches imposées à l'Académie française par cette mise à jour dont elle est chargée, notre langue jouissait de sa constitution définitive et indestructible.

Nous en étions là, dormant sur nos deux oreilles, lorsque, vers le milieu du siècle dernier, un vaste complot s'est formé contre elle, si l'on peut donner ce nom à une entreprise de démolition hautement avouée et proclamée à son de trompe. Quelques réformateurs turbulents l'ont soumise à une revision radicale contraire à sa nature, fatale à son génie, mortelle à sa beauté. Ils ont affiché leurs prétentions, publié leur programme, donné l'exemple et fait école. Un parti, recruté parmi les débutants inexpérimentés, sur le mot d'ordre de quelques chefs ambitieux et tapageurs, s'est efforcé de créer une langue nouvelle qui, dès l'origine, a été bizarre et qui n'a pas tardé à devenir incompréhensible. Voici une de ses professions de foi :

« Exacerbé par l'aspect veule des sirupeux candides que l'hypnotise de la Thiase confine en des décevances idiotes d'idéalisme, le moderniste incroyant aux futurités, cortégé par les navrances et les lugubrités de la molécule cosmogonique qui est notre mélancholieux habitacle, mais soumis à la norme inéluctable, s'endort dans le courant du fatum, poussé par cette forme gendarmesque vers l'antre géhennique où l'homme cadavre charognise dans le cubicule atraxique du rienisme... ».

Et ce n'est pas une parodie ! C'est le chef-d'œuvre d'une littérature qui s'est baptisée elle-même déliquescente.

Parlez chrétien, si vous voulez qu'on vous entende ! Qui dit cela? C'est Molière et il le dit dans un temps assez pareil au nôtre où la préciosité des beaux-esprits menaçait de détériorer cette forte langue de d'Aubigné, de Descartes et de Pascal qui , pour dépouiller un reste de rudesse et s'adoucir dans la mesure désirable, n'avait plus besoin que du miel de Racine et de Fénelon. Parlez chrétien !

Or, il y avait hier chez nous, et il y a encore aujourd'hui, un certain nombre d'écrivains et surtout de romanciers qui se font une loi de parler barbare. Ils ont inventé, pour leur usage personnel, un jargon qui s'enrichit tous les jours de nouvelles fantaisies et qui menace d'étouffer sous une végétation parasite, notre vieux parler français. Elle l'envahit, elle s'en empare; c'est le gui dans le chêne. Ou plutôt c'est une moisissure qui le travaille et le ronge; c'est un fléau dont on aperçoit aisément les ravages, car la tache, après avoir démesurément grandi, s'est peu à peu localisée dans le roman, et il suffit d'ouvrir les yeux pour s'en convaincre.

Jusqu'aux environs de 1860, la plupart des romanciers français parlaient français, ou peu s'en faut. Ils écrivaient bien ou mal; mais qu'ils s'appelassent Pixérécourt, Alexandre Dumas, Eugène Sue, Ponson du Terrail, Cherbuliez, Octave Feuillet, Gustave Aymard ou Gustave Flaubert, ils ne s'ingéniaient pas à répudier leur langue naturelle en racontant leurs histoires. Puis, brusquement, vers cette date, qu'il serait téméraire de trop préciser, mais qu'on peut donner comme très approximative, la scène change. Il se produit, entre les ouvriers de la plume, comme une concurrence d'invention exclusivement mécanique. Chacun prétend remanier, perfectionner l'instrument primitif et c'est à qui ira le plus loin dans la complication et la difficulté. Plusieurs, parmi les plus forts, donnent dans ce travers et se préoccupent beaucoup moins de plaire au lecteur par la vérité de leurs récits ou la vivacité de leurs peintures que de l'étonner par des tours de force imprévus et par des exercices de gymnastique littéraire.

Ils ne se rendent pas compte que les langues, arrivées à leur plein développement, ont, comme le corps humain, leur forme acquise, leur plastique inaltérable contre laquelle ne sauraient prévaloir toutes les extravagances du désossement. Croire qu'on peut leur faire subir des expériences indéfinies et les briser à loisir, est une erreur où se trahit beaucoup de présomption et d'imprudence, car, sans être doué d'une clairvoyance extraordinaire, on mesure les résultats fâcheux, sinon irréparables, déjà obtenus par ces clowns. Leur travail consiste précisément à martyriser la langue sous prétexte de la rajeunir. Ils opèrent sur elle comme les forains des cirques sur le corps de leurs enfants.

Que des paysans, des artisans, ou même des bourgeois illettrés estropient un peu la syntaxe et la grammaire, peu importe! L'incorrection ne tire pas à conséquence. Ces braves gens ne cherchent pas à imposer au public leurs façons vicieuses de s'exprimer. Ce sont des ignorants qui n'ont pas eu le loisir d'apprendre la bonne langue, mais qui ne nourrissent aucune mauvaise intention contre elle. Ils ne sont pas dangereux, ceux-là. On peut même trouver quelque chose à prendre, comme Horace le disait de Lucilius, dans leurs involontaires hérésies. *Erat quod tollere velles.* Il y entre, çà et là, une certaine logique et elles ont parfois une saveur d'originalité qu'un esprit judicieux appliquerait discrètement à ce petit entretien et renouvellement dont les langues ont besoin pour compenser leurs pertes.

Le péril vient de ces intellectuels à système, de ces demi-savants qui rêvent d'établir leur renommée sur une révolution et de donner aux hommes un nouvel organe pour exprimer leurs pensées. N'ayant jamais suivi, dans ses diverses phases, jusqu'à la phase finale, le travail qui s'est opéré dans les langues mortes, ils se figurent que les vivantes obéissent, comme l'humanité elle-même, à la loi, d'ailleurs discutable, de la perfectibilité indéfinie. Quand tout démontre que les langues naissent, vivent et meurent, au point qu'on peut se demander si elles ne sont pas destinées, grâce au rapprochement continu des

peuples et aux progrès toujours croissants du cosmopolitisme,
à finir un jour dans un amalgame sans nom, ces présomptueux
ont affiché l'intention de transformer la nôtre à époques fixes,
comme un arbre qui change d'écorce ou un serpent qui change
de peau; ils se flattent de lui rendre pour longtemps sa sève
épuisée et sa force première; enfin, ils ont inventé — du moins
ils le disent — un sérum spécial pour l'anémie dont elle souffre
et dont ils promettent de la guérir. Si leur remède pouvait
agir, ils seraient en train de l'achever.

De telles entreprises sont heureusement affligées d'un vice
originel et rédhibitoire qui empêche, malgré le mal qu'elles
font, de les prendre tout à fait au tragique. Après s'en être
irrité, on réfléchit, on espère qu'elles se heurteront, en fin de
bataille, à des résistances naturelles contre lesquelles tous les
attentats sont impuissants.

Il ne faut pas confondre leurs auteurs avec une autre catégorie, très nombreuse, d'écrivains : celle qui écrit mal. Celle-là
contribue aussi, pour sa part, à détruire la langue; mais au
moins n'y met-elle pas de préméditation; elle écrit mal sans
le vouloir et sans le savoir. Elle va augmentant et pullulant
tous les jours avec une effrayante rapidité, et c'est le journalisme qui en est cause. En matière de style, le journalisme se
contente de peu et n'exigera bientôt plus rien. Le goût de l'ac-
tualité et la rage de l'information l'ont rendu coulant sur la
rédaction des nouvelles qu'on lui apporte et, si l'on veut y
prendre garde, on observera bien vite qu'en aucun temps les
nouvellistes ne sont plus impunément négligés. Ils ne se donnent
plus la moindre peine pour faire à leurs articles un bout de
toilette, et ce qui encourage ce laisser-aller, c'est que le lecteur
ne s'en plaint pas. Une partie du journal, celle qui est consacrée
aux faits-divers ou à ce qu'on appelle les *Échos*, n'est pas très
supérieure, pour l'arrangement de la phrase ou la disposition
des idées aux dépêches télégraphiques. L'autre, où la critique
et la polémique se donnent carrière, tend chaque jour davantage à remplacer le raisonnement par la grossièreté et à compenser l'insuffisance des idées par la violence des mots. La
liberté de la presse, en développant cette habitude, a hâté la
décadence d'une langue dont la politesse fut proverbiale et
qui d'ailleurs était exposée à subir, du progrès même de la
démocratie, des atteintes presque inévitables. Elle les a subies

sans se plaindre, comme un sacrifice nécessaire et dédommagé ; mais il serait puéril de fermer les yeux sur cet accident.

Lorsque le journal échappe à cette brutalité, c'est pour tomber dans la réclame ou la faribole. Tout ce qui paraît dans la presse, ou peu s'en faut, a un air de pacotille. D'honorables exceptions ne font que confirmer la règle. La forme, que les modernistes appelle l'écriture, est complètement négligée. Le *faire vite*, qui est devenu la loi du jour, aboutit nécessairement à l'incorrection dans la platitude.

Et ce n'est pas le journal seul qui est atteint. Le mauvais style, avec tous ses défauts dont les principaux sont certainement le décousu de la composition, l'impropriété des termes et, par-dessus tout, l'affectation, la manière, sévit aussi bien dans le livre broché que dans la feuille volante. Combien sont-ils, à cette heure, ceux dont on aurait le droit de dire : Voilà un écrivain ! Je ne dis pas un puriste, un pédant, encore moins un styliste original ; mais simplement un écrivain, ayant, avec la connaissance et le respect de la langue, une certaine dextérité à s'en servir, un artiste modeste à qui on puisse rendre ce modeste hommage : « Il écrit bien, il sait écrire ! » En dehors de l'Académie française qui a conservé — en partie — les bonnes traditions et qui a ainsi qualité, quoi qu'on en dise, pour décerner les prix de vertu littéraire comme les autres, nommez m'en seulement une douzaine ! On ne sait plus, on ne daigne plus écrire ; on n'écrit plus !

Et le malheur est qu'on n'a pas l'air de s'en douter. Ces éloges excessifs, « dégoûtants » dont parle La Bruyère, étant aujourd'hui à la mode et, par conséquent, obligatoires, les plus chétifs auteurs ne peuvent plus se contenter à moins, et l'habitude qu'on a prise de les en accabler semble avoir ôté à la critique littéraire une partie de son discernement. Elle s'est pervertie par ses complaisances. Aurait-elle perdu la connaissance du bien et du mal ? Il faudra voir cela !

Qu'on puisse seulement le craindre, c'est déjà bien humiliant pour elle dans un temps que caractérise l'incontestable progrès ou plutôt l'éclatant triomphe de la critique historique et scientifique. Est-il admissible que la seule critique littéraire soit ainsi en pleine décadence et que la conscience du beau lui échappe, alors que sa voisine, sa rivale, affine et développe par un travail de tous les jours, par de minutieuses études, de

patientes recherches et de judicieuses comparaisons, sa conscience du vrai? En réalité, on hésite à la croire si déprimée.
Bien que beaucoup de critiques, cités et cotés comme tels, nous
prônent à chaque instant des horreurs, on se demande si vraiment ils sont dupes d'une illusion, s'ils ont des écailles sur les
yeux, ou si ce n'est pas plutôt par pure camaraderie ou calcul
intéressé que ces Philintes louent des sottises.

Il y a certainement un peu de cela dans leur affaire. Les relations mondaines, plus étendues qu'autrefois, la politesse affadie
des mœurs, une sorte d'association, de franc-maçonnerie formée
par ce qu'on appelle le Tout-Paris, et dont les membres pratiquent l'admiration mutuelle, avec un très juste sentiment des
profits qu'ils en tirent, ont rendu fort difficile dans notre pays
l'exercice de la critique loyale et sincère. On s'épargne volontiers
entre confrères, à charge de revanche, et l'on ne voit presque
plus de ces querelles passionnées, de ces nobles guerres d'école qui
mettaient autrefois aux amateurs les armes à la main (1). Leur
indulgence intéressée va souvent jusqu'au défi, jusqu'au scandale, à tel point qu'on serait tenté de prendre leurs hyperboles
pour des ironies. Malheureusement, à ce métier, on se gâte un
peu soi-même; cette mauvaise comédie de mutualité flagor-
neuse finit par fausser le jugement, et certains indices prouvent
assez que la clairvoyance de ces courtisans littéraires est souvent en défaut. Tout n'est pas convention ou mensonge dans
leurs compliments, ils pensent quelquefois ce qu'ils disent; et
alors c'est leur sincérité même qui les trahit et les condamne.
Ce n'est plus par un bas esprit de solidarité, c'est par une
erreur d'intelligence et, pour ainsi dire, par un trouble de la vue
que, dans tous les ordres de production, poésie, roman, drame,
comédie, chroniques et discours, on recommande des pauvretés
à l'admiration de la galerie. On va jusqu'à donner des extraits
qu'on présente comme de merveilleux spécimens et qui témoignent en même temps de l'infériorité de l'écrivain et de la
complicité, sinon de la nullité, du critique. Si celui-ci y regardait de plus près, ou s'il était vraiment doué de ce tact qui distingue du premier coup entre le billon et la monnaie d'or ou
d'argent, il ne commettrait point de pareilles bévues.

(1) Il y a d'honorables exceptions; mais, à cette heure, je ne connais
que deux vrais critiques, dans la juste et forte acception du mot, ce sont
MM. Ernest Charles et Jules Bois.

Il faut bien le reconnaitre et il n'est peut-être pas mal à propos de le proclamer, la science de la bonne langue française
n'appartient plus qu'à un petit nombre de privilégiés, souvent
méconnus. On leur en tient si peu compte que c'est généralement ce qu'il y a de plus français en eux, à savoir l'ampleur de
la construction et la solidité de la phrase, dont la critique leur
fait grief. On les juge lourds quand ils sont forts. La vérité est
que le bien écrire se perd et s'en va.

Ce n'est pas d'aujourd'hui. Il y a plus de soixante ans
qu'Alfred de Musset se plaignait en un vers éloquent, très
souvent cité, du dépérissement, de l'usure de la langue. Il y
a près d'un siècle que Paul-Louis Courier, qui s'y connaissait, attribuait à « la moindre femmelette » de l'âge classique,
une supériorité sur les illustres de son temps. Enfin, un siècle
avant lui, Fénelon, dans sa LETTRE *sur les occupations de
l'Académie française*, regrettait déjà un je ne sais quoi de court
qui avait caractérisé la langue; et lui-même, par l'onctueuse
mollesse de sa prose « un peu trainante » ne laissait pas que
d'avoir sa petite part dans ce premier relâchement.

Ce n'est pas le lieu d'insister, l'objet de ce livre n'étant pas de
rechercher les pertes que la langue a faites, ni le déchet qu'elle
a subi, mais de montrer les coups qu'on lui a volontairement
portés.

Il semble acquis à l'histoire qu'à un certain niveau, une
langue, quelle qu'elle soit, ne peut plus que décroître, et que
son plus haut degré d'ascension marque en même temps le
point initial de son déclin. C'est un phénomène d'expérience;
et comme la destinée de toute chose vivante est de vieillir et de
mourir, il serait étrange que cette parole animée qui rend
témoignage de la vie d'une nation échappât au sort commun.
D'autres diront à quelle étape de son existence en est la langue
française. Il suffit ici de constater qu'elle en a déjà fait plusieurs
sur un plan incliné, et que si la fatalité l'y condamnait, la complaisante abdication de la critique a encouragé et précipité
cette inévitable descente. Lorsque des conseillers autorisés ne
sont plus là pour avertir les écrivains et les écoles, un vent
souffle qui les mène de l'indépendance à la fantaisie et trop souvent de la fantaisie à l'extravagance. C'est l'anarchie; on ne
connaît plus ni frein ni règle, on s'en fait gloire, et bien loin
que cette liberté absolue engendre et développe de fécondes.

initiatives, on s'aperçoit très vite qu'elle n'a eu d'autre résultat que de faire battre la campagne aux talents et de les jeter
dans toutes sortes de faux sentiers où leur ivresse d'école buis-
sonnière s'est répandue, sans guide, en caprices ambitieux qui
ont étouffé leur originalité native sous les plus incohérentes
imaginations. La critique, autrement dit l'opposition, est nécessaire en littérature comme en politique. C'est une idée sur
laquelle, dans le cours de ce livre, au risque de rabâcher un
peu, j'aurai souvent l'occasion de revenir.

Mais toutes ces causes réunies, la fixité désormais établie
d'une langue déjà vieille qui ne pouvait plus donner prise qu'à
la lente altération du temps, la difficulté d'y opérer une transformation sensible, la nécessité de l'employer telle quelle
avec ses formes acquises dont l'habitude dissimulait l'excel-
lence, l'impossibilité de s'y fabriquer un outil neuf, la comparaison décourageante avec les grands et vrais maîtres, jointe
à une mauvaise envie de diminuer leur crédit et de mordre
sur leur renommée, devaient piquer au jeu, là comme ailleurs,
l'esprit révolutionnaire. Contre la langue française — la
vieille, la bonne, la seule — les novateurs, jaloux de son passé,
ont levé, comme on dit, l'étendard de la révolte; ils ont affiché
hardiment la prétention de la remplacer par une *langue nouvelle*, plus belle et plus libre, plus brillante et plus souple, plus
jeune, en tout cas, et parée en effet de toutes les grâces de la
jeunesse. Ils ont rédigé le programme de cette heureuse métamorphose; ils nous en ont donné, ils nous en donnent encore
de temps à autre des produits variés que nous apprécierons
quand le moment sera venu, ne voulant pas souffler trop
vite sur des illusions respectables.

Tout ce qu'il convient de reconnaître et de retenir pour
l'instant, c'est qu'il s'est véritablement ourdi une conspiration
pour détrôner l'ancienne langue; que ce complot a recruté
des adhérents; qu'ils sont ou ont été nombreux et qu'ils ont
travaillé avec un acharnement soutenu, avec une préméditation avouée à détruire, ou du moins à mutiler et à dénaturer
ce glorieux héritage de nos pères. C'est à eux que ce discours
s'adresse et quelques-uns, prenant les devants, y ont déjà
répondu. C'est pour eux, c'est contre eux que ce livre a été
préparé et écrit.

Qui oserait contester leur existence et leur dessein? Même

en littérature, il y a des optimistes et des satisfaits qui ne veulent rien voir ni rien entendre, et qui affectent de sourire quand on leur parle des attaques dirigées contre la langue, et qu'elle n'a pas toujours repoussées. Ils la proclament invulnérable, inexpugnable, lorsque l'ennemi a déjà pénétré dans la place. Le jour où ils le verront en escalader la dernière citadelle, peut-être commenceront-ils à s'aviser du sort qui la menace. Et pourtant que de signes précurseurs auraient dû les avertir ! Il suffit d'ouvrir un journal ou une revue pour suivre le progrès presque quotidien du baragouin en campagne. On est sûr d'y trouver un article plus ou moins barbare qui a l'air d'une provocation et d'une bravade. Toutes nos habitudes nationales de parler et d'écrire y sont raillées et bafouées; tout y est changé, le sens des mots comme la figure des phrases, et l'on peut affirmer qu'un Français du xviiie siècle, non muni d'une traduction, aurait de la peine à s'y reconnaître. Ce sont autant de versions à débrouiller.

Certes, les écrivains sérieux échappent à cette manie; mais ils ne sont qu'une minorité déjà entamée, car on en citerait qui ont fini par donner dans un travers où ils se sentent soutenus et portés par l'entourage. Leur *écriture* se ressent de leur demi-adhésion aux nouvelles formules et c'est ainsi qu'un très gros bataillon de la grande armée des lettres s'avance aujourd'hui, en ordre compact, contre les deux grandes provinces de notre littérature nationale, la prose et la poésie.

On sait ce qu'il a déjà fait de la poésie, des règles élémentaires auxquelles les plus audacieux réformateurs n'ont jamais cessé d'obéir et que le romantisme vainqueur, Victor Hugo en tête, a toujours respectées. L'hiatus grimaçant, les rythmes impossibles, les consonnances bizarres, les rimes insexuelles, les vers informes de treize et quatorze pieds sont devenus des titres d'honneur pour certains infatués et l'Académie française a pensé découvrir parmi eux un poète (1). Quant au besoin d'être clairs et de se faire comprendre, qui semblait autrefois commun à tous les hommes, non seulement ils ne l'éprouvent à aucun degré, mais ils manifestent visiblement le désir contraire. Plusieurs, qu'il est bien inutile de nommer,

____

(1) A plusieurs reprises, M. Sully-Prudhomme les a remis très poliment à leur place d'un seul mot : « Vos vers sont de la prose ». — Il aurait pu ajouter : « de la mauvaise prose ».

car leurs noms sont sur toutes les lèvres, seraient cruellement désappointés et se jugeraient infidèles à la Muse qui les inspire, s'il leur arrivait par hasard de fabriquer une strophe qui parût accessible à l'intelligence moyenne des simples mortels. Ils se plaisent dans les ténèbres et écrivent tout exprès pour n'être pas entendus. Il leur faut des commentateurs qui ont eux-mêmes beaucoup de peine à s'entendre. Pindare est certainement moins fermé aux écoliers qui commencent à traduire le grec que ces poètes sibyllins à nos plus subtils scoliastes. Et pour ce qui est de la clarté, leur prose vaut leurs vers. Ils sont réduits à nous fournir sur leurs propres œuvres des gloses impénétrables, des gloses de gloses.

Quelques critiques, réputés sérieux, mais d'un dilettantisme subtil, les ont compris et presque loués, non sans quelque ironie. On met aujourd'hui une certaine coquetterie à tout expliquer, même à tout admirer, ou du moins à découvrir dans les productions les plus notoirement détestables, un point douteux où l'on puisse accrocher un éloge. C'est la mode ! Sous la pensée plate et l'expression entortillée, le critique se fait honneur à lui-même en croyant deviner, en supposant, contre toute vraisemblance, une idée féconde, une vue profonde qu'il analyse et développe avec d'autant plus de sagacité qu'elle lui appartient tout entière, et que l'auteur n'y avait jamais songé. La plupart du temps, les historiens de la « vie littéraire » admirent et louent dans un ouvrage quelque chose qui n'y était pas et qu'ils y mettent.

II

En dépit d'une crise de librairie que les intéressés exagèrent, il paraît chaque jour beaucoup de livres qu'on peut, sans excès de sévérité, qualifier d'inutiles. Et s'ils n'étaient qu'inutiles ! Mais ils sont pernicieux et nocifs, au premier chef. On les lit sur la foi d'un titre alléchant, ils circulent, ils se répandent et la contagion se propage. Ils sont fiers de payer un large tribut à la langue nouvelle et de la mettre en valeur. Une foule d'écrivains, sans jugement et surtout sans apprentissage, à qui la signification exacte des mots et des phrases est inconnue au point qu'ils emploient indifféremment, avec l'aplomb de l'ignorance, la première expression et la première construction qui se présente à leur esprit, sont attirés par un besoin d'imitation et de nouveauté vers ce style proclamé rajeuni et baptisé moderne. Nous verrons bientôt à quoi se réduit sa soi-disant modernité; mais il saute aux yeux que ses fantaisies séduisent l'auteur en peine qui, pour se faire remarquer, n'a pas d'autre moyen que de singer les chefs du mouvement en exécutant des cabrioles. C'est bien pour cela que les mauvais écrivains pullulent, et que la langue se corrompt et que la révolution gagne.

Notre bon sens national, notre patriotisme littéraire y mettra ordre. Une heure viendra toujours où la réaction se produira et où la langue débordée rentrera dans son lit. Sur ce résultat inévitable, l'observateur est presque sans inquiétude. Le passé lui répond de l'avenir; on ne tue que les langues mortes et, grâce au ciel, la nôtre n'en est pas là. Des signes rassurants nous garantissent sa vitalité, entretenue par une majorité d'écrivains raisonnables et fidèles. Mais, dans ce genre de bouleversements, il y a toujours un moment difficile à passer, une crise dangereuse, dont on redoute les effets, même quand on en espère la fin. Elle laisse surtout après elle un mauvais résidu dont on n'arrive jamais à se débarrasser complètement. Or, le fléau a sévi, depuis tantôt un demi-siècle, avec la plus menaçante intensité, et il ne cède peu à peu que pour devenir endémique. Parmi les volumes étalés aux vitrines des libraires, combien en rappellent la présence et en portent les marques!

Les ouvrages didactiques, les livres d'histoire, d'économie politique ou sociale, en un mot les livres de science, y échappent encore, ou peu s'en faut. Excepté quelques ahuris, qui prétendent imprimer une nouvelle allure même à la langue scientifique, généralement les auteurs qui poursuivent un but utile, se préoccupent avant tout d'être clairs, et ne se soucient guère de cultiver un jargon obscur, dont le premier inconvénient serait de ne pas leur rendre le service qu'ils en attendent. La gravité de leur talent et la spécialité de leurs études les préservent assez de ce mauvais paradoxe.

C'est surtout dans la littérature d'imagination qu'il se donne carrière, la considérant comme son champ d'expériences et son domaine réservé. Le roman est sa propriété, sa chose. Le théâtre enflamme son ambition; il les revendique l'un et l'autre avec la même arrogance, bien qu'il ne les exploite pas avec la même facilité.

Le théâtre le gêne et le contrarie. Il eût bien voulu l'envahir et s'en emparer; c'eût été pour lui la plus fructueuse comme la plus retentissante des conquêtes. Il s'y est attaqué, mais il a rencontré tout de suite, dans cette tentative, des difficultés presque insurmontables. Malgré le succès plus rapide que durable de deux ou trois scènes qui se sont fondées avec l'intention expresse et proclamée de doter la France d'une langue et d'une littérature dramatiques également neuves, le théâtre a résisté. L'entreprise hasardeuse qui le visait n'a pas réussi et il est permis de croire, à un certain découragement de ses auteurs, qu'elle ne réussira jamais; qu'elle est, dans tous les cas, abandonnée pour longtemps. C'est autant de gagné ou de regagné.

Un peu de réflexion, dont malheureusement ils ne semblent guère capables, eût averti ces audacieux que c'était là un effort vain et stérile. Le théâtre ne permet pas ces tentatives sur la langue parce que c'est là surtout que, pour être entendu, il faut parler comme tout le monde parle, comme chacun des personnages qu'on met en scène doit parler. Le dialogue dramatique et, en général, le dialogue, dans toute œuvre d'imagination, exige une part de vérité au moins relative, avec laquelle sont incompatibles les enjolivements des stylistes agités. Qu'on puisse, qu'on doive même y avoir son style à soi; qu'on s'efforce de donner à la phrase une originalité qui ne s'éloigne pas trop de la vraisemblance et du naturel, la chose est admissible. Qu'il y faille éviter la réalité trop crue, fuir le ton bas et grossier, se tenir à égale distance de la conversation vulgaire et de la parole écrite; personne n'y contredira. Quelques maîtres, même de nos jours, ont bien saisi cette nuance intermédiaire. Émile Augier et Alexandre Dumas fils, — pour ne parler que des morts, — ont réussi par des moyens très différents, à se l'approprier; tous les deux ont un style de théâtre, plus relevé chez l'un, plus rude et parfois même brutal chez l'autre, mais aussi facile à reconnaître que difficile à imiter.

En remontant plus haut dans l'histoire du théâtre, on rencontre Alfred de Musset et, avant lui, Marivaux, qui ont aussi une manière; mais elle réside bien plutôt dans un tour d'esprit que dans un tour de phrase, par l'excellente raison que si l'un a inventé cette comédie spéciale qu'on appelle le marivaudage, et si l'autre y a mêlé sa fantaisie, sa poésie, encore n'ont-ils point cherché dans l'emploi de mots nouveaux et de tournures insolites un sujet de curiosité et d'étonnement. Leur plume a suivi tout naturellement le mouvement de leur pensée, gracieuse ou tendre. On ne trouverait pas, avant les novateurs, avant les conspirateurs qui sont ici en cause, un seul auteur dramatique, sauf peut-être Cyrano ou Scudéry, se

peinant et se travaillant pour se faire un style de comédie qui
lui fût propre. La tragédie a eu le sien, quelquefois emphatique
et pompeux, même chez Corneille; solennel et pour ainsi
dire royal chez Racine; énervé, mollasse chez Voltaire et ses
malheureux successeurs; mais pendant deux siècles et plus, il
ne serait venu à l'idée de personne que la comédie pût parler
une langue qui ne fût point la langue commune. On lui
demandait autre chose, une intrigue amusante, une action
vive, des caractères et, en dernier lieu, une pointe de sentiment qui en fit peu à peu *la comédie larmoyante* dont nous
avons tiré nous-mêmes le drame bourgeois, en attendant la
comédie politique et le drame social. Mais on ne lui demandait pas de se créer une langue à son usage et elle-même n'y
prétendait pas.

Quelques-uns même ont été d'avis qu'elle n'y devait point
songer et qu'elle eût manqué à tous ses devoirs en s'en occu-
pant. Non seulement tous les représentants de la comédie
moyenne, depuis Dancourt jusqu'à Scribe, en passant par
Sedaine, Alexandre Duval et Picard, n'ont eu aucun souci de
l'élégance ou de la correction dans le discours; mais plusieurs
n'ont pas hésité à poser en principe que la comédie ne pouvait qu'y perdre; que toute phrase trop façonnée lui ôtait de
son naturel, qu'elle devait, autant que possible, se rapprocher
de la conversation et en reproduire les sauts brusques, les
parenthèses et les réticences perpétuelles, les suppressions et
les coupures, à charge pour elle d'y suppléer par la vivacité
de la mimique et de l'accent. On sait comment Scribe appliqua,
en l'exagérant, cette règle fondamentale de toute l'école. On
tombe aisément d'accord aujourd'hui que, sans imiter un
laisser-aller qui va souvent chez lui jusqu'au mépris de la
syntaxe, les interlocuteurs en chair et en os qui échangent
leurs pensées et leurs sentiments sur la scène, doivent
au moins ne rien dire qui sente l'écriture et nous ôte, à
l'instant même, l'illusion de la réplique immédiate et
spontanée.

Le théâtre étant ou essayant d'être la représentation de la
vie par des personnages réels, il va de soi que si ses héros
parlent, comme dans trop de pièces romantiques, une langue
extraordinaire, ils cessent de paraître vraisemblables et
nous enlèvent la confiance que nous avions plaisir à mettre

en eux. Ce ne sont plus que des êtres fictifs, des fantômes trahis par leur phraséologie spéciale; il y a entre leurs paroles et leurs actes une dissonance criante qui peut, comme chez Victor Hugo, nous remplir d'admiration pour leur lyrisme, mais qui nous laisse des doutes sur leur sincérité. Nous ne voyons plus en eux que des comédiens et non des hommes.

Toutefois ces romantiques eux-mêmes, Alexandre Dumas et Victor Hugo, adorateurs du mot, fanatiques du panache, inventeurs d'une poétique nouvelle, meurtriers volontaires de Scaliger et d'Aristote, révolutionnaires ardents, passionnés, impitoyables, sûrs de leur droit, de leur mission, de leur talent, de leur génie, créateurs de formes, de moules et de types inconnus avant eux, propagateurs de dogmes littéraires et même de catéchismes moraux, où Hernani, Didier, Antony ont esquissé une nouvelle conception de la vie, veuillez remarquer qu'ils n'ont pas touché à la langue, parce qu'en effet ils la jugeaient intangible. Ils ont hérissé leur style de métaphores et d'antithèses; Dumas a rompu avec les unités, Hugo a brisé l'alexandrin; mais ni l'un ni l'autre n'ont rien tenté contre la langue usuelle. Et Hugo lui-même s'en est servi, comme Beaumarchais, comme Marivaux, comme Alfred de Musset, comme tous nos grands écrivains et auteurs dramatiques de tous les siècles, avec une incomparable virtuosité; mais il ne l'a pas déformée, il ne l'a soumise à aucune dénaturation, à aucune torture, il n'a pas médité de mauvais coup contre elle; il s'est borné à se faire avec elle un verbe à lui.

Cette simple observation, renforcée par bon nombre d'échecs, eût pu décourager et a découragé sans doute les débutants qui avaient manifesté l'intention de porter leurs expériences de linguistique sur la scène; notre théâtre s'est refusé à devenir celui de leurs exploits. Mais ils se sont terriblement rattrapés sur le roman. Ici la chose est plus facile et le microbe trouvait un excellent bouillon de culture. L'impression d'une histoire qu'on lit n'est pas du tout celle d'une histoire qu'on joue. Comme on n'a pas les gens en face de soi et que le livre, quelles que soient ses prétentions à la réalité, ne leur prête, après tout, qu'une existence de convention; comme on ne les voit pas marcher, qu'on ne les entend pas parler, qu'on ne peut pas les interpeller, qu'on n'est pas exposé à les rencontrer dans la rue après la représentation, le lecteur se montre moins exigeant que le spectateur. Il ne s'impatiente pas, outre mesure, d'un travail de phrase qui ne saurait faire tort à des illusions qu'il n'a pas. Parfois, il s'y intéresse, comme à toute gageure de force ou d'adresse, et applaudit, en son for intérieur, au mérite de la difficulté vaincue. Il en oublie et l'intrigue romanesque et les passions qui s'entrechoquent et surtout les personnages qui les éprouvent, tandis qu'au théâtre, étant forcé de les regarder, il n'a devers lui aucun moyen de s'en distraire. C'est à eux, au contraire, de ne pas oublier qu'il est là, avide de suivre, sans arrêt, le train du drame, d'en connaitre le dénouement, d'en applaudir ou d'en siffler l'auteur. Allez donc, dans un pareil moment, appeler son attention sur un détail ouvragé, sur un bijou de style !

Cette différence entre une pièce de théâtre et un roman, entre la scène et le livre, est tellement sensible, que la pièce imprimée produit un tout autre effet que la pièce représentée. Relisez-la après l'avoir vu jouer, elle a changé d'aspect, elle n'est plus la même. Souvent vous l'aimez moins, quelquefois vous la savourez mieux. Vous vous arrêtez à de menus incidents que vous n'aviez pas d'abord aperçus; d'autres mouvements vous échappent qui vous avaient d'abord frappé et auxquels l'optique de la scène avait donné toute leur valeur. Vous avez quelque peine à débrouiller des entrecroisements, des mêlées de personnages, ou même des répliques qui empruntaient leur clarté première à la disposition du décor. Peu à peu vous êtes amené à accorder plus d'importance au style qu'au spectacle. Et c'est ici que nos bibeloteurs s'escriment. Le même renversement d'impression se produit, en sens contraire, si vous allez voir jouer une pièce après l'avoir lue. Vous y découvrez une foule de détails que vous n'aviez pas aperçus d'abord et que la rampe met en relief, tandis que vous y cherchez en vain des particularités intéressantes sur lesquelles votre esprit s'était complaisamment arrêté. C'est un phénomène combiné d'optique et d'acoustique. Au théâtre on voit les choses et on entend prononcer les mots; à la lecture, l'œil ne distingue que des caractères d'imprimerie et l'oreille ne perçoit aucun son. Le spectacle s'est immatérialisé. Ayant ainsi moins de réalité objective, il permet aux stylistes des privautés que la scène leur interdit, il autorise des essais, des hardiesses et surtout des dissonances qui, à la représentation, suffiraient pour désorienter le public et faire tomber la pièce. Cette· juste appréhension, chez les auteurs dramatiques portés, par manie d'école, aux exercices de plume, a fini par préserver notre théâtre national de l'amphigouri et du jargon.

Que le livre, au contraire, s'y soit livré tout entier, que les poètes contemporains l'aient cultivé avec délices, que le roman surtout en ait subi la désastreuse influence et ait offert un champ d'action à des expériences insensées, qu'à cette heure encore il serve aux novateurs de magasin et d'atelier, c'est un fait assez constaté et vérifié pour braver tous les démentis. Aux aveugles ou aux obstinés qui essaieraient d'y contredire, deux ou trois échantillons, en vers ou en prose, fermeraient trop aisément la bouche.

Oui ou non, est-ce de l'hébreu ou du français que ce pathos apocalyptique dont on nous régale dans des sonnets qui ont fait une réputation à leurs auteurs et auxquels les journaux ou les revues accordent une hospitalité enthousiaste? Est-ce du français ou de l'hébreu que ces centaines de pages dans lesquelles, sous prétexte de fuir la banalité et la platitude où d'ailleurs elle tombe si souvent, cette littérature spéciale s'épanche en descriptions, analyses, études et morceaux d'une physionomie si étrange et quelquefois d'un sens si obscur que le commun des mortels a besoin, non seulement d'un dictionnaire, mais d'un initiateur et d'un truchement pour arriver à les comprendre (1)? De bonne foi, même parmi les lettrés, quel est celui qui se

_____

(1) Dans le livre si intéressant qu'il a écrit sur les *Déformations de la langue française*, M. Émile Deschanel, dont j'aurai plus d'une fois l'occasion d'invoquer l'autorité, n'a-t-il pas dit lui-même : « Le langage actuel de telles écoles littéraires serait-il compris de nos écrivains du xvii⁰ et du xviii⁰ siècle? On en peut douter »(page 207). Et, à la page précédente, en forme de conclusion : « La langue française à présent est comme saccagée. On dirait un excellent instrument de musique gâté par des sauvages qui n'en connaîtraient ni l'usage ni le prix ».

C'est précisément ce que nous cherchons à établir dans ce livre, et nous aurions certainement renoncé à le faire après un si éminent critique, si, encore une fois, notre travail n'eût été commencé et presque achevé longtemps avant le sien.

sent capable d'expliquer du premier coup, sans hésitation ni erreur, des énigmes comme celle-ci :

APPASSIONNATA

Une douceur et puis une lenteur,
Et puis un geste caressant qui descend
Sur la moiteur
De mon front,
C'est votre main sur ma tristesse posée.

Une musique fleurie
Et puis une nostalgie inassouvie,
Une musique de douleur inapaisée
Sur les fibres de mon cœur triste.
C'est votre voix comme une oiselle posée.

Une lueur de diamant
Au fond d'une eau froide et claire,
Une améthyste qui s'éclaire
Mauve et pâle
Au reflet de mes yeux pâles.
C'est votre prunelle sur la mienne ;

Mais votre bouche de sang et de crépuscule
Sur ma bouche de crépuscule et de sang,
Ah ! c'est ton âme toute
Sur la mienne comme un chrysanthème posée.

Cette musique se prolonge d'*andante* en *capriccioso*, de *capriccioso* en *agitato*, d'*agitato* en *triste* et en *dolce*, sur un espace de soixante-dix ou quatre-vingts vers, si l'on doit le nom de vers à une fantaisie informe et obscure qui n'a rien de prosodique et pas grand'chose de poétique. Nuage pour nuage, la prose vaudrait mieux. La pièce a douze ou treize ans de date. On dira peut-être qu'elle est vieille et que l'école dont elle relève en a sensiblement rabattu. Voici donc des ÉLÉGIES de l'année dernière :

J'ai foulé dans les bois l'azur noir des gentianes
et je n'ai pas pleuré
de ce que les fleurs d'octobre me rappelaient
les amours du jeune âge.

> Une enfant de seize ans qui tenait un bouquet
> de roses violettes,
> avec une jolie et voulue maladresse
> m'en a tout parfumé.

> Et je n'ai pas souri sentant au cœur de l'âme
> je ne sais quoi d'éteint
> et que, dorénavant, la plus tendre des places
> est auprès de mes chiens.

> . . . .

> Ne crois pas que l'amour existe, ô jeune fille :
> Mais va dans le verger où l'azur pleut à verse,
> et regarde au cœur noir du rosier le plus vert,
> cette araignée d'argent qui vit seule et qui file.

> Ne me console pas. Cela est inutile.
> Si mes rêves qui étaient ma seule fortune
> quittent mon seuil obscur où s'accroupit la brume,
> Je saurai me résoudre et saurai ne rien dire.

> Un jour, tout simplement (ne me console pas !)
> devant ma porte ensoleillée je m'étendrai.
> On dira aux enfants qu'il faut parler plus bas.
> Et, délaissé de ma tristesse, je mourrai.

Les deux morceaux auxquels nous venons d'emprunter quelques extraits sont signés de deux noms illustres dans la nouvelle école. Nous ne demanderons pas à ces deux poètes s'ils se moquent de nous, il nous est plus commode de croire à leur sincérité. Nous admettons même que ces *Élégies* répandent une certaine tristesse pénétrante qui ressemble beaucoup à l'ancienne mélancolie romantique. Mais quels drôles de vers ! Pourquoi ne pas écrire tout simplement en prose, puisqu'on en tient pour la poésie prosaïque, et qu'on supprime même, avec une intention visible, les majuscules au commencement de chaque vers, pour mieux marquer que ce sont des lignes de prose sans solution de continuité, et surtout sans rime. Elles ont du succès auprès d'un certain public. Elles sollicitent les jeunes poètes ou qui se croient tels, par un air d'originalité. Ce qui est certain, c'est que la critique consent à discuter cette étonnante prosodie.

Passons maintenant à leur prose. En voici un très brillant

spécimen. Son auteur, très connu, tout à fait classé, presque célèbre, l'a intitulé EN ÉTHIQUE, et cette *Éthique* est encadrée de deux autres indications, *Psychologie de l'élite* et *Prolégomènes objectifs*, qui révèlent un écrivain de culture classique auquel le grec et Aristote sont également familiers. Un peu plus loin, en manière de conclusion philosophique, nous rencontrons des *Paralipòmènes subjectifs*. En réalité, il s'agit d'une petite analyse intérieure que pratique sur soi un dilettante désœuvré.

« Cependant qu'il rentrait au triste des rues nocturnes, ensonorées d'ébriétés expansives, il songeait, les tempes névralgiques, cette douloureuse journée de sa vie.

« Du gaz oscillait par l'ombre, symbolisant schématiquement la dérisoire chorégraphie de ses idées. Ses *idées !* Oh ! le prétentieux substantif et de fausse sonnerie ! Six heures de jeu les avaient rendues phtisiques et elles toussaient, les pauvres, à fendre l'âme, en l'atmosphère d'hospice de son cerveau déprimé. Ses idées ! Les mots ont de ces aspects d'intempestive respectability !

« Le matin, tandis qu'aveuli de somnolence et se tiédissant au duvet, il ruminait les possibles joies du jour, à travers des gazes de brumes mentales, s'était imposé, précis, un volumineux courrier porteur de lettres créancières et de messages ammoniacaux. Quelques pattes de mouches chues de celles de la maîtresse lui signifiaient en surplus l'imminence de désagréables éventualités. Il les lui faut conjurer.

« Aussi la hâte de cette toilette maugréée, parmi le désordre des chaises et l'ironique fragilité des boutons, cependant qu'on se sent indispensable en des lieux où des tristesses attendent.

« Aussi les soies à rebours de ce chapeau douloureusement équilibré, la peccabilité de ce linge où s'avèrent à certains froissis des impatiences digitales et le veuvage de telles boutonnières bées.

« Puis la voiture précipitamment nolisée près quelque boulevard, mais mourante, mais ataxique et podagre, boiteuse, bancale, équivoque, mûre pour les fourrières éternelles et les Sainte-Périne administratives.

« Enfin chez Elle. Son refus d'abord de le recevoir, indé-

cence de ces heures matinales, le chapelet! Mais il crie, il
s'emporte, il a d'anormales furies vocales, il menace la bonne;
son vocabulaire se militarise. Diantre! on a pris peur; il est
introduit.

« Elle, c'est l'identique, celle de tous, de nous, des autres,
une quelconque de sexe et voilà! l'Inévitable enfin!

« Que signifie? Pourquoi ce papier griffonné qui développe
la pestilence de parfumeries interlopes? Pourquoi ces essais
de rupture? ne sait-elle pas ses adorations? Et tout l'etcœtera
d'us international pour telles mésaventures.

« Réponses : manque de variété d'adorations trop peu mé-
tallisées; il fait cher vivre; les bonnes sont hors de prix; on les
exporte d'Allemagne comme les lièvres, et malgré cela...
Pas tout d'ailleurs, ni bijoux, ni coupé, ni minuscule hôtel.
Des amours si peu lucratives! Il vaudrait mieux travailler —
aveux progressifs : quelqu'un, riche, vétuste, peu expansif
physiologiquement, enfin de maniement commode lui propose
ces avantages! Elle refuserait? Pour les beaux yeux d'un
panné, d'un fils de famille à qui les banques usurières sont
désormais hermétiques! Pas si bête (oh! ce triomphal *pas si
bête !*) on n'est pas marié! on se quittera bons amis. Si le
vieux n'est pas d'un cerbérisme excessif, parfois peut-être à
ses heures de cercle, on se conjoindra! Mais rien de formel.

« Allons, adieu! Sage! N'oublie pas la bonne. »

Et cela continue ainsi durant vingt-cinq pages, avec une
véritable maëstria derrière laquelle on soupçonne une gageure.

Pour le commun des lecteurs les rébus que la quatrième page
de certains journaux offre, avec prime, à la sagacité des Œdipes
d'estaminet, sont certainement plus faciles à déchiffrer. Et
cependant « ce style plus que figuré dont on fait vanité », est
tout à fait à la mode dans diverses écoles. C'est la langue
nouvelle!

CHAPITRE II

L'ATTAQUE

Le snobisme littéraire. — Le roman contemporain. — Nouveaux échantillons.
— Textes et documents. — Le comble de l'excentricité. — Le manque de
sincérité apparaît chez les meneurs. — Leurs manifestes ne sont qu'un
artifice pour se mettre en vue. — Ils les oublient ou les répudient lorsque
leur intérêt est en jeu. — Deux langues essentiellement différentes, l'ancienne et la nouvelle, dans les mêmes bouches et sous les mêmes plumes. —
Stratagème d'arrivistes.

Non seulement la révolution, moins violente mais plus pénétrante qu'à ses débuts, envahit peu à peu des provinces nouvelles, s'il est vrai que nous la voyons s'installer jusque dans
la critique qui devait être pour elle un domaine fermé et hostile; mais elle recrute des adhérents, des apologistes qui font
sans cesse de la propagande en sa faveur, avec une confiance
bruyamment étalée dont l'impertinence impose à ceux qu'on
appelle aujourd'hui des snobs (1).

Les snobs sont de prétendus amateurs, incapables de discerner entre le beau et le laid, le raisonnable et l'absurde, le
possible et l'impossible, la vérité et le mensonge, la réalité et
le néant, le bien et le mal, mais qui arborent au hasard une
opinion, la première venue, une doctrine, n'importe laquelle,
et qui la défendent ensuite avec une ferveur persuasive et con-

(1) Le mot est anglais. C'est le *Livre des Snobs* de Thacqueray qui l'a introduit chez nous vers 1855; mais il a perdu un peu de sa signification primitive
en passant le détroit. Entre *imbécile* et lui, il n'y a plus grande différence.

tagieuse. Ils n'ont pas la foi ou ne sont pas sûrs de l'avoir, mais un enthousiasme de commande leur en tient lieu. Ils prêchent et répandent par amour-propre ce qu'ils ont accueilli par sottise, comme tous les gens intéressés à ne pas paraître dupes; ils s'associent pour se sentir les coudes; fiers de leur nombre, ils crient plus fort que les meneurs qui les exploitent. Leur syndicat offre une précieuse ressource à tous les charlatans qui veulent lancer une réclame; Panurge n'a pas de meilleurs moutons.

Ce besoin de complicité littéraire ou artistique, qui les pousse à s'affilier aux coteries tapageuses, a souvent reçu satisfaction. Ils sont parvenus à bâtir ou à détruire des réputations. Ils ont créé des soleils et décrété des éclipses. Pendant une trentaine d'années, leur corporation a exercé et étendu rapidement son influence, multiplié ses moyens d'action, développé son commerce, vendu avantageusement ses produits; si bien qu'à cette heure, il est difficile de lire un roman qui n'en soit plus ou moins infecté. La langue nouvelle pouvait espérer un triomphe prochain si, comme nous l'avons déjà indiqué, le temps et la force des choses n'avaient combattu contre elle. Son rayonnement actuel, son progrès apparent la trompent évidemment sur le peu d'avenir qui lui est réservé, sur un commencement de décadence dont l'observateur aperçoit et note les symptômes. Elle se fie à sa fortune présente, exaltée par tous ces faiseurs de romans, stylistes échauffés qui croient que, pour s'assurer une longue domination sur le grand public, il suffit d'un jeu de phrase ou d'une curiosité de mots. C'est une erreur; aussi la langue nouvelle a-t-elle déjà un peu vieilli.

Le roman n'est plus aujourd'hui qu'un cadre, un moule très élastique, où l'on peut tout mettre, même de la science, et qui se prête spontanément aux ingrédients les plus divers. Il n'en est pas moins vrai que, sur la foi de son passé, la masse des lecteurs y cherche surtout des aventures extraordinaires et des sentiments romanesques. Depuis l'abbé Prévost jusqu'à Guy de Maupassant, tous les romanciers sans exception se sont préoccupés de contenter ce double désir et ils en ont été récompensés par la faveur d'un public également reconnaissant à Mme Cottin et à Gustave Flaubert d'avoir fait *Malek-Adel* et *Madame Bovary*. « Nous avons changé tout cela », disent à présent la plupart de nos romanciers, et le fait est que, dans leurs mains, le roman est devenu méconnaissable. Qu'ils en aient banni les événements impossibles, les crises sensationnelles et les coups de théâtre; qu'ils y aient substitué une psychologie soi-disant rigoureuse et scientifique jusqu'à la plus minutieuse exactitude; qu'en un mot, ils y aient introduit un peu plus de réalité — pas beaucoup — et qu'ils aient plus donné à l'observation qu'au rêve; peut-être ont-ils eu raison. En tout cas, il n'y a pas sujet de s'en plaindre dans un livre où la langue seule est en cause, et qui n'a pas à se prononcer, en dehors de cet unique souci, entre des préférences d'esthétique.

Eh bien, voyons la langue. Prenons un roman quelconque, un roman d'hier. L'auteur est vivant et nous convenons une fois pour toutes qu'un critique fidèle aux anciennes coutumes et conservateur de traditions respectables ne doit nommer que les morts. Il semble même inutile de désigner le livre aux recherches en indiquant son titre. L'intéressé s'y reconnaîtra seul et c'est ce qui importe — étant d'ailleurs bien entendu et surabondamment constaté que tous les extraits qu'on trouvera ici (presque à chaque page, puisque ces extraits sont des preuves), ont été soigneusement revus et copiés sur le texte même; que la moindre vérification suffirait pour l'établir, et qu'ils ne sauraient donner lieu, de la part des auteurs, à aucune réclamation. Faut-il ajouter, une fois de plus, que toutes ces citations, pour acquérir leur pleine valeur démonstrative, seront empruntées à des romanciers connus, à des romans cotés, à des écrivains d'un talent incontestable qu'on regrette de voir embarqués dans cette galère de perdition, où leurs facultés, détournées de leur emploi naturel, ne peuvent que s'atrophier et déchoir.

Que dire, par exemple d'un paysage comme celui-ci :

« En vallonnements, en ondulations légères d'herbes, il s'en allait, ce parc, dévalait vers les fraîcheurs de la rivière, plus loin mousseuse dans la violence de ses rapides indigos écumés de bouillonnements blancs, calme et lent là, comme si elle était la continuation du calme large et doux des pelouses et des futaies endormant le petit château dans leur paix verte... »

Que de mal doivent donner à leur fabricant une phrase et
une description pareilles ! C'est observé, dira-t-on. — Trop
observé, trop *pignoché*, répondront les lecteurs qui ont hâte
de voir l'action s'engager ou se développer et qui n'aiment pas
qu'un auteur perde son temps à ces distractions individuelles. On y sent l'exercice de plume et surtout on s'y heurte
immédiatement à un système, chose réfrigérante, s'il en fût.
Nous sommes dans l'école de l'inversion : « En vallonnements,
en ondulations légères, il s'en allait, ce parc, etc... ».

N'est-il pas permis de croire que cette construction latine
n'ajoute pas au pittoresque du tableau ce qu'elle enlève au
mouvement naturel de la phrase ; on ne s'y habitue que par un
petit effort sur soi-même et après un instant d'hésitation.
Poursuivons. Du même auteur et du même roman :

« Sous la lueur arlequinée, dans l'atmosphère bigarrée,
hyaline, Jeanne vague lente, teintant son esprit d'évocatrices
colorations... Maintenant elle trempait ses yeux dans la douceur verte d'une lame unie, et c'était un monde languissant,
un monde moiré d'humidité vénéneuse, comme un monde
entrevu sous le plafond glauque des eaux, un royaume sous-
marin, où l'air se riderait en ondes pâles ; des vols de corbeaux
un instant y nagèrent, suspendus dans un fluide, semblèrent
les poissons de quelque mondial aquarium... ».

Un peu plus loin, une jeune femme vient de trouver et de
lire des lettres qui lui révèlent la trahison et l'abandon de son
mari :

« La lampe mourait sous les obscurs du Dôme ; Jeanne
s'éveilla couchée, tombée sur la litière infâme des lettres.
Lente, elle se souleva, posant ses paumes à terre, longue dans
la ligne féline de son corps et de ses jupes, comme un animal
étiré... »

« Son verbe seul pouvait, évocateur de spectres, ressusciter
la honte ensevelie sous la terre et dans le temps, et cette jeune
femme alors, la veille encore insouciante et gaie, comprit
tout d'un coup toutes les profondeurs occultes, les puissances
surhumaines de la Parole et du Silence... ».

On n'écrit pas ainsi d'instinct et de premier jet. Il faut une longue réflexion, un long repliement sur soi-même pour en arriver à l'*animal étiré;* il faut peiner, suer, se travailler horriblement la cervelle pour rassembler ainsi en quelques phrases la plupart des bizarreries du nouveau style. Elles n'y sont pas toutes; un certain nombre de citations sont encore nécessaires pour bien montrer de quoi sont capables, en ce genre, les ennemis de la langue française et où nous conduirait la révolution qu'ils rêvent si elle devait jamais réaliser tout son programme.

« Dans le demi-sommeil précédant le réveil, elle sentait tinter les coups sourds d'un glas mat : une impression quasi physique d'inquiétude douloureuse, d'attente redoutée. Et cela flottait comme un nuage très vague dans le champ d'un ciel de rêve. En ce redoublement profond de somme qui précède parfois l'éveil complet, un coin d'intelligence demeurait vif comme une plaie ouverte, vibrait toujours au souvenir de la réalité, était la seule cloche dans le pays mortuaire et noir, le seul appel de vie douloureuse tintant dans le silence profond de l'esprit... ».

Cela est encore du même romancier qui n'est pas, croyez-le, un apprenti et qui jouit d'un crédit légitime auprès des éditeurs, c'est-à-dire du public (1). La critique pourrait aisément s'attaquer à ce qui caractérise, au premier chef, sa manière : le goût du rare et du précieux, l'horreur de la simplicité, un besoin et un excès de précision jusque dans les plus intimes détails; par-dessus tout, un système d'impressionnisme qui, loin de fixer l'impression, la disperse et la fausse par un mépris absolu de la proportion et un oubli constant de la perspective. L'égalité de lumière à tous les plans et dans tous les coins du tableau, produit un papillotage inévitable et l'effet n'y est plus, alors qu'il suffisait pour l'obtenir d'un peu plus de discrétion dans le pinceau et d'un peu moins d'agitation chez le peintre.

(1) Il a fait depuis des pastiches très réussis du XVIIe et du XVIIIe siècle et il est maintenant chroniqueur dramatique justement apprécié dans un grand journal du matin.

Il est à remarquer, comme un fait très significatif, que la plupart de ces romanciers ciseleurs qui émaillent leurs récits d'arabesques inédites et d'enjolivures impossibles se montrent beaucoup plus réservés, beaucoup plus sobres dans le dialogue. Ils sentent que s'ils l'enguirlandaient de toutes ces fanfreluches, leurs interlocuteurs ne se comprendraient plus, et ils ont soin de les faire parler à peu près comme tout le monde. On ne saurait leur en vouloir de cette sage précaution, mais elle prouve qu'ils savent très bien à quoi s'en tenir et que la barbarie volontaire dont ils nous régalent quand ils parlent en leur propre nom n'est qu'une ruse; — d'autres diraient un boniment, un calcul pour attirer l'attention. Un pareil stratagème, une réclame littéraire aussi dangereuse pour la littérature elle-même ne saurait être considérée comme un gage de leur sincérité. S'ils sont aussi convaincus qu'ils en ont l'air, pourquoi ne pas appliquer le même système à la description et au dialogue? Pourquoi surtout avoir deux langages, un pour le livre qui n'en peut mais, et un autre pour le théâtre qui ne le supporterait pas?

C'est une contradiction très frappante, que nous avons déjà signalée, et nous aurons certainement l'occasion d'y insister, lorsque les deux procédés de ces écrivains chauves-souris se livrant bataille dans le même livre ou dans la même pièce, le conflit s'accusera avec plus d'évidence et permettra des conclusions plus sévères.

En voici pourtant, au passage, et sans préjudice de démonstrations ultérieures plus complètes, un exemple assez caractérisé. Il est tiré des *Prolégomènes objectifs* et des *Paralipomènes subjectifs* auxquels nous avons déjà emprunté quelques arguments. On y rencontre encore ce petit essai :

« Un scrupule montait encore à sa pensée en bulle protestataire : « S'identifier à l'illogique pour assurer le triomphe de « la logique, n'est-ce pas du gribouillisme métaphysique?» Mais il souriait de la puérilité de l'Adversaire, aux objections toujours serines, malgré leur justesse d'apparence : « Ce que « réclame la logique, c'est le triomphe de l'illogique qui, pour « nous êtreinaccessible, est peut-être un supérieur mode d'exis- « tence. La pensée a trouvé sa fin et évolué sa légitime destinée « lorsqu'elle s'est élevée à la conception de son nécessaire décès

« et consenti à son misérable détriment l'Universel-Éternel ».

« Et il s'ajoutait sédativement : « Ce m'est l'escompte d'une
« jouissance posthume que d'aller contribuer à rétablir l'unité
« du monde à qui je suis incohérent et en qui anormal et d'as-
« surer ainsi par un autosacrifice logique le règne définitif et la
« souveraineté de l'Illogique... que moi-même je serai demain »,
songeait-il avec quelque ironie.

« En telle tabagie proche, il enflamma un havane et se mit
consciencieusement à enfumer ses amygdales. Tantôt il faisait chiunter la petite vapeur blanchâtre entre ses lèvres
anchées, tantôt il la canalisait rhiniquement ou, s'il vous plaît,
la nasalisait. Au kiosque proche, muni de littératures vespé-
rales, il avait cueilli *le Temps*, organe des monotonies politiques, afin de confirmer en lui le goût de l'Éternel. »

Surtout n'oubliez pas qu'ici encore, pour que la citation fût
plus décisive, nous nous sommes adressé à un des chefs,
à un des maîtres de la nouvelle école, linguiste érudit
chez qui toutes ces bizarreries sont — ou ont été pendant
quelque temps — préméditées et volontaires; de sorte qu'on en
arrive à se demander si le stupéfiant chef-d'œuvre que nous
venons de tirer de la poussière où il dormait, et qui a dû coûter
un si long travail à son auteur, n'est pas une plaisanterie
littéraire de premier ordre, une énorme et abracadabrante
ironie.

On est vraiment tenté de le croire quand on songe qu'une
lettre écrite par le héros du roman à sa mère, et dans laquelle
il lui demande de l'argent pour payer une dette de jeu, échappe
d'un bout à l'autre à cette affectation d'excentricité. La desti-
nataire est une bourgeoise provinciale qui ne comprendrait rien
à ce tarabiscotage, et l'on voit bien que l'expéditeur le lui
épargne pour s'assurer une réponse. Nous avons donc la
preuve qu'il sait et peut parler autrement, qu'il écrit même
le vrai français, quand il le veut, avec beaucoup de distinction
et qu'en s'en écartant il cède à un parti pris, il obéit à un système. Ce costume dont il s'affuble n'est qu'un déguisement,
une parade, à laquelle il renonce dès qu'il la juge inutile ou
nuisible, comme il l'a fait, sans aucune difficulté, dans quelques
pièces de théâtre dont les plus récentes, jouées au Gymnase
et au Vaudeville, ont reçu du public un accueil favorable

qui eût été plus favorable encore si la singularité, bannie du
style, ne s'était réfugiée dans la pièce même et dans les mœurs
ou les idées des principaux personnages qui s'y rencontrent.

Continuons cette petite enquête, en accumulant les documents justificatifs et les pièces à conviction :

Voici des vers, ou ce qu'on veut bien appeler ainsi. Ils sont
l'œuvre d'un poète porté aux nues par les amateurs de poésie
contemporaine. Deux fois lauréat, il a été couronné par un
Cénacle sans mandat qui s'est conféré à lui-même le droit de
classer les nouveaux poètes, et — ce qui est plus sérieux —
par l'Académie française, oui, par l'Académie qui s'est fait
gloire, en cette occasion, de renoncer à de vieux préjugés
prosodiques. On va voir qu'elle a poussé l'esprit de sacrifice
jusqu'à la pleine et entière abnégation.

LA DÉTRESSE D'HERCULE

HERCULE, *à Omphale.*

O fleur de mon désir épanouie en femme,
Ton corps fut pour mes yeux la forme de l'espoir.
L'espoir est mort. La force est morte. Mon vouloir,
Puissant jadis, est mort. Et la détresse entame
Mon triste amour qui fut ma dernière beauté.
Au vertige de ton respir j'avais sculpté
Dans le rêve de t'aimer la cariatide
Qui supporte sur la façade du Destin
Le poids de ma vie.

OMPHALE

Je vivais de ton souffle, et je suis une morte.
Et ton âme elle-même n'est pas assez forte
Pour ressusciter à l'amour mon âme morte,
Cadavre où le regret seul encore est vivant.
C'est une chaîne de mort qui lierait nos flancs.
Mais le lis de ton rêve est demeuré candide :
Ne va pas le flétrir sous mon haleine aride.
Va, pars, las de verser l'eau sainte de l'amour
Et de la vie au cœur mort-né, trop faible pour
Naître à ton baiser. Va ! Vers le soleil persiste
L'envol de l'aigle ayant la flèche à l'aileron !
Dresse ton sein puissant, asile des fronts tristes,
Où j'aurai seule en vain caché mon triste front.

L'auteur de cette Détresse d'Hercule ne cultive pas seulement l'héroïde, il a aussi un goût marqué pour l'élégie, surtout quand elle prend la forme du sonnet.

Les journaux ont cité de lui une pièce qui leur a inspiré la plus vive admiration :

ROSES REMONTANTES

Sur la route qui mène aux portes du tombeau
— Que ne fus-je le pèlerin toujours fidèle
A quelque rythme de beauté essentielle ! —
Je m'attardai, marcheur affamé du repos,

A respirer des fleurs pures ou sensuelles,
Roses écloses sous les frémissants rameaux
Du bois sacré, trésors certains et cardinaux,
Et floribondes églantines des venelles.

Roses, vous m'avez dit des secrets de l'Amour.
Plaise aux Grâces qu'au soir de mon jour mes mains calmes
Portent avec la rose et le cube et la palme !

Ce soir viendra, foulant de son pas de velours
Sur le sol défleuri mes heures pénitentes ;
Et j'aime maintenant les roses remontantes.

Les amis du poète ne tarissent pas d'éloges, qui paraissent sincères, sur l'incomparable mérite de ces *Roses remontantes* et de cette *Détresse d'Hercule*. Sans songer peut-être que la caution est discutable, ils nous apprennent que ce nouveau nourrisson des Muses appartient à la lignée littéraire de Baudelaire et de Villiers de l'Isle-Adam. Ils ajoutent que, s'il est inconnu du grand public, il exerce une sourde influence sur l'esprit des très jeunes gens. — « Quoi ! vous avez le front de trouver cela beau ! » C'est probablement ce qu'eût dit Molière et il eut ainsi appuyé sa réponse : « Qu'est-ce que « le vertige de ton respir ? », Et « la cariatide sculptée sur la façade du Destin », et « l'envol de l'aigle ayant la flèche à l'aileron », et « le rythme de beauté essentielle », et « les trésors cardinaux », etc., mais les précieuses sont vengées. Nous sommes des dilettantes, et nous partons de ce principe que tous les goûts sont dans la nature. Si la censure s'appelle Anastasie, la critique s'appelle Philaminte.

C'est Philaminte qui nous présente un autre poète, encore
moins connu que le précédent, et qui nous invite à déguster
les vers que voici :

SOUVENIR

Sous un ciel bleu saphir, sur un satin posé
S'étend le vert collier, fantasque, reposé,
Des îles bataviennes tendant leurs dentelles
Aux frissons des vents chauds éventant de leurs ailes
Les fleurs, et les parfums aux senteurs exotiques,
Les plissés longs moirés des vagues asiatiques.

De lourds papillons vont cahotant dans leur vol
Les calices ouverts, étrangement cambrés ;
C'est un vibrant concert dans l'éther, sur le sol,
D'insectes lumineux plumeusement marbrés.

Des perroquets carmins, de blancs kakatoès,
Des oiseaux aux cheveux étranges, satineux
Semblent des chrysanthèmes, aux sommets d'aloès,
D'ardentes floraisons aux feux vertigineux,

Les fruits gamment la quinte altière des lumières ;
Des eaux rouges, jaunes, des poissons, des lézards,
Des algues rayonnant étoilent leurs crinières
Sur un miroir sanguin poudré de nénuphars...

Vers l'inconnu rêveur qui murmurait des chants
Et des étranges mots vers les bois bruissants
Tu vins, et ton regard ne quittait pas mes yeux
Qui se grisaient d'amour et s'inquiétaient curieux.

Seuls nous avons frôlé des palmiers, des orchis,
De pétulantes fleurs, des toits arborescents,
De rampantes clartés, des émaux, des serpents
Roulant sous les mousseux tapis, sous de blancs lis,

Et parfois le strident appel de l'oiseau bleu
Qui insiste railleur, qui scande sa mesure
Sur les chants trop berceurs des oiselets peureux,
Qui unissent leurs voix en gemmes de parure,

Éveillait dans nos cœurs des extases plus folles.
Dans l'air brûlant, dans des parfums, sous les clartés
En magiques faisceaux incendant les corolles,
Les calices ouvraient leurs neigeux encensoirs ;

Notre amour s'exaltait aux flots des voluptés
Qui valsaient accordant leurs vertiges d'un soir...

Mais tout meurt, tout est mort dans ton cœur qui soupire,
Écoutant la chanson que mon cœur vient de te dire!

Enfin, parmi les poètes « nouveau modèle », un de ceux qui donnent le ton à l'école et qu'elle aime à glorifier, nous offre un régal qui justifie sa réputation et son prestige. Elle n'a jamais rien fait de mieux. Les emprunts que nous venons de lui faire, et où certainement elle s'admire, présentent encore çà et là quelque hémistiche intelligible; l'adieu au bon sens n'y est pas définitif et sans retour. Ici, au contraire, la rupture est assez complète pour expliquer l'enthousiasme des initiés et la stupeur des profanes.

> Doux et épars sanglots de la vie! En la nulle
> rumeur de paix stellante qu'une nuit module
> un cœur nuptial pour eux n'a pas (Cœurs élus
> ardant l'azur muet de sanglots impollus!)
> chanté haut, ainsi que le Devoir qu'on exalte
> de fleurs, quand les lèvres amantes diraient lent
> que parmi le millier de ramures du monde
> vaste du manque aux yeux de regrets du serment
> qui d'aurore en néant évagueraient par l'onde,
> la mémoire des mers murmure indulgemment.

Il y manque une traduction interlinéaire; mais, à cela près, c'est un des plus jolis bouquets de la poésie contemporaine, de celle-là du moins qui essayait de fleurir il y a une dizaine d'années.

Les Muses aiment l'alternance, passons à la prose. Une romancière qui écrit sous un pseudonyme masculin et à laquelle la plupart des grands journaux se montrent fort hospitaliers, va très à propos nous servir d'exemple. On sent bien qu'elle ne s'est pas enrôlée de parti pris dans la confrérie militante. Elle entrechoque, sans système préconçu, des passions et des idées qui évoquent immédiatement le souvenir de George Sand; mais elle n'a pu échapper à la contagion et, au lieu de parler comme Indiana ou Valentine, ses héroïnes expriment leurs sentiments en un style moderne, qui se modernise encore davantage lorsque l'auteur parle en son propre nom :

« Un malaise moral la tenait ployée (la Walkyrie) que ne

parvenait point à vaincre la strideur surnaturelle du Verbe
extra-humain des filles guerrières. En vain, elle se précipitait
à leur suite dans la vertigineuse chevauchée, clamant, en son
âme cet Hojo-toho ! qui semble déclancher aux profondeurs
de l'être on ne sait quelle porte désobstruant l'infini ; son
cœur affreusement serré faisait gicler vers ses prunelles des
pleurs de honte... »

Le voilà bien, le « Verbe extra-humain » ! Il s'épanouit, avec
la même puissance de dilatation, dans un autre morceau qui
nous a paru bon à reproduire, mais qui n'est pas du même
écrivain. La scène est assez banale : la promenade en barque
d'un couple amoureux. Mais comme la description la relève !
Et quelle admirable collection d'adjectifs !

« Une risée courut ; le yawl gîta sous ses voiles couchées,
s'élevant d'un mouvement ailé au-dessus des lames longues ;
l'écume, le long de ses flancs fuselés, glissa en bruissements
frais.

   « Annie Lewis, l'écuyère, dit à Jacques de Gacé :

   — Ho ! Il a de belles actions, votre bateau.

   « Lui sourit de ce langage équestre, heureux de lui voir un air
amusé pour la première fois depuis leur croisière.

   « Devant eux un trait ondulé des côtes se gazait, d'un rose
gris, marbré de taches vertes et blanches.

   . . . .

   « Il fit oui de la tête. Debout, à l'avant, dans le balancement
de la proue, elle apparaissait luisante et svelte, dans la soie
rouge d'un maillot, d'où sortait la grâce blonde de ses épaules
et de ses bras. Le mouvement des lames tantôt la haussait sur
ses jarrets souples, comme pour la lancer vers la volée d'un
trapèze, tantôt abîmait le plancher mouvant de la barque,
sous l'adroite pliée de ses reins. Elle hancha, délicieuse, pen-
sant être sous le lustre, sentant sur elle réunis les yeux de la
plage, cria : « Miousic », et déformant en clownerie gamine la
pureté de sa pose, elle se laissa glisser dans l'eau.

   « Aussitôt les matelots souquèrent, suivant sa nage.

   « Couchée dans l'enveloppement mol et violent des lames,
elle parut portée par toute l'élasticité des couches profondes,
attirée avec tout l'océan par l'aspiration de la terre ; ses bras

en divisant devant elle les ondes semblaient dans leur mouvement de palme s'appuyer sur leur fuite, pendant que le ressort des pieds, jetant le corps en avant, dressait parfois le torse de pourpre, la cambrure de la nuque sous l'or des cheveux tordus d'un foulard rouge. »

Nous en avons tout un recueil, une véritable anthologie dont on ferait aisément deux gros volumes; nous pourrions y cueillir, au hasard, des fleurs égales ou supérieures à celles que nous venons de réunir dans une sorte de vitrine; mais il faut se borner et, aussi bien, notre exposition n'est pas finie; nous devrons, plus d'une fois encore, l'offrir à l'admiration du spectateur.

Il en conviendra sans peine : la langue soi-disant française que nous venons de mettre sous ses yeux est bien une langue nouvelle, qui n'a aucune racine et, par conséquent, aucune excuse dans le passé, qui ne se rattache par aucun lien de parenté ou d'imitation à aucune époque de notre formation nationale. C'est une excroissance accidentelle, un Rambouillet nouveau, avec une ribambelle de Scudérys, de minuscules Scudérys, très inférieurs à leurs ancêtres, car ceux-ci avaient, sous leur préciosité, un grand style solide qui, par certains côtés, et surtout dans la peinture des portraits, devance quelquefois Saint-Simon. Chez nos Scudérys dégénérés, le précieux et le maniéré tombent du premier coup au jargon des demoiselles raillées par Molière, lesquelles commandent à leurs valets de leur voiturer les commodités de la conversation. Nous avons le bonheur de posséder des douzaines de Cathos et de Madelons en redingote. Et ces Cathos et ces Madelons ne sont pas même sincères, c'est-à-dire folles, ce sont des arrivistes littéraires qui se donnent en spectacle sur la voie publique pour attirer les passants.

CHAPITRE III

LA RÉSISTANCE

I

La défense avait prévenu l'attaque. — Tous les grands romanciers du siècle
se sont contentés de l'ancienne langue. — Tous l'ont parlée avec leur accent
personnel. — De Chateaubriand à Flaubert. — Benjamin Constant, Senancour, et Mme de Staël. — Victor Hugo, Alexandre Dumas et Eugène Sue.
— Balzac, Mérimée, Stendhal et George Sand.

Le grimoire de ces réformateurs n'a aucun rapport avec la
langue qui a suffi à tous les grands romanciers du dernier siècle
pour faire leurs chefs-d'œuvre. Vous ne trouverez rien de
pareil dans *René*, ni dans *Adolphe*, ni dans *Obermann*, ni dans
Corinne. Chateaubriand, Benjamin Constant, Senancour et
Mme de Staël parlent français. A côté d'eux, toute l'école du
premier empire, l'école de Fontanes, écrit un français plus que
classique. Lebrun-Pindare, Népomucène Lemercier et M. de
Jouy emploient, en des genres très différents, la même langue,
la nôtre. Stendhal, qui fait bande à part, ne se distingue, de ce
chef, par aucun signe particulier. Il a ses fanatiques qui
mettent *la Chartreuse de Parme*, *le Rouge et le Noir* et, en général, tout ce qu'il a produit, fort au-dessus de *Paul et Virginie*
et de *Manon Lescaut*. Ils célèbrent en lui une puissance de
pénétration psychologique sans égale. Je la juge, pour ma
part, moins sûre et moins profonde qu'ils ne le disent et j'y

crois démêler plutôt un état d'âme très personnel, très exceptionnel et très peu sympathique, qu'un don spécial d'explorer le monde intérieur. Mais Stendhal parle une bonne langue, la vieille, vive, alerte, courte, et il la parle sans prétention, avec simplicité et bonne grâce, rachetant ainsi cette agaçante fureur de s'analyser et annoter lui-même perpétuellement.

Chateaubriand, auquel il faut toujours revenir parce qu'il a découvert l'Amérique, n'a commis, ni dans *les Natchez*, ni dans *les Martyrs*, ni dans son *Itinéraire de Paris à Jérusalem*, ni dans ses *Mémoires d'outre-tombe*, à plus forte raison dans ses pamphlets politiques, aucun attentat contre l'idiome auquel les familles françaises habituent les enfants qui viennent de naître. Dira-t-on que la langue des *Natchez* n'est pas celle des *Martyrs* et que celle des *Martyrs* n'est pas celle de l'*Itinéraire*. Quelques-uns peuvent être tentés de le croire, mais c'est une erreur profonde, une erreur capitale sur laquelle il importe d'insister et que nous ne manquerons pas de relever chaque fois que nous en découvrirons quelque trace, parce que ce livre a été précisément écrit pour la combattre.

Elle résulte d'une confusion qu'on fait sans cesse entre le style et la langue. Assurément le style de Chateaubriand n'est pas celui de M. de Jouy, et ce style lui-même varie avec les sujets auxquels il doit s'appliquer. Les images des Natchez sont singulières comme leurs usages. Le calumet de la paix et la vierge des dernières amours appellent tout naturellement des comparaisons du nouveau monde qui ne peuvent avoir aucune ressemblance avec les procédés de la vieille épopée homérique employés dans *les Martyrs;* mais l'instrument pour les mettre en valeur n'a pas changé, parce qu'il n'y a pas deux langues françaises et que, sauf quelques mots perdus ou récemment annexés, sauf quelques tournures de phrase qui s'y sont peu à peu installées à la place de locutions *désuètes* (1), la langue française a conquis, depuis trois siècles, son unité et sa fixité. Nous parlons la langue de Corneille; nous la parlons moins bien que lui; mais nous la parlons.

Prenons maintenant les romantiques, et Victor Hugo tout le premier, avec *Han d'Islande, Bug-Jargal, Notre-Dame de*

(1) *Désuète* est un des mots favoris des novateurs jaloux de montrer qu'ils ont quelque teinture de latin.

Paris, les Misérables, les Travailleurs de la mer, et plus parti-culièrement *l'Homme qui rit*, parce qu'il est venu à une date où Victor Hugo, si impressionnable, aurait pu subir à son insu ce qu'on appelle aujourd'hui les influences ambiantes. Peut-on lire deux pages de ces romans si divers de forme et si diffé-rents de valeur sans y reconnaître sa main? Il a une phrase qui n'appartient qu'à lui, tantôt courte et sautillante, tantôt démesurément allongée, où la pensée elle-même s'étire et se distend à perte de vue sous toutes ses formes, une phrase à la fois violente et ouvragée qui sent l'effort dans ses plus superbes développements.

Son antithèse et sa manière de la poser sont proverbiales ; dans l'amplitude de ses contrastes, elle ne va pas seulement du petit au grand, mais du microscopique au gigantesque. Elle s'ouvre comme les jambes d'un nouveau colosse de Rhodes sous lequel passeraient des flottes de comparaisons et de méta-phores. C'est une hyperbole double qui n'admet pas de milieu entre les deux infinis. Et on la retrouve telle dans tous ses drames en prose, *Lucrèce Borgia, Angelo, Marie Tudor;* elle a une tournure et une physionomie auxquelles il est impos-sible de se tromper. A première vue, c'est du Victor Hugo, et ce ne peut être que du Victor Hugo, ou d'un imitateur habile qui a été encouragé par les facilités qu'un pareil style offre à la parodie. Mais, en dehors de cette originalité purement exté-rieure, chaque phrase témoigne de son respect de la langue ; c'est de cet instrument, et non d'un autre, que le poète tire les accents qui nous émeuvent. Il surpasse en virtuosité la plupart des musiciens qui en ont joué, il fait des tours de force, mais sa lyre est celle de tous les lyriques sans exception. Il n'y a pas ajouté une huitième corde inconnue avant lui. Elle rend davan-tage sous ses doigts, comme un piano ordinaire sous ceux de Liszt; mais voilà tout. Il n'a été qu'un merveilleux exécutant, il a même pu passer pour un orchestre à lui tout seul; mais il n'a rien innové, rien inventé, il a seulement perfectionné l'art de varier les rythmes et d'enfler le son.

Voilà maintenant Alexandre Dumas et Eugène Sue; l'un et l'autre ne songent même pas à se faire un style, encore moins une langue. Celle du commun des hommes leur suffit, ils ont bien assez d'imaginer des combinaisons romanesques ou dramatiques, sans perdre leur temps à remanier la mécanique usuelle; ils pétrissent un pain savoureux, mais ils le cuisent au four banal, tant ils sont persuadés que le goût qu'on y prend tient uniquement à leur façon de l'assaisonner et aux condiments qu'ils y ajoutent. Ce n'est pas le lieu de juger ces deux romanciers, dont l'un fut un homme de théâtre supérieurement doué, et de chercher entre eux des rapprochements ou des différences. Les *Mousquetaires* et leur panache ne sont qu'à Dumas; mais *les Mystères de Paris* et *Monte-Christo* sont bien nés de la même inspiration et appropriés au même besoin d'aventures extraordinaires dont le lecteur français était alors tourmenté. Eugène Sue et Alexandre Dumas, grands inventeurs d'histoires, ont également sacrifié à ce genre d'intérêt, et se sont appliqués l'un et l'autre à satisfaire la curiosité publique, sans s'attarder à des préoccupations exclusivement littéraires; ils ont ainsi obtenu tout le succès qu'ils ambitionnaient et ils ont laissé une école — l'école du roman exclusivement romanesque, qui fleurit au feuilleton des petits journaux. Leurs successeurs paraissent encore attacher beaucoup moins d'importance qu'eux-mêmes aux recherches et aux raretés de pure linguistique. Sans doute ils se disent que leur public, incapable de les sentir, n'y prête aucune espèce d'attention, et ce n'est pas de cette pensée qu'on leur fait un crime.

La préoccupation littéraire est autrement sensible chez les trois grands romanciers qui se disputent les deux premiers tiers du dernier siècle, Balzac, George Sand et Prosper Mérimée. Balzac eut si peu une langue spéciale, une langue à lui, et parvint si peu à s'en faire une que le jour où il voulut écrire des *Contes drolatiques*, il emprunta celle de Rabelais. On sait, au contraire, que, toute sa vie, il travailla à se faire un style sans y réussir. Il eut une manière et n'eut point un style. Ce qu'on reconnaît du premier coup dans *le Père Goriot* comme dans *la Femme abandonnée*, ce n'est pas la plume qui écrit, c'est l'œil qui observe, le cerveau qui pense, le créateur du roman moderne. De même que Shákspeare, malgré ses scories, demeure le plus grand des auteurs dramatiques, de même Balzac reste peut-être le plus grand des romanciers, parce qu'il a inspiré plusieurs générations de successeurs, dont deux au moins l'ont égalé ou même surpassé, mais initiés et façonnés par lui. Ce qu'il a fait d'élèves est incroyable; il domine de toute sa hauteur cette foisonnante lignée. Il conserve l'honneur d'en être le père et le maître, mais on ne peut pas dire qu'il soit un écrivain.

George Sand, au contraire, est un écrivain et semble même, à cette heure, sauf un retour de la mode littéraire, n'être plus qu'un écrivain. On peut, après l'en avoir louée, condamner son système, la manière dont elle construisait ses romans et idéalisait ses personnages. Son Corinthien du *Compagnon du Tour de France*, ses forgerons de *la Ville noire*, sa petite Fadette et son *François-le-Champi* n'ont jamais revêtu que dans son imagination les couleurs poétiques dont elle les a peints. Nous avons substitué à ce rêve de prétendues réalités qui sont souvent plus grossières que nature et cet excès est encore une convention où disparaît la vérité intermédiaire. Mais, quoi qu'on pense de cette romanesque George Sand et de son penchant irrésistible à embellir ou agrandir ses héros, il n'en est pas moins acquis et reconnu qu'elle appartient à la grande école des stylistes français; que nul n'a poussé plus loin l'art de conter, que les jolies fables tombaient de sa plume d'or comme les perles de la bouche des fées et, par-dessus tout, qu'elle a égalé, dans ses paysages, grands ou petits, dans ses tableaux d'ensemble comme dans ses *quadri* intimes, les maîtres de la peinture contemporaine et de la poésie antique. Telle de ces pages admirables fait songer en même temps à Rosa Bonheur et à Virgile, aux grands bœufs des pâturages nivernais, comme aux « bosquets amènes » et aux ombres qui descendent, à longs plis, des hautes montagnes, lorsque le soleil commence à s'incliner sur l'horizon. Elle a vu cela de ses yeux pénétrants, elle l'a senti dans son cœur, elle l'a rendu sans ajouter un mot ou un tour à la langue de Bernardin de Saint-Pierre et de Jean-Jacques Rousseau.

Peu ouvert à ce genre d'impressions, Prosper Mérimée a parlé simplement celle de Voltaire. On peut le trouver un peu sec, un peu étriqué; George Sand, chez qui l'inspiration coulait de source, estimait peut-être que cette puissante concentration dramatique, à laquelle l'auteur de *Colomba* et de *l'Enlèvement de la redoute* doit sa légitime renommée, manquait parfois d'aise et d'abondance. Quand « il incrustait un plomb brûlant sur la réalité »; quand il « découpait à son flambeau, la silhouette humaine », ce naturaliste égaré, par ses relations, dans l'école romantique, mais très vite repenti et revenu, aurait pu modérer un peu sa violence sans en affaiblir l'effet; mais, sur la langue, il était intraitable : il se défendait de l'enrichir, par crainte de la corrompre; elle lui suffisait pleinement, telle qu'il l'avait trouvée, et lorsque par hasard il risquait, non pas un mot nouveau (il ne se fut jamais permis une telle licence), mais un mot qui, bien qu'autorisé déjà par un assez long usage, n'avait pas encore obtenu sa pleine patente de naturalisation, il s'en excusait, demandait pardon de la liberté grande et ne manquait jamais de dire : « Voilà un mauvais mot, un mot que je n'aime guère, un mot que je n'aime pas... ». Celui de beauté *piquante* qu'il glissa dans *la Double méprise* n'y entra, faute d'autre, qu'avec cette désobligeante restriction. En matière de langue, Prosper Mérimée n'est pas seulement un conservateur, ce serait plutôt un réactionnaire. Encore un mot qu'il n'eût jamais employé !

II

Gustave Flaubert. — Son admiration pour Chateaubriand. — La passion du style poussée chez lui jusqu'à l'obsession maladive et stérile. — Ses discussions avec George Sand. — Sa manie de perfectionnement continu et indéfini n'a rien de commun avec les fantaisies des novateurs qui se réclament de son nom et de son exemple. — Alphonse Daudet.

J'ai hâte d'arriver au grand romancier dont se recommande presque toute l'école moderne, Gustave Flaubert. Grand, il le fut, mais terriblement agité (1). Elle le proclame le premier, le plus illustre des stylistes et elle a raison en ce sens qu'il eut toute sa vie le tourment, la fièvre du style et que ses lettres en témoignent. On connaît sa correspondance avec George Sand et les curieuses confidences qu'on y rencontre sur cette préoccupation poussée chez lui jusqu'au malaise. George Sand qui était, en art, la raison même, l'engageait à s'en défier, à se détendre, à ne pas se mettre ainsi la cervelle à l'envers pour un mot, pour une consonnance; à ne pas perdre son temps — un temps toujours pris sur la pensée — à poursuivre, avec une sorte d'obstination enfantine, l'harmonie et le nombre, qui sont un don de l'oreille, mais qu'on acquiert aussi par l'exercice et qui viennent souvent à point à qui sait les attendre. Il n'écoutait guère ces sages conseils; il marchait à grands pas dans son cabinet de travail, répétant tout haut, à vingt reprises, la moindre phrase qu'il venait d'écrire pour se rendre un compte plus exact du son qu'elle rendait, et il ne songeait pas que le lecteur, pour qui il prenait tant de peine, est beaucoup moins

(1) Comme ce grand Berlioz à qui l'on a rendu une tardive mais éclatante justice.

sensible que l'auditeur à ces effets d'acoustique. Transformé ainsi en orateur qui essayait sur lui-même son propre discours, il recommençait indéfiniment l'opération, recopiant, modifiant, raturant, surchargeant, mécontent de soi, accusant son impuissance et s'arrêtant enfin accablé, exténué, à une dernière version qui ne valait pas toujours la première, dégoûté et rebuté par son effort même, comme un homme qui après avoir essayé dans un magasin une douzaine de vêtements sans en trouver un qui lui convienne, finit par endosser, de guerre lasse, le dernier qu'on lui présente, non sans en regretter d'autres qu'il a dédaignés et qui, à tout prendre, faisaient mieux son affaire.

Aux yeux de Flaubert, le grand maître du style dans les temps modernes, était Chateaubriand. Il est certain que l'auteur de *René* et de l'*Itinéraire* a manié la langue avec autant de dextérité que de force et fait de la prose française une grande musique, qui reste originale, même après celle de Bossuet et de Jean-Jacques Rousseau. Dans le concert un peu discordant où se mêlent toutes les voix et tous les instruments du siècle, Chateaubriand apparaît comme l'organiste de la cathédrale. Il chante de haut avec noblesse, avec majesté, et sa phrase a tout ensemble l'immensité du désert et la mélancolie des ruines. Il a créé la prose poétique si malencontreusement imitée depuis et, à ce titre, il reste bien le chef du chœur. Sainte-Beuve, si sévère pour lui, ne lui a pas absolument refusé cette justice, mais il a un peu trop montré, chez le colosse, le pied d'argile de la vanité. Flaubert n'y a vu que le génie du style et réhabilitant, restaurant ce grand artiste un instant négligé, il a fait de sa manière une étude patiente, minutieuse, qui a nui à sa propre fécondité. A force de cultiver l'art de la phrase, on arrête quelquefois l'essor de l'imagination, on paralyse le vol de la pensée.

Nul plus que nous n'admire *Madame Bovary* et *Salammbô;* mais les anciens, chez qui le naturel primait toutes les autres qualités, auraient dit que ces deux romans, le second surtout, sont un peu trop visiblement travaillés. Flaubert a été victime de cette passion, de cette obsession du style, poussée jusqu'à la manie, et son talent en a souffert. A force de piocher le style, ou ce qu'il appelait ainsi, il a paru à quelques juges prévenus, en manquer et n'être, dans cette partie si considérable de l'écrivain, qu'un imitateur. Cette opinion, qui le mettait en fureur, est excessive et injuste. Flaubert possède un pittoresque bien à lui qui procède de l'observation exacte des choses vues et reproduites dans tout leur relief. Lorsque dans le roman qui lui fit une réputation qu'aucune autre tentative moins heureuse ne put amoindrir, dans *Madame Bovary*, la plus sincère et la plus spontanée de ses œuvres, il nous fait assister, un jour de dégel, à l'une des premières rencontres d'Emma et de son pauvre futur mari, sur le perron de la ferme; il arrive dans le détail à une puissance de rendu qu'aucun des réalistes contemporains n'a surpassée ni peut-être égalée. En même temps que la pensée pénètre dans l'esprit, la phrase se dessine aux yeux et le mot sonne à l'oreille :

« Elle le reconduisait toujours jusqu'à la première marche du perron. Lorsqu'on n'avait pas encore amené son cheval, elle restait là. On s'était dit adieu, on ne parlait plus; le grand air l'entourait levant pêle-mêle les petits cheveux de sa nuque, ou secouant sur sa hanche les cordons de son tablier qui se tortillaient comme des banderoles. Une fois, par un temps de dégel, l'écorce des arbres suintait dans la cour, la neige sur les couvertures des bâtiments se fondait. Elle était sur le seuil, elle alla chercher son ombrelle; elle l'ouvrit. L'ombrelle, de soie gorge-pigeon que traversait le soleil, éclairait de reflets mobiles la peau blanche de sa figure. Elle souriait là-dessous à la chaleur tiède, et on entendait les gouttes d'eau, une à une, tomber sur la moire tendue. »

C'est la perfection même; c'est de la broderie au plumetis, forcément un peu apprêtée et pointillée; c'est le comble de l'art. Et de même cet autre morceau, une petite peinture, en passant, de l'hiver à la campagne :

« Vers quatre heures du matin, Charles, bien enveloppé dans son manteau, se mit en route pour les Bertaux. Encore endormi par la chaleur du sommeil, il se laissait bercer au trot pacifique de sa bête. Quand elle s'arrêtait d'elle-même devant ces trous entourés d'épines que l'on creuse au bord des sillons, Charles, se réveillant en sursaut, se rappelait vite la jambe cassée, et il tâchait de se remettre en mémoire toutes les frac-

tures qu'il savait. La pluie ne tombait plus; le jour commençait à venir, et sur les branches des pommiers sans feuilles,
des oiseaux se tenaient immobiles, hérissant leurs petites
plumes au vent froid du matin. La plate campagne s'étalait à
perte de vue, et les bouquets d'arbres autour des fermes faisaient, à intervalles éloignés, des taches d'un violet noir sur
cette grande surface grise, qui se perdait à l'horizon dans le ton
morne du ciel. »

Il y a chez Flaubert cent autres tableaux de la même valeur,
et surtout de la même vérité, toute une galerie où la minutie de
Gérard Dow et de Van Ostade s'éclaire parfois de la lumière
de Rembrandt. Dans *Salammbô*, il affiche une certaine prétention à la grande toile, et ses admirateurs — parmi lesquels il
n'en est pas de plus convaincu que nous, moyennant une petite
réserve — ne manquent jamais de citer cette superbe peinture
des « lions crucifiés » qui les transporte d'enthousiasme :

« Ils marchaient dans une sorte de grand couloir, bordé par
deux chaînes de monticules rougeâtres, quand une odeur nau-
séabonde vint les frapper aux narines, et ils crurent voir au
haut d'un caroubier quelque chose d'extraordinaire : une tête
de lion se dressait au-dessus des feuilles.

« Ils y coururent. C'était un lion attaché à une croix par les
quatre membres comme un criminel. Son mufle énorme lui
retombait sur la poitrine, et ses deux pattes antérieures, dis-
paraissant à demi sous l'abondance de sa crinière, étaient
largement écartées comme les deux ailes d'un oiseau. Ses côtes,
une à une, saillissaient sous sa peau tendue; ses jambes de
derrière, clouées l'une contre l'autre, remontaient un peu, et du
sang noir, coulant parmi ses poils, avait amassé des stalactites
au bas de sa queue qui pendait toute droite le long de la croix.
Les soldats se divertirent autour; ils l'appelaient consul et
citoyen de Rome et lui jetèrent des cailloux dans les yeux,
pour faire envoler les moucherons...

« Cent pas plus loin, ils en virent deux autres; puis tout
à coup parut une longue file de croix supportant des lions.
Les uns étaient morts depuis si longtemps qu'il ne restait plus
contre le bois que les débris de leurs squelettes; d'autres, à
moitié rongés, tordaient la gueule en faisant une horrible gri-

mace; il y en avait d'énormes; l'arbre de la croix pliait sous
eux, et ils se balançaient au vent tandis que sur leur tête des
bandes de corbeaux tournoyaient dans l'air sans jamais s'arrêter. Ainsi se vengeaient les paysans carthaginois quand ils
avaient pris quelque bête féroce; ils espéraient par cet exemple
terrifier les autres. Les Barbares, cessant de rire, tombèrent
dans un long étonnement. « Quel est ce peuple, pensaient-ils,
« qui s'amuse à crucifier des lions? »

C'est vraiment très beau, c'est un morceau de choix, un
magnifique exercice de style tout à fait digne de figurer dans
un des *Recueils* quasi-classiques de l'école moderne, à côté du
Meschacebé de Chateaubriand, du *Lever de soleil* de J.-J. Rousseau et du *Cheval* de Buffon; mais il est difficile de n'y pas
relever un peu de tension et d'effort. Cette page superbe trahit
le long travail dont elle est sortie. C'est de l'art splendide,
mais qui se voit.

Flaubert n'était sans doute pas fâché qu'on le vît. Il se faisait honneur de cultiver exclusivement l'art pour l'art. Il avait
l'amour excessif de la littérature proprement dite. Sa théorie
est connue, car il l'a exposée tout au long dans ses *Lettres;*
mais on sait aussi comment George Sand la lui reprochait :
« J'ai déjà combattu ton hérésie favorite qui est que l'on écrit
pour vingt personnes intelligentes et qu'on se fiche du reste.
Ce n'est pas vrai, puisque l'absence de succès t'irrite ou t'affecte ! » L'argument est sans réplique. Pour elle, ce qui l'affecte
et l'irrite, c'est uniquement que le sens du style se perd dans
notre pays, et que la langue nationale s'en va :« Dans cinquante
ans, dit-elle à Charles Edmond, le sens du français sera tout
transformé, c'est inévitable; c'est l'œuvre du journalisme qui
écrit au jour le jour et qui habitue le public à ses procédés. Je
comprends les saintes colères de Schérer. Qu'y faire? Rien.
Patienter, comme en tout, et espérer qu'une bonne réaction
succédera à une mauvaise... ».

La vérité est que Flaubert, si impressionnable, si nerveux,
s'était fait une loi littéraire de l'*objectivité*, c'est-à-dire de l'insensibilité absolue, et qu'il s'est donné une peine atroce pour
pratiquer un système directement opposé à son tempérament.
Il s'est positivement usé à jouer le sang-froid et l'indifférence,
à faire l'impassible, à s'isoler, à s'absenter de son œuvre, à s'y

rendre invisible comme Dieu dans la nature, c'est sa propre expression. Plus d'abandon sympathique l'eût sans doute mieux servi et nous y aurions gagné un ou deux chefs-d'œuvre dont sa lutte contre son instinct nous a privés. Mais l'abandon, l'émotion, c'est bourgeois, et on sait quelle horreur tout ce qui est bourgeois inspirait à Flaubert. L'idée de la France, politique et littéraire, fatalement perdue par le bourgeois, le mettait dans une rage qui finit par passer chez lui à l'état chronique. Ceux qui l'ont approché savent que la principale distraction du créateur de M. Homais consistait à fabriquer et à réciter des chapelets de phrases à la Prudhomme, une espèce de catéchisme du bon garde national, égal ou supérieur à ce qu'a fait de mieux, en ce genre, le divin Monnier. Au lieu de s'en tenir à cet amusement, cet homme si vraiment doué, si vraiment fort, s'est absorbé à chercher le style par des procédés de travail chinois ou japonais qui à la longue devaient nécessairement l'épuiser et faire de lui, hélas! un pignocheur de génie.

Que ses admirateurs, que ses amis et ses élèves ne s'offensent point de cette franchise nécessaire. On comprend, on respecte leur pieux attachement à cette fière et noble intelligence que la vie littéraire a déçue, qui n'a pas donné tout ce qui était en elle, tout ce qu'on avait le droit d'en attendre et qu'une sorte de fatalité — sans doute la semelle de plomb dont il parle en maint endroit — a arrêtée sur le grand chemin de l'apothéose. Mais n'y a-t-il pas dans leur zèle un peu d'excès, et servent-ils bien habilement sa mémoire quand ils s'obstinent à nous le faire avaler quand même et tout entier. Qu'importe, après tout, qu'il ait été l'homme d'un seul livre, *homo unius libri*, si ce livre, puissant et générateur, est une source? A qui la faute si l'inspiration de Flaubert qui ne fut jamais très abondante, s'était un peu desséchée à ce travail de marqueterie, à ce jeu de patience de la phrase qui finalement le tua? A qui la faute s'il mettait trois mois, de son propre aveu, à écrire trois lignes, à éviter une répétition, une assonance? A qui la faute si, martyr d'une obsession, « il connut les affres du style » et se consuma jusqu'à la moelle dans cet enfer? A qui la faute enfin si la vie manque à ses derniers livres, si un froid mortel y règne, comme dans une salle de collections scientifiques, si le volume a un air d'herbier sec, et l'observation une apparence de vérité moisie?

La critique impartiale doit, après tout, s'arrêter avec respect devant son œuvre. La vue du travail consciencieux et prolongé, y relevât-elle un peu d'excès et un manque d'aisance, la choque moins que la négligence qui ne finit rien et l'orgueilleuse paresse, toujours contente d'elle-même, ennemie intéressée de la perfection, qui s'en tient, même chez quelques écrivains réputés illustres, à d'irritants *à peu près*. Flaubert reste un modèle auquel on peut appliquer ce que M. Ingres disait du dessin : le style, même trop visiblement cherché, est la probité de l'art. Il en est mort !

D'autres que lui, parmi les romanciers contemporains, Alphonse Daudet, par exemple, ont écrit d'une façon personnelle et originale. Plusieurs ont donné à la langue une physionomie doucement rajeunie et modernisée; mais ils n'en ont changé ni le caractère, ni les grandes lignes; ils lui ont conservé ses traits principaux et sa structure primitive; ils ne l'ont ni déformée, ni défigurée. Tous ceux que nous venons de citer ont un style à eux où chacun les reconnaît; tous ont leur cachet, tous ont du talent; il n'en est pas un seul qu'on puisse confondre avec son voisin, pas un qui ne représente un type spécial. Dans tous les genres de littérature, dans l'histoire aussi bien que dans le roman, ils sont eux-mêmes, et à première vue, pour l'œil le moins exercé, leur signalement les dénonce. Mérimée ne ressemble pas plus à Alexandre Dumas que Michelet ne ressemble à Guizot. Et cependant tous se sont servis du même instrument; tous ont tiré des notes différentes du même clavier, à peine modifié, et plutôt compliqué que perfectionné, par les exigences de modes passagères ou de progrès douteux.

Au contraire, les écrivains, plus nombreux que marquants, qui aspirent à fonder une langue nouvelle, qui se flattent d'y réussir, ou qui, moins ambitieux, se contentent d'appeler l'attention sur eux en défigurant l'ancienne, ont un vice rédhibitoire et, qu'on me passe le mot, un tatouage communs : ils se ressemblent tous, au point que l'anthropométrie la plus minutieuse n'arriverait pas à les distinguer sous leur uniforme; ils ont remplacé l'originalité individuelle par la bizarrerie collective qui consiste à employer les mêmes mots rares, à ressasser les mêmes formules vides, à rechercher les mêmes tournures extraordinaires, à endosser, au commandement, le même habit rapiécé aux mêmes endroits et à répéter toujours le même exercice, à exécuter les mêmes mouvements sous les yeux d'un public qui n'en comprend ni l'utilité ni l'intérêt, qui se rend compte que le premier venu pourrait, sans peine, en faire autant, et qui surtout commence visiblement à s'en fatiguer.

Quand le moment viendra d'expliquer à quoi se réduit cette banale gymnastique de plume, qui est à la portée du moindre apprenti, il nous sera très facile alors d'établir, par des exemples empruntés à ses professeurs que ce n'est qu'une *manière*, une affectation de petits-maîtres, comme les cadenettes et les breloques des muscadins du Directoire; mais, en attendant, il importe de constater qu'elle est identique chez tous les initiés, et qu'à défaut d'autre mérite, elle a au moins un pouvoir de ralliement. C'est une enseigne, presque un symbole; sans avoir rien de mystérieux, les cérémonies d'admission et les rites d'avancement dans la confrérie doivent être célébrés et observés. La première condition est de construire une phrase dans laquelle on emploie d'une certaine façon la préposition *avec*, interceptée par une parenthèse : « Je me donne à vous *avec* (dans le cœur) un grand amour de la littérature précieuse et de l'art tarabiscoté. » Cet *avec* est le *quoi qu'on die* de Molière; il en dit beaucoup plus qu'il n'est gros. Les adeptes se reconnaissent entre eux à cette marque; ils en font un mot de passe que des écrivains plus sérieux adoptent et répètent, tant est grand le prestige d'une mode auprès de gens qui ne se sentent pas assez sûrs d'eux-mêmes pour rejeter des fantaisies grotesques et se contenter de leur propre costume, consacré par le temps et par la raison.

Dans le magasin des accessoires d'usage quotidien, *avec*, comme beaucoup d'autres friperies du même genre, représente un des plus vigoureux efforts de la nouvelle écriture, et il se met en avant avec une telle fréquence et un si visible plaisir qu'on voit bien qu'il est fier de figurer, en bonne place, dans cette défroque. — Décrochez-moi ça, messieurs !

III

Les écrivains qui affichent pour *avec* un goût spécial et qui en font une consommation abusive, se réclament d'abord de leur prétendue modernité, de sorte qu'en s'attaquant à leurs ridicules enfantillages, on semble vouloir rallumer en leur honneur, ou du moins à leur intention, la vieille querelle des anciens et des modernes qui couve toujours sous la cendre. Nos néo-modernes s'emparent volontiers de cette apparence pour faire croire qu'il n'y a dans l'opposition, trop rare, qu'ils rencontrent, qu'une manifestation hostile contre toute nouveauté et tout progrès. A les entendre, nous serions de ces ennemis obstinés et butés que le seul mot de changement effarouche et qui, sans autre examen, se refusent à admettre le perpétuel travail intérieur accompli par les langues sur elles-mêmes. Au fond, ils savent parfaitement à quoi s'en tenir. Nous apercevons très bien, qu'en regard des pertes souvent regrettables qu'elles subissent, les langues font quelquefois des acquisitions heureuses dont profitent les nouvelles générations d'écrivains. C'est ainsi qu'on voit apparaître des mots nouveaux, comme *mondial*, *génial*, très nécessaires et très expressifs (1). Quelquefois, par une reprise légitime, nous

(1) « Il y a quelques néologismes assez bien trouvés pour ce qu'ils veulent peindre : « Un bon gobeur » est excellent. « Se gober » est bien spirituel, plus vif que « s'en faire accroire ». Les mots « veinard », « cercleux », « fêtard », sont typiques et nés des choses mêmes » (Émile Deschanel, *les Déformations de la langue française*, p. 198).

redemandons aux étrangers des mots français qu'ils nous avaient empruntés et accommodés à leur façon, comme *confort, humour, ticket* et *budget* dont on démêle aisément l'origine. Mais il y a ici une équivoque à dissiper. Les anciens que nous opposons en ce moment aux néo-modernes ne sont ni les classiques de l'antiquité, ni ceux de nos deux grands siècles littéraires, le dix-septième et le dix-huitième, mais, bien au contraire, les contemporains dont quelques-uns vivent encore, en un mot tous les écrivains français modernes. La querelle est donc, si querelle il y a, entre les modernes, proprement et justement dits, et les ultra-modernes, les archimodernes qui s'efforcent d'agir sur l'opinion, sur la critique même, très désorientée, à grand renfort de programmes et par une bruyante surenchère de modernité.

Ce que nous défendons est tout près de nous, nous le touchons de la main; c'est une propriété commune et actuelle, l'héritage d'hier. Il ne s'agit plus d'Homère ou de Sophocle, de Virgile ou de Tacite. Montaigne et Ronsard, Corneille et Racine, Voltaire et Rousseau, l'antiquité, le moyen âge, la Renaissance, la littérature et la langue dites classiques, le romantisme et l'école du bon sens sont également hors du conflit. Ce que nous avons à préserver, c'est la langue de Chateaubriand et de Lamartine, de Victor Hugo et de Renan, d'Alfred de Musset et de Cousin, de Michelet et d'Émile Augier à laquelle sont restés personnellement fidèles la plupart des vrais écrivains français, mais qui finira par s'entamer s'ils se désintéressent aussi complètement des misères qu'on lui fait. Ils sont coupables, eux aussi, coupables de pusillanimité et de mollesse; ils ne veulent pas être troublés dans leur repos, ils abandonnent à l'ennemi le terrain du combat. L'égoïste et dangereuse politique qui consiste uniquement à ne point se faire d'affaires, le *pilatisme* s'est installé peu à peu dans leur esprit. Ils y conforment leur conduite, donnant eux-mêmes, comme écrivains, le bon exemple, mais peu enclins à protester, comme accusateurs, contre ceux qui donnent le mauvais. Après nous le déluge ! L'ancienne Académie avait d'autres allures. Elle ne perdait jamais de vue le but de sa fondation et le dessein de son fondateur. Le salut de la langue était remis entre ses mains, entre bonnes mains.

Il faut se contenter du concours que la nouvelle nous apporte et qui, tout pesé, est peut-être le meilleur. Les maîtres qu'elle compte dans son sein défendent efficacement par leurs œuvres le monument que nous sommes réduits à défendre par une plaidoirie et par un panégyrique sans autre qualité pour cela qu'une conviction aussi vive qu'attristée.

Au moins, y mettons-nous tout ce que nous pouvons avoir d'âme et de force. Belle et bonne langue, qui a suffi à tant d'écrivains, dont le génie et le talent l'ont désormais consacrée. Langue souple et claire, d'une telle souplesse qu'elle se plie avec une sorte de gracieuse élasticité à l'expression, à la fois vive et forte, de toutes les pensées et de tous les sentiments; tellement claire qu'elle illumine de son rayonnement tout ce qui se meut dans son orbite, au point d'être encore la langue diplomatique et d'avoir été sur le point, par la séduction que cette lumière exerce, de devenir la langue universelle. Langue brève et légère, qu'un « je ne sais quoi de court » avait d'abord caractérisée, et qui malheureusement s'alourdit chaque jour par l'abus, chez les plus artistes, des abstractions et des pluriels. Langue si rationnelle et si logique qu'elle paraît, dans sa construction, être sortie du moule même du bon sens. Langue par-dessus tout éloquente, moins enchevêtrée que l'allemand, moins sèche que l'anglais, moins chantante que l'italien et moins brutale que l'espagnol, où la parole prend d'elle-même son juste accent, qui persuade ou qui entraîne; langue enfin si facile et si douce, douce aux lèvres, douce au cœur, qu'elle trouvera encore longtemps des défenseurs vigilants, des serviteurs passionnés, et en tout cas, ce ne sera pas notre faute si ses tuteurs naturels la laissent entamer sous leurs yeux, sous leur garde.

Ses ennemis ont pour eux l'audace et ils ont paru quelquefois avoir le nombre. Ils forment une légion, une armée très mêlée, mais très entreprenante, dont les soldats recrutés dans des groupes très divers, seraient peu redoutables si leurs chefs ne les menaient à la bataille avec confiance et entrain. Elle a son programme, ses mots de passe et ses panaches de ralliement. Elle a ses journaux et ses revues qui ne sont pas très répandus et qui ne deviendront jamais populaires, mais dont l'opiniâtreté commence à faire brèche dans des traditions qu'on aurait crues inviolables. Si, pour le grand public, elle semble opérer dans une ombre assez discrète, elle a, aux

yeux des observateurs professionne's, une organisation déjà
très avancée. Elle a ses rites et ses cérémonies, ses groupe-
ments corporatifs, ses syndicats, ses clubs, ses réunions, ses
fêtes. Elle a même ses costumes comme autrefois les Jeune-
France, une façon à elle de porter la barbe et les cheveux, des
cravates et des redingotes spéciales. Elle a même des adhé-
rentes qui se reconnaissent à leurs robes, à leurs coiffures, à
leur physionomie où règne une béatitude de communiantes,
et ce qu'elles nomment elles-mêmes un ravissement d'art.
Leurs extases ne sont pas purement littéraires. La peinture et
la musique — ou plutôt une peinture et une musique à elles —
c'est-à-dire des écoles très exclusives et très étroites, leur
procurent les mêmes sensations. Elles ont voué un culte aux
primitifs et on sait qu'elles ne jurent que par Fra Angelico et
Botticelli. Mais ici c'est aux peintres et aux musiciens à réclamer. Il nous suffit de signaler l'invasion de ces dames dans le
domaine littéraire, le rôle spécial d'initiatrices qu'elles y jouent,
la faveur que leur sexe y obtient, — nous verrons plus tard les
sottises qu'elles y débitent.

Cette franc-maçonnerie évoluait d'abord autour du Théâtre
libre qui s'en est sensiblement émancipé, et qui d'ailleurs n'en
acceptait et n'en exploitait que les tendances naturalistes.
Aujourd'hui elle se donne plus volontiers rendez-vous au Nou-
veau-Théâtre où la Société de l'Œuvre multiplie ses représen-
tations. C'est là qu'on a joué cet *Ubu roi*, où le mot de Cam-
bronne était si souvent prononcé et que certains critiques —
non des moindres — avaient recommandé et prôné d'avance
comme du Shakspeare. C'est là qu'on jugea leur théâtre;
mais, nous ne saurions trop le répéter, ce n'est pas là qu'il faut
les juger eux-mêmes. La matière dramatique se refuse à leurs
atteintes; ils sentent qu'ils ne peuvent pas la pétrir à leur gré,
que le public s'étonne ou se moque des manipulations qu'ils lui
font subir et, sans trop de regret, ils y renoncent. Ils s'essaient
plus volontiers dans le journal; mais il se montre assez réfractaire, lui aussi, aux excentricités inintelligibles. C'est dans le
livre et surtout dans le roman qu'ils poursuivent le triomphe
définitif de la révolution dont la langue a déjà tant souffert.
C'est là qu'il faut les chercher, les provoquer et les confondre.
Une telle besogne ne serait pas extrêmement difficile si chacun
de ceux qui, dans leur for intérieur, plaisantent et condamnent

ces casse-cou, voulait y mettre un peu du sien. Le ridicule y suffirait et par là, en vérité, par ce visible défaut de leur cuirasse,
tous ces grands réformateurs sont vulnérables. Leur prétention
est absurde, et leur programme ne soutiendrait même pas la
discussion si les vrais écrivains étaient moins apathiques et
s'échauffaient encore la bile pour ces choses-là. Où sont-elles,
ces belles colères et ces furieuses indignations littéraires des
siècles passés ?

CHAPITRE IV

LES RESPONSABILITÉS

I

Bien qu'il ait conservé l'ancienne langue, le romantisme ouvre la porte à la
nouvelle. — La théorie de l'art pour l'art. — Théophile Gautier et Théodore
de Banville. — Les deux Goncourt. — Leurs premiers livres. — Le goût de
l'histoire anecdotique les conduit au roman. — Ils se considèrent comme
les créateurs du réalisme. — Leur *écriture.* — Leur cénacle. — Leur *Journal.*
— Leur académie.

Les premiers symptômes d'une transformation de la langue
nationale se manifestèrent, nous l'avons vu, au commencement
du second empire, vers le milieu du dernier siècle. Avec ses prétentions à révolutionner toute notre littérature, le romantisme
avait laissé la langue à peu près intacte. Nous l'avons facilement établi.

Cependant il a, sans le vouloir, ouvert la porte aux démolisseurs. Son penchant au bavardage oratoire, son verbe
redondant nous avaient peu à peu habitués, par un entraînement inévitable, à attacher presque autant d'importance
aux mots qu'aux idées, et même à parler très lyriquement
ou très gracieusement pour ne rien dire, ou presque rien.
On sait ce que devint bientôt sa théorie de l'art pour l'art
entre les mains de sectateurs qui n'étaient pas tous des
Théophile Gautier ou des Théodore de Banville : une pure
marqueterie bariolée, une mosaïque. Quelques-uns y appor-

tèrent une dextérité aussi délicate que malheureuse dont le succès relatif encouragea les expériences les plus bizarres. Bientôt la langue, fatiguée par cette espèce de culture intensive, se montra moins réfractaire aux mauvais germes et le terrain étant ainsi préparé, la révolution paraissant mûre, les réformateurs pouvaient venir.

Ils vinrent. Les frères de Goncourt publièrent leurs premiers livres, historiques ou anecdotiques, *les Mystères des théâtres, la Lorette, l'Histoire de la société française pendant la Révolution et pendant le Directoire, Portraits intimes du XVIIIᵉ siècle, Histoire de Marie-Antoinette, les Maîtresses de Louis XV, Sophie Arnould, les Hommes de lettres,* etc.; et un roman intitulé un peu prétentieusement, *En 18...*

La variété de ces productions, leur nombre, les styles assez différents que les Goncourt y appliquèrent, révélaient chez ces deux jeunes gens beaucoup d'activité et de curiosité, une certaine impatience de se faire un nom, en même temps qu'une difficulté à trouver leur voie, une vaste et capricieuse ambition, encore indécise et dispersée. En sept ans, de 1853 à 1860, ils s'étaient attaqués aux sujets les plus divers et avaient accumulé un bagage qui eût suffi à plusieurs existences d'artistes. Ils avaient rassemblé et mis en œuvre, dans ce genre de l'histoire anecdotique, auquel ils auraient peut-être dû se tenir, des matériaux assez minutieusement contrôlés, et fait preuve, non seulement d'une rare capacité de travail, mais d'une érudition solide, encore qu'un peu tâtillonne, et passionnée plus que de raison, comme celle de tous les collectionneurs, pour le détail intime et familier. Les observateurs sagaces voyaient fort bien, dès lors, qu'ils inclineraient de ce côté un jour ou l'autre, et qu'ils porteraient infailliblement le goût de la petite recherche dans la spécialité, quelle qu'elle fût, que leur préférence aurait définitivement choisie. Ils choisirent le roman et l'y portèrent.

Après Balzac toutefois, et après Flaubert. *Madame Bovary* est de 1857, tandis que *Sœur Philomène* des Goncourt ne remonte qu'à 1861. Ils ont souvent épilogué sur ces dates. Ils ont expliqué que leur prédilection pour l'étude extérieure des types, pour la particularité essentielle où se trahit, suivant eux, tout un caractère, tout un personnage, s'était manifestée bien avant la naissance de *Sœur Philomène;* qu'ils l'avaient érigée en doctrine dès leur premier livre, et ils sont partis de là pour se poser en créateurs du réalisme.

Cette querelle n'est pas encore vidée; mais il est bien difficile d'y attacher une grande importance quand on songe que le réalisme est vieux de trois mille ans, que, dans le passé littéraire de la France, il a fait son apparition, en prose et en vers, plusieurs siècles avant Balzac, Goncourt et Flaubert; qu'il n'a d'ailleurs, comme théorie, qu'une valeur de mode et de circonstance, le réalisme n'étant qu'un procédé dont le succès se mesure au talent de l'écrivain qui l'emploie.

Laissons donc là ces questions de priorité. Il est parfaitement certain que, dans la suite de leurs romans, *Renée Mauperin, Germinie Lacerteux, Manette Salomon, la Fille Elisa*, et dans les drames tirés de leurs romans, les frères de Goncourt mettent sous nos yeux, avec un relief très pittoresque, des scènes et des tableaux d'une vérité, d'une crudité que la critique de leur temps qualifia quelquefois d'indécence. Il n'est pas moins certain que, par une singulière contradiction, la marque principale de leur style est la préciosité, la manière, un effort quelquefois heureux pour ne pas parler comme tout le monde, une absence complète de laisser-aller et de naturel. Cela était voulu et prémédité chez eux le jour même où ils s'élancèrent à la conquête du monde littéraire; mais c'est seulement l'accueil fait par le public à *Germinie Lacerteux* qui leur inspira l'idée d'infliger à l'*écriture* française — autrement dit à la langue française écrite, — une métamorphose radicale.

Et comme ils en conçurent le dessein, ils en affichèrent hautement la prétention, dont leur *Journal* porte à chaque page le témoignage. Ils purent même se persuader qu'ils y avaient réussi, en voyant se grouper autour d'eux, outre des amis comme Alphonse Daudet, Flaubert et Zola, une foule de jeunes disciples et de chauds partisans, attirés soit par une conviction sincère, soit par un simple besoin de changement, soit enfin par le bruit que fait toujours, en se fondant, une nouvelle école puissamment patronnée, qui promet un peu de renommée à ses adeptes. On se réunissait dans ce fameux cabinet auquel les Goncourt donnèrent le nom de *grenier*, on inaugurait les soirées de Médan; une réclame un peu excessive et savamment entretenue ne permettait pas au public d'oublier ce second cénacle, aussi bruyant, aussi glorieux que celui de

1830, et le goncourtisme en sortit tout armé. Il prit bientôt les allures d'une religion littéraire, fort intolérante, qui poursuivit de ses colères ou accabla de ses mépris les hérétiques réfractaires à ses dogmes.

Il se crut si bien victorieux pour toujours que, vingt ans plus tard, après la mort de Jules de Goncourt, son frère Edmond crut avoir le droit de revendiquer le triomphe du goncourtisme comme un titre à leur commune immortalité. On n'a pas complètement oublié *Chérie* et la Préface de *Chérie*, bien qu'une vingtaine d'années nous en séparent. Roman et préface firent, à leur apparition, un bruit énorme. Les fidèles battirent la grosse caisse autour du livre et crièrent au chef-d'œuvre sans y croire, tandis que les dissidents, trop sûrs de l'aubaine, c'est-à-dire de la revanche, se contentèrent d'élever quelques doutes sur la durée de ce monument d'orgueil et d'ennui.

II

Chérie et son histoire sont également insupportables. L'auteur victime de sa théorie, n'a visiblement voulu mettre dans ce roman que des choses vues et vécues; mais cette contrainte qu'il s'est imposée l'a conduit à l'opposé de son but. Elle l'a forcé de juxtaposer et d'agglomérer, dans un pêle-mêle sans choix ni discernement, les éléments les plus hétérogènes, dont la réalité est incontestable, mais dont la réunion donne au lecteur la sensation de l'impossible. Le caractère du personnage principal, qui est Chérie, n'arrive pas à se dégager de ce chaos et se noie dans une pénombre irritante, à l'état de vague silhouette. La narration, lente et confuse, est coupée à chaque instant par les réflexions personnelles de l'écrivain, — ce qui est absolument contraire à l'esthétique réaliste, — et quelquefois elle s'interrompt pour livrer passage à des considérations physiologiques presque grossières, en tout cas inutiles, où la médecine peut trouver son compte, mais où la littérature n'a certainement rien à voir. Le roman, tout à fait manqué, reste inférieur de beaucoup à l'honnête médiocrité contemporaine, et dépasse, çà et là, les bornes de la plus obscène sensualité. Quant au style, toujours très tourmenté et alambiqué, il n'a pas même gardé ce que, dans un de leurs premiers livres, les frères de Goncourt appelaient eux-mêmes « la mousse et le débord d'un vin de souper », l'explosion tapageuse d'un bouchon de champagne. Ce n'est plus qu'une collection de locutions et de mots recueillis, rassemblés, inventés avec un contentement enfantin et un entêtement sénile, au hasard de la trouvaille, par un maniaque à qui tout est bon pour grossir sa galerie, et qui presse tendrement des tessons sur son cœur.

Tantôt molle et traînante, tantôt brusque et hachée, la phrase s'allonge en ruban de queue comme l'ancienne période oratoire et classique, ou se brise en courtes notes, prises au passage sur un carnet qu'on videra plus tard dans un livre et qu'on a vidées dans celui-ci. Partout le travail apparaît, et la gêne et la peine, et un mal infini qu'on se donne pour fuir l'expression naturelle et simple, pour étoffer, vaille que vaille, la pensée souvent mince, et pour imprimer à l'observation quelquefois insignifiante un tour singulier et original qui la relève.

Edmond de Goncourt ne s'en cache pas et, dans cette Préface de *Chérie* qu'il nous présente lui-même comme une sorte de testament définitif, il confesse ingénument que c'est bien le résultat qu'il poursuit, attendu que ni lui ni son frère ne se sont jamais fait une autre idée de ce qu'on appelle le style. Le morceau est curieux et mérite d'être cité parce qu'il nous révèle tout le secret de l'école, tout le programme de la nouvelle langue :

« Quoi ! Nous, les romanciers, les ouvriers du genre littéraire triomphant au XIXᵉ siècle, nous descendrions à parler le langage *omnibus* des faits-divers !

« Non, le romancier qui a le désir de se survivre, continuera à s'efforcer de mettre dans sa prose de la poésie, continuera à vouloir un rythme et une cadence pour ses périodes, continuera à rechercher l'image peinte, continuera à courir après l'épithète rare, continuera, selon la rédaction d'un délicat styliste de ce siècle, à combiner dans une expression le *trop* et l'*assez*, continuera à ne pas se refuser un tour pouvant faire de la peine aux ombres de MM. Noël et Chapsal, mais lui paraissant apporter de la vie à sa phrase, continuera à ne pas rejeter un vocable comblant un trou parmi les rares mots admis à monter dans les carrosses de l'Académie, commettra enfin, mon Dieu, oui, un néologisme, — et cela dans la grande indignation de critique ignorant absolument que *suer à grosses gouttes, prendre à tâche, tourner la cervelle, chercher chicane, avoir l'air consterné*, etc., etc. et presque toutes les locutions qu'ils emploient journellement, étaient d'abominables néologismes en l'année 1750.

. . . .

« Répétons-le, le jour où n'existera plus chez le lettré l'effort d'écrire personnellement, on peut être sûr d'avance que le reportage aura succédé en France à la littérature. Tâchons donc d'écrire bien, d'écrire médiocrement, d'écrire mal même, plutôt que de ne pas écrire du tout; mais qu'il soit bien entendu qu'il n'existe pas un patron de style unique, ainsi que l'enseignent les professeurs de *l'éternel beau*, mais que le style de La Bruyère, le style de Bossuet, le style de Saint-Simon, le style de Bernardin de Saint-Pierre, le style de Diderot, tout divers et dissemblables qu'ils soient, sont des styles d'égale valeur, des styles d'écrivains parfaits... ».

Halte-là! Nous pataugeons dans le malentendu! Qui donc a jamais insinué qu'il existât un patron de style unique? Quels sont donc les professeurs de *l'éternel beau* qui, n'ayant pas su faire la différence entre le style étudié de La Bruyère, par exemple, et le primesaut de Saint-Simon, ont jamais nié qu'il y eût là deux styles également dignes de l'admiration des connaisseurs? On nous vante le style, on nous prêche le style ! La Préface de *Chérie* nous répète à satiété que, s'il y a des romanciers sans imagination, il n'y a pas de romancier sans style. Soit ! Nous n'avions pas besoin de ce sermon, vous catéchisez des convertis; mais de quel style parlez-vous?

Oh! on prend grand soin de nous le décrire : le plus cherché, le plus tiré, le plus maniéré, le plus travaillé des styles ! On nous le dit en propres termes: l'épithète rare, le mot précieux, le bijou artistement ciselé, l'orfèvrerie la plus compliquée, le tourment perpétuel, la tension continue, la maladie du style, la souffrance, la torture, le désespoir, le martyre du style ! Et c'est cela, c'est cette négation même de la nature et de la vie que vous recommandez à vos élèves comme la gloire et le salut du roman naturaliste ! Votre prétention de ne soigner que le mot et la phrase ressemble au ridicule effort d'un calligraphe que ne se contente pas de notre écriture courante, qui orne et enjolive ses majuscules, qui dessine des plumes de paon et des nids d'oiseaux dans des M gothiques. Qui donc peut apprécier ces arabesques bêtes? Non ! Votre style endimanché, votre style empanaché n'est pas le style; c'est la méthode Favarger du style !

Le style lui-même ! Parbleu, à qui le dites-vous? Nous l'aimons et le goûtons autant que le plus enfiévré des stylistes. Croyez-vous par hasard qu'une page vraiment belle, c'est-à-dire simple, claire, vive, éloquente ou pittoresque, mais point entortillée, nous laisse froids? Le style, c'est l'inspiration, c'est le mouvement, c'est l'entrain, c'est la verve; c'est l'art de donner à la pensée, non seulement le mot propre, mais le tour juste, le tour unique ! C'est le don de la couler instantanément dans le seul moule qui lui convienne, et de la rendre ainsi vivante aux yeux. Ce n'est pas le talent de vider un sujet et un vocabulaire en cinq minutes.

Il y a aussi, à côté des inspirés, quelques joailliers et sertisseurs de style. A côté de Michel-Ange, il y a des Cellini, mais en petit nombre et, il faut bien l'avouer, d'un rang inférieur. Quoi qu'en dise Boileau, un sonnet sans défaut ne vaut pas un long et surtout un bon poème. Il y a une hiérarchie des genres. Une chanson de Béranger, même parfaite, n'est pas comparable à un drame très incomplet de Victor Hugo. Une miniature d'Isabey n'égale pas le *Radeau de la Méduse*.

On écrirait des volumes sur cette vieille et éternelle question du style où, malgré certaine ironie un peu lourde, Noël et Chapsal n'ont rien à voir. Il y a plusieurs styles et, en cela, Goncourt a raison; il y a presque autant de styles que de vrais écrivains; mais ce qu'il définit dans sa Préface n'a jamais été le style; c'est un amusement, un jeu, une gageure, un plaisir de collectionneur, le bibelot et la chinoiserie du style. Le premier venu peut y prétendre : « Les kaléidoscopes de mots sans idées sont des joujoux d'enfant », dit avec raison M. Émile Deschanel. On n'a pas un style à soi, on n'est pas propriétaire d'un style parce qu'on a inventé des *yeux sourieurs*, des sourires *affriandeurs, élogier* des académiciens, *allumement* au lieu de *flamme, bruyance* au lieu de *bruit*, et qu'on a fait pousser à un canards *des cacardements terribles*. Ce n'est pas du style, ou du moins c'est du style à la portée de tout le monde, du style que le plus méchant écrivain peut se procurer à bon marché, et

même gratis. Il n'en coûte pas plus, pour s'en passer la fantaisie, que de faire une pirouette ou une culbute sur le boulevard. Mais cet exercice n'est point une façon normale de se
tenir, et la réputation d'acrobate qu'on y peut gagner ne saurait constituer l'originalité d'un styliste. Enfin cette course
qu'on pratique et qu'on nous recommande après l'épithète
rare, le tour nouveau et le mot fabriqué, outre qu'elle est très
facile, ressemble trop à une papillonne littéraire et à une enfantine manie.

La raison que donne Goncourt pour justifier ses néologismes
révèle chez lui plus de conviction que de jugement. Il nous
apprend, ou croit nous apprendre, que des locutions devenues
courantes aujourd'hui, étaient des néologismes il y a un ou
deux siècles, et il en cite deux ou trois, comme *suer à grosses
gouttes, prendre à tâche, chercher chicane*, qui, loin d'avoir une
valeur démonstrative, iraient plutôt contre sa thèse. Il y a un
siècle ou deux comme aujourd'hui, il arrivait de suer à
grosses gouttes. Le mot *suer*, le mot *grosse*, et le mot *goutte*
existaient déjà. On n'a rien inventé, on n'a fait aucune violence
à la langue en les réunissant, on n'a pas même créé une image,
on a tout simplement exprimé, *de visu*, un état physique qu'il
était absolument impossible d'exprimer autrement. Et quelle
hardiesse de nouveauté voyez-vous dans l'emploi de cette
locution, *chercher chicane?* Est-ce que *chicane* et *chercher*
n'étaient pas depuis longtemps des mots français, et, en les
mariant, a-t-on changé leur nationalité, leur état civil?

Il n'y a, dans l'usage qu'on en fait aucune espèce de néologisme; mais quel est donc le grammairien, le puriste, qui a
jamais proscrit, d'une façon absolue, l'importation ou la création de mots nouveaux? On en crée, on en importe parfois
d'excellents. C'est une nécessité à laquelle se soumettent
toutes les langues; une idée nouvelle ou un objet nouveau
appellent, par la force des choses, un supplément de terminologie. Seulement, pour ne pas surcharger la langue, il importe
de faire un choix judicieux entre les mots qui réclament le
droit de cité et de ne les introduire dans le dictionnaire que
progressivement, au fur et à mesure des besoins, nous dirions
volontiers des extinctions.

Goncourt se plaint, dans une note, que de toutes les langues,
la française soit celle qui ait à son service le moins de mots.

Tant mieux, si avec ceux dont elle dispose elle peut exprimer toutes les idées et dessiner toutes les images! C'est bien le cas de dire que pauvreté n'est pas vice et qu'encombrement n'est pas richesse. Nos grands écrivains excellent précisément, par leur façon de placer et d'entourer un mot, à en nuancer les diverses acceptions et ils y mettent tant de délicatesse qu'on se demande si une synonymie plus abondante leur offrirait les mêmes ressources; en d'autres termes si, ayant sous la main plusieurs mots au lieu d'un seul, pour rendre toute leur pensée, ils arriveraient à lui donner la même justesse ou la même force. Un mot est pour eux une note de musique dont ils tirent habilement tout le parti qu'elle comporte et qu'ils varient à l'infini grâce à l'échelle des sous-gammes et des demi-tons intermédiaires.

Quoi qu'il en soit, l'abus du néologisme est toujours pour une langue une affaire grave, un poids qui la fatigue bien plutôt qu'un renfort qui la soutient. Nous ferons toucher du doigt, par des exemples, les excès où les novateurs sont tombés. Mais il faut d'abord déterminer d'une manière générale l'action que les Goncourt, frères inséparables et, suivant leur propre expression, inséparés, ont exercée sur la littérature actuelle et, plus spécialement, sur la langue.

III

La Préface de *Chérie* devint tout de suite un champ de bataille littéraire. Edmond de Goncourt n'a pas hésité à y chiffrer
de sa propre main l'actif, pour ainsi dire, de cette collaboration
fraternelle et il en a fait trois parts distinctes : 1º la restauration
de l'art industriel du xviiiᵉ siècle, principalement en ce qui
concerne le meuble; 2º l'invention du bric-à-brac japonais si
fort en vogue aujourd'hui (1); et enfin 3º la création du
roman naturaliste enfanté dans le cerveau bouillant des deux
Goncourt avec *Sœur Philomène* et *Germinie Lacerteux*.

Il convient de glisser ici sur cette singularité, pour ne rien
dire de plus, qui consiste à se classer et à se payer ainsi d'avance,
à proclamer carrément : « Voilà ce que m'accordera la postérité ! Voilà ce qu'elle ne peut me refuser sans injustice !
Voilà pourquoi je suis et resterai quelqu'un ! » C'était un soin
qu'on laissait autrefois à la critique contemporaine ou, mieux
encore, à la postérité elle-même; et, en vérité, il est grand
temps qu'un juge autorisé, point pédant, très libéral, mais surtout très libre, fort d'une réputation légitime, fort surtout de
son désintéressement et de son expérience, que sais-je? un

(1) La vogue en est déjà un peu passée.

autre Sainte-Beuve, un critique enfin, digne de sa fonction, vienne rappeler aux gens de lettres qu'on ne se sert pas ainsi soi-même, qu'il faut attendre le consentement du public, et que ceux qui avancent la main avec tant d'assurance pour anticiper sur la distribution s'exposent à se faire taper sur les doigts. Il est grand temps qu'on remette à neuf les anciens instruments destinés à cet usage. Où est-il, le critique, le héros qui, bravant toutes les mésaventures, osera délivrer Andromède? Quand viendra-t-il? On l'appelle, on l'attend (1).

Il faut absolument qu'on nous rabatte un peu le caquet et qu'on nous rafraîchisse la tête. Il faut qu'une main secourable douche de temps en temps notre amour-propre. Autrement l'infatuation nous abêtit et l'enflure nous tue.

Quelques-uns n'ont pas seulement écrit, ils ont posé. Ils ont créé un genre nouveau en semant autour de leurs ouvrages toutes sortes de révélations parasites. Ils ont inventé ce qu'on appelle aujourd'hui d'un nom terriblement prétentieux, des *genèses*. Ils ont voulu absolument nous faire assister à l'enfantement de tous leurs romans et de toutes leurs pièces. On les eût désespérés en leur rappelant qu'il est assez indifférent au public de savoir comment on accouche dans notre métier. Le public ne voit que l'enfant; que voulez-vous que la conception et la gestation lui fassent? C'est votre plaisir ou votre douleur à vous, mais lui! Quel intérêt peut-il y prendre? On l'en a pourtant saturé, on l'a tenu au courant mois par mois et jour par jour. On lui a montré toutes les étapes de la grossesse et tous les progrès du fœtus littéraire jusqu'à complète élaboration.

De là une série de livres inconvenants, ridicules, où la vanité inconsciente se montre sous son plus désagréable aspect et qui nous auraient peut-être été épargnés sans ces mauvaises habitudes données à la littérature par les Goncourt. Est-il jamais venu à la pensée de Louis Racine de publier une biographie intitulée : *Mon père et moi*, ou à la pensée de Corneille d'écrire un opuscule avec cette affiche : *Moi et mon frère*. Aujourd'hui nos Corneilles et nos Racines nous confient les plus insignifiants détails de leur vie intime, et nous expliquent tous

(1) J'ai déjà dit qu'il existe; ils sont même deux ou trois; mais on n'a pas l'air de s'en douter.

leurs procédés de travail. Ils nous diraient volontiers de quel bois est fait le lit dans lequel ils couchent, et surtout quelle est la forme de l'écritoire d'où sont sortis tant de chefs-d'œuvre. Des anciens, des classiques, deux siècles à peine passés, il faut tout rechercher, tout reconstruire, et le moindre document nouveau, la moindre particularité inédite sur leur vie ou sur leur œuvre vous pose un homme. Ils n'ont presque pas parlé d'eux-mêmes. Les modernes, au contraire, les contemporains ont tout dit d'avance, pour ne préparer aucune torture aux Saumaises de l'avenir.

Ces éternelles confidences nous irritent. Nous ne les trouvons pas suffisamment désintéressées. Nous sentons sous ce perpétuel ressassement d'un homme par lui-même, un moi outré, un moi haïssable, qui tourne au fléau. Les écrivains ont toujours été des personnages susceptibles, et voilà qu'ils deviennent des personnages encombrants. C'est trop, mais à qui la faute?

A un certain public, surtout féminin, en tout cas portière, dont la curiosité se délecte aux menues informations personnelles, dans un secret espoir de découvrir que les romanciers sont d'une autre pâte que les autres hommes. Sachez, mesdames, qu'il n'en est rien !

Il n'en a pas fallu davantage pour décourager la critique sérieuse, qui cherche quelque chose au delà de l'anecdote et surtout pour émoustiller les auteurs. Ce goût que certaines lectrices ont manifesté tout haut de les voir plus qu'en pantoufles les a violemment surexcités. Ils ont flairé comme une nouvelle espèce d'encens qui leur a tourné la tête et dès lors il leur est devenu absolument impossible de ne pas considérer la plus petite objection comme une impertinence. Le pli d'une feuille de rose a exaspéré ces sybarites. Pour donner quelque pointe à vos éloges, pour leur ôter toute odeur de réclame, aviez-vous eu l'attention délicate d'y joindre une remarque innocente, un mot qui relevât le compliment par un semblant de discussion, c'était plus que n'en pouvaient supporter nos sensitives.

Il est temps que cela finisse, car il devient absolument impossible de dire la vérité à un auteur, ou seulement d'insinuer qu'il y a un mot inutile, une petite tache, une imperceptible lacune dans son sublime. La plus timide réserve mise là dans son intérêt, uniquement pour faire repoussoir, prend à ses yeux le caractère d'une abominable hypocrisie. Il semble que vous ayez empoisonné, avec une longue préméditation, la jatte de lait que vous présentez à ses lèvres.

Il s'en suit que les bénisseurs ont remplacé les critiques et qu'on en est réduit à se demander ce qu'est devenu chez nous le jugement, cette qualité maitresse de notre esprit, et l'indépendance, cette première vertu de notre caractère. Il y avait autrefois une phrase et un nom qu'on retrouve dans tous les recueils classiques, et aussi dans toutes les polémiques littéraires du dernier siècle. C'était la malédiction obligée contre les critiques envieux qui essaient toujours d'obscurcir la gloire des grands hommes, les Fréron, les Geoffroy, qu'on appelait, dans le langage du temps, des Zoïles. La jalousie des Zoïles ! La noirceur des Zoïles ! Vous rappelez-vous? Eh bien, il est permis de croire qu'un bon petit Zoïle, égaré parmi tant de thuriféraires, aurait épargné à Goncourt, non seulement la déconvenue que lui apporta sa *Chérie*, mais les plaisanteries humiliantes sur la posture vraiment extraordinaire qu'il a prise en la publiant. Il faut être à la fois prophète et dieu pour parler ainsi du haut d'un trépied.

Cela dit, examinons sa prétention avec équité. Tout d'abord, ce n'est pas un bon signe, ce n'est pas la preuve « d'une pleine et forte santé de l'esprit » que de s'être ainsi passionné pour les mièvreries du japonisme et du Louis XV. On se défie, à première vue, de réformateurs qui ont une pareille inclination, et, attardés comme ils le sont dans toute cette mignardise, on les trouve bien peu qualifiés pour réaliser leur troisième prétention qui est d'inaugurer chez nous l'ère du naturalisme. On est convaincu d'avance qu'en dépit de la plus stricte surveillance sur eux-mêmes, ils ne pourront faire autrement que de sortir de leur programme et de manquer sans cesse à leurs principes.

Et c'est bien ce qui leur est arrivé. On connaît la théorie qu'ils ont formulée à plusieurs reprises, avec l'appui d'un certain nombre de badauds littéraires absolument incapables de la juger, et tout disposés à acheter chat en poche. On a pu apprécier, précisément dans cette *Chérie* qui en est le dernier mot, ce système du roman plat, sans épisodes, sans péripéties, sans *scènes*, dépourvu de « ce bas amusement qui n'attire que les sots ».

Découper, au hasard, dans la vie humaine, et spécialement dans la partie animale de l'humanité, une tranche saignante, et la servir telle quelle et toute crue au lecteur, sans parer aucunement la marchandise, voilà bien le romancier *goncourtiste*, comme le dernier des Goncourt nous l'a défini. Est-ce notre faute si ce procédé sommaire, qui réjouit l'école, n'amuse pas tout le monde et si ce roman sans queue ni tête, cette chair informe et pantelante nous plaît moins qu'une suite de scènes logiquement graduées, avec une exposition, un développement progressif et un dénouement?

Est-ce notre faute, d'autre part, si nous aimons la viande légèrement lavée, suffisamment cuite, et même quelque papillote à la côtelette? Certaines plaies, certaines scories nous répugnent. La peinture du vice ne nous choque pas outre mesure, mais nous n'en recherchons pas les aspects immédiatement répulsifs. Notre délicatesse naturelle en fuit les manifestations trop grossières et la malpropreté.

Il faut croire que d'autres les aiment, puisque les auteurs de *Germinie Lacerteux*, héroïne intéressante, violée dans un caboulot borgne sur des serviettes sales, ont trouvé promptement des imitateurs. Tous les goûts, même le goût de ce naturalisme, sont dans la nature. Ce qu'il convient de retenir, en ce moment, c'est qu'il n'a jamais pu être absolument sincère, en tout cas absolument complet, chez des raffinés, amoureux du japonais et du Boule, choses aussi artificielles que la fougère, l'herbette et la coudrette des idylles florianesques. Aussi s'évadent-ils à chaque instant de leur système pour s'égarer dans ce qu'ils ont appelé *la joliesse* et même la *jolité*. Ils adorent le joli et l'on ne voit pas bien comment le plaisir délicat qu'il leur procure peut se concilier avec les amours de Mlle Lacerteux.

La contradiction est évidente, éclatante, et elle éclate surtout dans leur manière d'écrire, puisque ces naturalistes ont élevé à la hauteur d'un principe l'absence de simplicité et de naturel, et que la moindre de leurs phrases semble gaufrée comme une collerette d'ancien régime. Prenez leurs *Portraits intimes du XVIIIe siècle*. Cela ressemble à une fraise tuyautée à la Henri III. Au reste, dans ce livre, un des premiers qu'ils soumirent au jugement du public, on sent bien qu'ils ne sont pas encore définitivement fixés; ils n'ont pas trouvé ni choisi

leur voie, ils essaient, ils tâtonnent, ils mêlent un peu tous les
styles dans une imitation qui sent l'apprentissage, mais avec
cette tendance toujours très marquée à la manière et à l'apprêt.
D'un bout à l'autre de leur Préface, ils copient d'abord la
prose de Victor Hugo dont une facile étude leur a livré tous
les petits secrets. Ils procèdent sans interruption ni repos par
phrases coupées, hachées, haletantes, faites parfois d'un seul
mot et si visiblement poussives que, lues à haute voix, on ne les
entendrait pas sans fatigue, même dans la bouche du maître.
Ici les extraits et les citations s'imposent, puisque nous sommes
à la source de cette langue nouvelle dont le ravage est presque
devenu endémique dans notre pays. Il serait fastidieux de
les emprunter à tous les livres que les Goncourt ont écrits
dans tous les genres. Mieux vaut les prendre dans deux ouvrages séparés par un long espace de temps, encore plus
éloignés l'un de l'autre par la diversité des sujets qu'on y
traite, et qui marquent le début et la fin de l'existence littéraire du couple réformateur; d'abord, ces *Portraits intimes du
XVIIIe siècle*, très suggestifs sous ce rapport, et ensuite cette
Chérie présentée par le frère survivant comme leur dernière
profession de foi commune.

Il y a aussi les volumes de leur *Journal*, très intéressants par
les indiscrétions qu'ils contiennent, plus intéressants encore
par le jour qu'ils jettent sur le problème de pure linguistique
qui nous occupe en ce moment. Certes, la familiarité d'un
auto-journal autorise des hardiesses et des fantaisies excep-
tionnelles; il y faut accorder quelque chose au ton et à la liberté
de la conversation courante; mais quand on y rencontre, au
lieu d'une plume que l'auteur laisse courir la bride sur le cou,
un parti pris de sangle et de collier qui l'étrangle, on est bien
obligé d'en tirer la conséquence et de remarquer que, là encore,
les réformateurs obéissent à l'impérieux besoin qu'ils éprouvent
de refondre la langue dans un creuset à eux ou de la redresser
par des procédés orthopédiques de leur invention.

Le principal, ou du moins celui qui leur est le plus habituel
et qui a été le plus imité, consiste à créer des locutions nouvelles, des tours et des mots inconnus avant eux, des dérivés
imprévus et mal formés qui ne semblent pas toujours dans le
sens, dans le courant naturel de la langue. Montaigne eût dit
qu'ils la prenaient à contre-poil et à contre-fil. C'est ainsi —

nous venons de le voir — que de l'adjectif joli, qui est certainement très joli lui-même, et très euphonique, ils ont tiré non
seulement *joliesse*, mais *jolité* dont la barbarie ne leur a pas
survécu. C'est ainsi encore qu'ils ont cru trouver la pie au nid
quand ils ont remplacé *blond* par *flave* — « un mari *flave* » —;
par-dessus tout ils ont surchargé leur phrase d'épais néologismes en *ment*, qui sont bien la plus lourde chose du monde.
Nous avions déjà cette terminaison pour la plupart de nos
adverbes et ce n'était pas une de nos grâces; ils l'ont donnée
à un certain nombre de substantifs pondéreux qui tiennent
une place énorme dans leurs livres et s'y allongent démesurément, comme des haquets de marchands de vin sur la voie
publique.

C'est à ce système que nous devons « l'*enfermement* dans
une chambre » — « l'*enfoncement* dans un livre » — « l'*allumement* des yeux » — « l'*échevèlement* des faunesses » — « l'*enragement* jaloux » — « le *serpentement*, le *farfouillement* des
doigts » — « le *penchement casseur* des chapeaux » — « l'*envole-
ment* empesé » — « le *ramassement* dodu »; la *bruyance*, la
merveillosité, la *vastitude*, et même la *cernure* des yeux. Nous
avons déjà cité cet infinitif bizarre, *élogier* des académiciens,
qui signifie prononcer un discours de réception académique.

Force est d'en omettre beaucoup, et des plus caractéristiques, en maintenant toutefois — ce qui est le point capital
— qu'il n'y a rien là de « talentueux » et qu'il est loisible à
tout gratte-papier d'en faire autant.

Quelquefois la chose tourne au simple amphigouri et l'on
perd son temps à dévider la phrase : « Telle était la décoration
du salon où se dressait, sur la cheminée, une garniture monu-
mentale, composée d'une statuette de Diane et de deux
lampes artistiques coulées dans un métal blanc ayant l'éclat
aveuglant de ce mur de couverts en alfénide exposés boulevard
Montmartre. Entre ces tapisseries passées et vieillottes... parmi
ces objets d'un art industriel au froid argentement des choses
de pompes funèbres... de jeunes femmes lasses, aux traits fanés
et fripés, des femmes ayant en quelque sorte perdu à leur métier
de porte-manteau l'animation humaine, promenaient sur leur
dos mort des robes toutes vivantes et toutes lumineuses ».

On a longtemps ri, on rit encore dans l'école de l'immortelle
phrase du chapeau qui sortit un jour de la plume classique de feu

ce bon monsieur Patin. Elle est taillée sur le même patron
que cette boutique du grand couturier; elle devient cristalline
à côté du portrait de Mlle Malvezin dans *Chérie* :

« Une force mystérieuse la poussait invinciblement et fatalement vers l'excentrique, l'étrange, le malsain, auquel elle
apportait toutefois un cachet original, personne l; car il existait
chez Suzanne Malvezin une intelligence peu ordinaire et nourrie
d'une lecture immense, la lecture de tous les livres possibles,
mais elle n'avait, dans son butinage désenchanté, extrait seulement que l'amertume, les irrespects, les blasphèmes, et qui
avait doté d'un scepticisme de vieillard la toute jeune créature,
se complaisant dans les théories du nihilisme, et affirmant,
entre deux bâillements splénétiques de sa jolie bouche, qu'il
n'y a ni bien ni mal, ni vice ni vertu. »

Mais passons. La coterie a senti peu à peu l'inconvénient de
certaine phraséologie et surtout de cet enchevêtrement d'incidentes qui déconcertent et découragent le lecteur; elle n'en a
pas trop abusé et s'est réduite heureusement, de ce chef, à une
imitation modeste, surtout du vivant du maitre, comme si
elle avait à cœur de ne pas trop le désobliger. Elle y a presque
complètement renoncé depuis sa mort.

Elle a imité plus longtemps, elle imite encore cette horrible
accumulation d'adjectifs et de participes présents qui pèse
comme une montagne sur la prose des Goncourt :

« Dans la presse, en ces derniers temps, s'est produite une
certaine opinion *s'élevant* contre l'effort d'écrire, opinion qui a
amené un ébranlement dans quelques convictions mal affer-
mies de notre petit monde. Quoi ! nous les romanciers, les
ouvriers du genre littéraire *triomphant* au XIXᵉ siècle, nous re-
noncerions à ce qui a été la marque de fabrique de tous les
vrais écrivains de tous les temps et de tous les pays, nous
perdrions l'ambition d'avoir une langue *rendant* nos idées, nos
sensations, nos figurations des hommes et des choses, d'une
façon distincte de celui-ci ou de celui-là, une langue personnelle
une langue *portant* notre signature...

« Non, le romancier qui a le désir de se survivre, continuera à ne pas se refuser un tour, *pouvant* faire de la peine aux ombres de MM. Noël et Chapsal, mais lui *paraissant* apporter de la vie à sa phrase, continuera à ne pas rejeter un vocable *comblant* un trou parmi les rares mots admis à monter dans les carrosses de l'Académie, etc., etc. ».

Nous en appelons à tous les délicats qui ont le sentiment de la légèreté et de la fluidité de notre langue, est-il possible d'imaginer une page plus contondante, plus écrasante que ce réquisitoire qui a en outre l'inconvénient de frapper à faux d'un bout à l'autre? Les confusions, voulues ou involontaires, y abondent. Que viennent faire ici les grammairiens et leurs règles? La diversion opérée contre eux par Goncourt ne saurait tromper un œil exercé. Ce n'est qu'une fausse attaque. Qui donc lui a jamais reproché cette noble ambition d'avoir un style à lui, d'être, suivant sa propre expression, « un apporteur de neuf »? Ce que l'on conteste, c'est qu'il ait atteint son but, et pris les meilleurs moyens pour l'atteindre. On ne s'étonne même pas qu'il l'ait manqué quand on voit à quel point il s'est mépris sur le résultat à obtenir. Que veut-il dire avec son « effort d'écrire »? Nous voici dès le premier mot en pleine tour de Babel. Qu'il faille écrire avec soin, c'est une recommandation inutile; mais écrire avec effort, peiner et suer pour accoucher d'une phrase soi-disant originale, c'est la plus désastreuse des erreurs et, pour la galerie, le plus douloureux des spectacles.

Oui, il faut que chacun fasse à son style une inspection de propreté et même un bout de toilette, comme cela se passe entre gens de bonne compagnie; mais, de propos délibéré, avec une préméditation continue et une perpétuelle récidive, lui tailler des costumes spéciaux, l'habiller d'étoffes imprévues, extraordinaires, l'affubler d'un bariolage de carnaval, ce n'est plus de l'originalité; c'est en tout cas une originalité trop facile. L'originalité, dans le style, est une chose tout à fait spontanée et, pour ainsi dire, inconsciente. Cherchée, étudiée, apprêtée, elle s'évanouit et disparaît.

Croyez-vous que les écrivains français vraiment originaux, prosateurs ou poètes, classiques ou romantiques, se soient donné tant de mal pour avoir un style à eux? Croyez-vous que Retz, Mme de Sévigné, Racine, Saint-Simon, Lamartine, Michelet, tous ceux dont la plume semble vivante, tant elle a de passion et de chaleur, interne ou externe, se soient ainsi surmenés la cervelle en l'honneur du verbe imprévu ou de l'épithète rare? Croyez-vous qu'ils aient jamais calculé à froid de petits effets de phrases et de mots? Voilà pourtant ce que Goncourt aime et vante; autrement, on tombe, selon lui, dans la banalité du fait-divers, probablement comme Fénelon ou Voltaire dont la prose, aussi calme chez le premier qu'elle est vive chez le second, se refuse volontiers au pittoresque, et se distingue par une absence d'images qui, si elle n'était signée, passerait aujourd'hui pour tellement incolore que les *Aventures de Télémaque* et l'*Histoire de Charles XII* auraient quelque peine à trouver un éditeur.

Ce qui a trompé Goncourt, c'est une phrase de Joubert, qu'il a mal comprise et derrière laquelle il se retranche. Mauvais rempart! Lorsque, sur une adjuration pressante de Joubert, Mme de Beaumont recommandait à Chateaubriand « de garder avec soin les singularités qui lui étaient propres », il s'agissait de singularités, de bretonneries absolument impulsives et inaperçues de Chateaubriand lui-même dans le feu de l'inspiration. On conçoit que, nées ainsi sans le savoir, comme des herbes folles sur des ruines, elles donnassent pointe et saveur au mélancolique orgueil dont elles étaient l'expression. Joubert et Fontanes ne les acceptaient qu'à ce titre; mais la singularité préparée et voulue, la bizarrerie faite exprès, la simplicité et le naturel éliminés de parti pris pour faire place à la plus laborieuse étrangeté, c'est la négation même de ce don du style où l'art le plus raffiné a peut-être moins de part que la nature et l'instinct.

De même, lorsque Joubert engage l'écrivain, même attaqué « dans les modernités de sa prose nouvelle »,à y persister et à *chanter son propre ramage*, il ne fournit pas la moindre excuse à Goncourt qui n'a jamais eu de propre ramage et qui s'est fabriqué une voix de tête empruntée à toutes les voix d'alentour. Ce que veut dire ici Joubert, c'est que la fauvette et le pinson ne doivent pas chercher à imiter le rossignol, et qu'un faux rossignol, un rossignol mécanique, reste fort au-dessous d'une vraie fauvette. Quel est donc cette voix, ce ramage, ce style que les Goncourt puissent revendiquer comme leur propriété? La vérité est qu'il consiste uniquement en excentricités et en futilités négligeables. Aussi tous leurs élèves l'ont-ils, du

premier coup, imité et surpassé. Avec tous les ramages connus,
en y mêlant des notes impossibles, ils se sont composé une
musique hottentote qui n'a de réellement neuf que sa cacophonie.

Une barbarie, qui ne peut même pas se vanter d'être naturelle, tel est le premier défaut, la tare essentielle de la langue
que Goncourt a écrite et proposée à ses successeurs comme un
modèle. Mais un vice de style plus frappant encore chez lui et
d'ailleurs commun à toute l'école, c'est la prolixité, la redondance. Sous prétexte de pousser l'exactitude jusqu'à la dernière
précision et de donner plus de netteté à l'image, ils emploient
trois, quatre mots et autant de métaphores, où un seul trait,
bien saisi et bien rendu, suffirait. Ils reviennent sans cesse
sur leur esquisse primitive pour la retoucher, la compléter, et en
ressasser les variantes. Ils ne sont pas contents qu'ils n'aient
envisagé toutes les faces d'une idée, et épuisé toutes les figures
qu'elle comporte, tous les rapprochements qu'elle éveille. En
un mot, ils pressent le citron jusqu'à la mousse avec une telle
obstination qu'il faudrait plus d'un volume de citations pour
mettre en pleine lumière ce besoin de piocher et de creuser à
fond l'observation la plus insignifiante et de lui imprimer, en
appuyant, un relief qui la fausse. Grands faiseurs de portraits,
ils s'acharnent à graver ce qui doit n'être qu'indiqué, procé-
dant par petites touches ou hachures jusqu'à ce que le burin
émoussé s'y refuse.

Étudiez, dans son fouillis, ce portrait de Mme Geoffrin :

« Un esprit élevé tout seul, naturel, net, clair, nourri de peu,
mais garni par le monde de comparaisons et de réflexions; un
grand sens, des idées peu étendues, mais à leur place, toujours
prêtes et comme sous la main; une tête pauvre, même petite,
mais bien faite et parfaitement ordonnée, avec un jugement
qui y maintenait toute chose en ligne et à son rang; une âme,
ce n'était que raison cette âme ! commandant à tout cela un
système et un plan fixe de bonheur sans exigence, fait du repos
de tout l'être, et d'un certain consentement de toutes les
facultés à la paresse et à la sagesse; une grande économie de
soi-même, une grande fuite de tout effort, de toute peine, de
tout bruit, de toute fièvre, de toute secousse; une pratique de
vie constante, unie, pleine de règles, gardée et affermie de

maximes et d'axiomes; un je ne sais quoi de pondéré, d'assis, de tempéré, le sourire froid et sans grâces d'un cœur égoïste, auquel il serait donné, ayant vécu, de recommencer la vie : voilà le fond de cette figure de nuances et de demi-teintes... ».

Vous croyez que c'est fini et que le robinet va se fermer; pas du tout, il s'ouvre de nouveau à plein jet, et la fontaine coule, comme si les frères de Goncourt voulaient absolument donner un démenti aux bergers de Virgile : *sat prata biberunt.*

« Vieille femme de bonne heure, et de goût plus que d'âge, avec la paix, le débarras et le poli de l'expérience; en tout semblable à la devise de son appartement : « Rien en relief »; indulgente par tiédeur, charitable par mollesse, sachant le public et ménageant l'opinion, clémente au monde, pardonnant à la vie pour ne point être dérangée du train pacifié et régulier de ses pensées; habile à s'effacer, à se taire, à écouter, retirée sur elle-même et poussant par derrière la causerie des autres, jouant des gens comme d'instruments, savante à en tirer le son et l'éclair; lâche en ses opinions, ennemie née des avis forts et tranchés, aimant le milieu en tout; paisible et calme parmi les utopies et les philosophes, et consentant à leur refonte du monde à la condition que le royaume de Diderot arrivât sans dérangement, sans saut et par une pente; d'une modestie vaine, d'une simplicité recherchée... ».

Attendez et prenez patience, nous ne sommes pas encore au bout; il nous reste même, quoique essoufflés, une côte à gravir.

« Singulière et rare en ses prétentions, se vantant d'ignorance et se refusant jusqu'à l'orthographe; d'une entente admirable dans le maniement des amours-propres les plus sensibles du monde : les grands seigneurs et les grands auteurs; amie de ses amis, mais amie inquiète, timide, avare de ses pas, ménagère de son crédit, d'un dévouement timoré, les défendant, mais avec manège, sans zèle, en se reployant, et se reculant de leur malheur de peur d'en être toujours; d'humeur donnante bien plutôt que charitable; d'une bienfaisance d'habitude et de méthode, et non de mouvement, ni d'émotion; au reste, n'égarant nul de ses dons, et nourrissant ceux-là dont la reconnaissance pouvait être publique et rendre aux bienfaits quelque peu d'immortalité, pensionnant l'Encyclopédie et les encyclopédistes, rentant des trompettes, pour tout dire... ».

Certes, le morceau est curieux; on peut tirer l'échelle, on ne trouvera pas dans toute la littérature française, ancienne et moderne, un aussi joli échantillon de rabâchage; mais que de sueurs a dû leur coûter « une tête si chère » ! Comme tout le portrait est épluché ! Et que de verbiage inutile pour nous apprendre que Mme Geoffrin était une bourgeoise un peu calculée, dont la faculté principale fut le tact, on dirait aujourd'hui le doigté.

Est-ce à dire qu'une page aussi artistement tourmentée soit sans valeur? Ce serait sortir de la vérité et de la mesure que de lui refuser tout mérite; mais il est évident qu'elle ressemble beaucoup plus à la composition d'un débutant bien doué qu'à une toile de maitre. Il y a là une profusion, une prodigalité polychrome qui papillote à l'œil sans que le trait saillant se détache, et les admirateurs qui s'appliquent à imiter cet éblouissement ne s'aperçoivent pas qu'ils font simplement des copies dans l'atelier d'un bon élève.

Cette critique — il serait puéril de le dissimuler — s'applique aussi bien au style qu'à la langue des Goncourt; elle ne porte pas seulement sur leur grammaire ou leur syntaxe. En insistant sur ce perpétuel pléonasme, sur cet intarissable flux de paroles qui caractérise d'abord leur manière, il semble que nous sortions un peu du cadre exclusivement philologique où doit se renfermer cette étude. Ce n'est pas la première fois que nous côtoyons cet écueil presque inévitable. Comment faire? On nous accordera qu'il est fort difficile, souvent même impossible, quand on analyse l'œuvre d'un styliste ou soi-disant tel, de séparer, d'isoler la phrase proprement dite du style dont elle constitue le principal élément et d'établir une distinction subtile entre sa structure et sa couleur. Style prolixe, langue prolixe, redondance du mot et redondance de l'idée, en vérité c'est à peu près la même chose, surtout chez des écrivains qui ont inventé tout un vocabulaire à leur usage et qui ont l'habitude d'accabler les idées sous le poids des mots.

Prenons un autre portrait, celui du graveur Le Bas :

« Le Bas était un graveur, brave homme, et de la bonne race des artistes du xviiie siècle.

« Sans études, parfois liseurs, mais sans lettres, sans usages, sans manières, formés tout seuls, poussés tout naturellement à la volonté du hasard et de leur intelligence, ils avaient une façon de bon sens neuve, imprévue et libre, un tour d'idée natif, heureux et joyeux. Tout chez eux venait d'eux : leur fortune et leur esprit, un esprit auquel nul n'avait touché et qu'ils n'empruntaient à rien; un esprit rare et propre, loyal, franc, net, un esprit à la grâce de Dieu, de bonne foi et de bonne source, vivant et bien venu comme un enfant de campagne. Ils pensaient délibérément, à tous risques, ne sachant se taire ni mentir, sachant rire. Ils avaient été doués d'une belle humeur active, d'une imagination ironique et plaisante. Ils avaient reçu, naissants, le don de la comédie des ateliers, le don de cette vengeance rieuse, lutine, enfantine et méchante — la charge — cette drôlerie entre la niche et la farce, qu'on dirait inventée par Aristophane à l'école. Ils avaient été armés de gaité. Venus de bas, de rien, du peuple, montés dans un monde de noblesse et ne s'oubliant pas, ils gardaient et défendaient avec la gaité l'orgueil de leur pauvre naissance. Ils sauvaient leur dignité en portant leur liberté partout, en prenant partout leur franc-juger, leur franc parler et leur franc moquer, moquerie fière et haute, avec laquelle, affranchis de la roture, les parvenus du talent apprenaient l'égalité aux grands comme aux riches... »

C'est toujours le même procédé, le pointillage à petits coups doublés, triplés, décuplés, avec une incroyable richesse de synonymie, la phrase ternaire et quaternaire, dans toute la monotone régularité de son allure, « la phrase à trois pattes ». On a là un second spécimen de cette régularité, de cette marche mécanique, que s'est assimilée toute l'école et dont il est impossible de ne pas signaler la raideur dans un livre consacré à la langue nouvelle, à la langue dite moderne que parlent aujourd'hui la majorité des stylistes. Chaque membre de phrase s'y avance, astiqué et compassé, comme un soldat à l'exercice ou à la parade. Et surtout, et toujours, il pivote sur trois mots,

là où les vieux maîtres n'en mettaient qu'un, plus exact, plus
fort et plus expressif à lui tout seul que les trois autres. Les
vrais portraits sont synthétiques.

Un tel excès engendre l'afféterie. Pour vouloir tout dire, on
finit par trop dire, et par tomber dans le détail minuscule, dans
l'infiniment petit qui appelle naturellement les coquetteries et
les mines. Les Goncourt ont souvent gâté ainsi leurs meilleures
pages. Admirez comment une très fine peinture de l'épicurisme
indifférent pratiqué par le monde où vivait Bachaumont finit
sur une pointe déplorable où toute grâce et toute naïveté dispa-
raissent : « Ils regardaient de la fenêtre jouer la foi à pile ou
face sans parier ». Et de même à propos d'un billet adressé par
Beaumarchais à une amie infidèle : « Galant, méchant, battant
le respect et l'impertinence, ce billet, l'épigramme à genoux
fouettant avec des roses l'Inconstance qui rit dans les bras du
Plaisir, l'amour-propre blessé se vengeant et saluant sur le
vrai ton du temps et d'un cœur qui sait vivre ce reçu d'un
congé d'amour, est de Beaumarchais ».

Ailleurs on nous dira, dans le même style, que l'anecdote historique,

« C'est Clio à son petit lever... Elle a sa cour de conteurs
qui écrivent au pied de son lit... Saint-Simon sort de chez
elle par la porte d'où sortit le gazetier Loret... ». Il faudrait
tout citer ! Ici, c'est Louis XVI qui écrit une belle et noble
lettre « où il semble que la Sagesse se hâte vers la Justice »;
c'est l'abbé Le Blanc, Doyen, le bailli de Mesmes, figures secon-
daires, étudiées à la loupe, mises dans un relief excessif par une
accumulation de petites touches superposées, et surtout par
un abus de paillette et de vernissage; enfin c'est Dulaurens,
l'auteur du *Compère Mathieu*, « malheureux dont la vie ne fut
que tourments, dont l'âme ne fut que tumulte, dont l'esprit
ne fut qu'inquiétude...l'enfant perdu de l'Encyclopédie que le
scandale a oublié de recommander à la gloire ! »

Cela signifie sans doute qu'il chercha la renommée dans le
scandale et ne l'y trouva pas.

Un dernier tableau de genre pour en finir avec cette manière
si raffinée des Goncourt et en comparer l'artifice à la simplicité
d'autres écrivains qui ont placé la même scène dans le même

cadre. Il s'agit de cette cueillette des fleurs d'oranger qui fut célébrée, lorsque *Chérie* parut, comme un des plus gracieux décors de cet étrange roman :

« Deux fillettes montées au haut d'une double échelle, un drap blanc sous elles, et chacune en main un petit panier d'école, travaillaient à la cueillette de la fleur d'oranger... Les deux filles de la campagne, dont on sentait le corps, libre et nu, sous une camisole blanche et un court jupon, étaient penchées, presque couchées, sur la rondeur des arbustes tondus, en un abandonnement amoureux des membres, et avec des paresses lascives laissant voir l'allumement de leurs yeux brillants dans l'ombre des *guissenotes* : cette cage de mousseline servant de coiffure sous le soleil aux Lorraines... Dans la chaleur et l'odeur d'Orient de la journée, les deux fillettes, tout en épongeant la sueur de l'entre-deux de leurs seins, causaient en patois, — dans ce parler de caresse et de musique et de l'enfance d'un pays, — causaient de la douceur du premier baiser d'amour donné sur la bouche... ».

Toutes les faiblesses, toutes les illusions littéraires des Goncourt semblent ici réunies, affectation déplacée de sensualité juvénile, peinture bigarrée à notes si discordantes que les deux fillettes du début, avec leur panier d'école, ne semblent pas les mêmes que les lourdes filles de la campagne qui s'épongent un instant après en causant patois, engorgement de la phrase, usage immodéré de l'épithète, travail ultérieur sur des notes incomplètes ou mal prises... Que l'on compare, dans notre riche galerie nationale, deux autres cueillettes du même genre, celle des *Confessions* et celle de *l'Ami Fritz.* Le parallèle est facile et concluant. L'avantage reste trop visiblement à Jean-Jacques et — qu'on nous pardonne ce blasphème, ce scandale ! — à Erckmann-Chatrian.

Il faut bien le dire : tout cet apprêt, toute cette recherche de la phrase et du mot n'est pas le signe de ce que les Goncourt eux-mêmes appellent « une forte et pleine santé de l'esprit ». Ils se donnent vraiment trop de peine pour mal écrire, et le naturel, dont l'absence n'est excusable que dans la tragédie ou l'oraison funèbre, leur fait trop constamment défaut. Si la tension qu'ils s'imposent était toujours justifiée par le succès,

on pourrait à la rigueur s'en accommoder en ne l'imitant pas;
mais non ! Leur montagne en travail n'accouche souvent que
d'une souris et d'une souris truquée, en carton-pâte ou en sucre.

Dans leur monographie de l'abbé d'Olivet, on rencontre
un morceau — tout chez eux est morceau — très curieux,
très heureux, et peu s'en faut, excellent :

« Paris était devenu la maison de Philaminte. Il avait « ses
femmes savantes » et il avait « des hommes savants ». Le grec et
le latin régnaient, les traducteurs gouvernaient, les restituteurs
de textes florissaient, les annotateurs passaient grands hommes,
les conseilleurs de sens hommes célèbres. Le latin était la passion, il était la mode du temps. Les Ninons ne se faisaient plus
lire des comédies, mais du latin mis en français. La contagion
passait les mers et gagnait Londres. La princesse de Galles
lisait le *De naturâ deorum*. Le monde, le beau monde était en
mouvement pour une leçon, en révolution pour une correction.
Il y avait des insurrections pour un contre-sens, des batailles
sur un monosyllabe, des victoires sur un mot. Il y avait des
correspondances entières sur le *hunc* de l'abbé Guyet. Il y
avait des Mémoires, il y avait presque un concile pour le *circa
res divinas* de Cicéron. Les attaques étaient vives, les ripostes
furieuses. Atteint d'un vers du Pœnulus de Plaute, on lançait
une phrase de Nonius Marcellus. On s'abordait à brûle-pour-
point entre amis : « Comment prenez-vous le *tollendum* d'Hor-
tensius? Et l'on se serait battu à la fin de la discussion si l'on ne
s'était embrassé. C'était l'âge d'or des scoliastes et aussi des
guerres de religion. Huit lettres, un beau jour, faillirent
brouiller la ville avec la ville et la cour avec la cour. Il s'agissait du *protinus* de Tirésias dans Horace. Deux sens, deux
partis, deux généraux étaient en présence; d'Aguesseau com-
mandait à la moins grosse armée. Aux Tuileries, un fat
accourt, brodé des pieds à la tête, essoufflé, s'essoufflant :
« Réjouissez-vous, monsieur, réjouissez-vous ! (Et il saute au
cou de d'Aguesseau) je viens de Versailles; je vous apporte la
meilleure nouvelle du monde. — Eh ! quoi donc? — M. de la
Loubère se déclare pour votre sens... ».

Un peu surchargé encore, bien qu'amusant et pittoresque.
Mais retenez l'aveu : « Paris était devenu la maison de Phi-

laminte ! » N'y a-t-il pas un moment, un long moment qui dure encore où la maison de Philaminte est devenue le grenier des Goncourt. On s'y enrôlait sur des formules naturalistes; on jurait de sacrifier *dans* à *en* et de se battre sur *avec*, séparé de son complément. Nous aurons bientôt à cataloguer ces sottises.

Les Goncourt nous rappellent, de ce même abbé d'Olivet, que sa réception à l'Académie fut un événement littéraire *bien parisien*. Elle fut très retardée. Il y eut toutes sortes de pourparlers et de négociations pour obtenir qu'il se purgeât un peu de sa bile, et consentît, pendant une heure, à décolérer : « Le jour de son discours vint enfin et sa diatribe contre les corrupteurs du bon goût et les détracteurs de l'antiquité lui gagna l'admiration de Brossette et de tous les Brossettes du temps ! »

Ce n'était pas un suffrage à dédaigner, et ceux qui s'indignent, comme nous, des déformations, des tortures auxquelles on soumet notre langue, non moins que de la mort lente à laquelle ce supplice quotidien la condamne, souhaitent qu'il leur en arrive autant. Il y a encore des Brossettes dont l'approbation sera précieuse dans cette éternelle querelle où, sous prétexte de défendre le présent, ce qui est juste, on se vante de répudier et même d'ignorer notre glorieux passé classique. Il n'y a pas un an que l'on reprochait amèrement à la Comédie-Française de donner un jour, de temps à autre, à Racine et à Molière.

Il n'était point si sot apparemment, ce terrible abbé d'Olivet, lorsque, sollicité en faveur de Marivaux pour un fauteuil académique, il répondait : « Je ne manquerai pas de lui faire politesse, mais il n'aura jamais ma voix à moins d'abjurer son diabolique style ! » Diabolique, ce joli style de Marivaux, qu'aurait-il dit de celui des Goncourt ?

Ils ont une tournure de phrase à eux qu'ils ont empruntée, sans discernement, aux grands écrivains de l'âge d'or, et qui sera plus tard imitée jusqu'à l'abus par M. Émile Zola. Une seule citation en donnera une idée : « Caylus se jette *à* de laborieux caprices, il se précipite *à* mille études, il se pousse *à* des talents divers... ». Et, à propos de Mme du Barry, un jour qu'un caprice sentimental l'avait un peu distraite de son habituelle rouerie : « Ce n'est plus qu'une petite fille rangée *aux* humilités de la tendresse et *aux* caresses pieuses du billet doux ».

Une autre construction qui ne leur est pas moins chère, et que leur a prise également M. Émile Zola, consiste à établir un rapprochement, une sorte de comparaison ou d'analogie entre deux idées ou deux objets différents, au moyen de la préposition *de*, substituée aux termes habituellement employés pour marquer les similitudes ou les contrastes : « Elle avait une gaîté muette d'ivrogne ». — « Elle avait le bout du nez rouge d'un voleur de chiens anglais... ». Vous saisissez ici le procédé dans toute sa bizarrerie; il aboutit le plus souvent à fausser, en la généralisant, une observation insignifiante. Les Goncourt auront aperçu quelque part un Anglais, voleur de chiens, qui avait le bout du nez rouge, et ils s'empressent d'utiliser cette remarque dans une circonstance qui ne s'y prête ni de près ni de loin. Notons, au passage, que cet esprit d'observation dont ils se montrent si fiers et qui s'impose en effet comme la première loi du roman réaliste, se contente à trop bon marché, sans les vérifications nécessaires. Je trouve, dans *Chérie*, cette étrange affirmation : « Le nid de merle, le nid le plus mal fait de tous les nids d'oiseaux de l'univers... ». Où ont-ils vu cela? Et pourquoi calomnier ainsi le nid de merle, très supérieur comme architecture, à beaucoup d'autres nids, notamment aux trois ou quatre brins de bouleau sur lesquels l'amoureuse tourterelle se pose pour pondre et couver. Faut-il croire que le merle siffleur, auquel des écrivains vexés ont souvent comparé les critiques, a déplu aux Goncourt pour cette raison, et que ses ironies de musicien ont nui, dans leur pensée, à ses facultés d'architecte?

Quoi qu'il en soit, cette façon d'accommoder la préposition *de* paraît assez naturelle et serait fort acceptable si on usait avec modération des ressources de brièveté et de légèreté qu'elle peut offrir; mais les Goncourt et les successeurs nous en ont tellement rebattus qu'on les reconnaît immédiatement à ce signe. Leur prose fourmille de ces comparatifs au point qu'il est inutile d'en donner des exemples. La monotonie en a si souvent frappé nos yeux et nos oreilles, que cette impression désagréable, ravivée par la lecture des romans de M. Émile Zola, demeure en nous à l'état permanent et que sur ce point la contestation est impossible. On peut admirer ce *de* des Goncourt, on ne peut pas le nier.

Ce n'est pas tout. Ils ont cherché des variantes au mot

comme, qui est, dans notre langue, l'instrument habituel de toutes les comparaisons : ils ont trouvé *ainsi que*, qui est moins rapide et qui paraît quelquefois bizarre : « Elle était légère ainsi qu'un oiseau ». Ils emploient de la même façon l'adjectif *tel*, et leur école s'offre à tout propos ce plaisir enfantin. « Il était armé et harnaché de pied en cap, « *tel* un bandit ». Ils ne s'aperçoivent pas que ce *tel* convient plutôt aux longues comparaisons de la poésie épique ou lyrique, dont il annonce ou résume les pompeux développements, et que ce pauvre *comme*, répudié par eux, est beaucoup mieux à sa place dans le discours familier et la prose pédestre. Ils ont pareillement imaginé, à l'exemple du maître, de dire *un rien* pour *un peu*, et on ne leur ôtera pas de l'esprit que cette substitution est une aubaine : « Il vient à leurs chapeaux un *rien* du penchement casseur qu'avaient leurs chapeaux bourgeois, du temps qu'ils étaient sous-lieutenants ». Toute cette phrase sur les vieux militaires en tenue civile est à retenir. Le *il vient*, le *penchement casseur*, et le *un rien*, en font certainement une phrase type.

Parmi les petites manies inoffensives de l'école, il faut encore relever la substitution de l'adjectif au substantif dans des locutions comme celles-ci : « *le doux* de leur caractère, *le dur* de leur cœur, au lieu de *la douceur* de leur caractère, *la dureté* de leur cœur. Cela ne tire pas à conséquence, et si l'originalité d'un écrivain se jugeait à ces petites inventions, le plus chétif serait original à peu de frais.

Mais voici une gaucherie plus grave pratiquée par Goncourt à tout bout de champ comme on dit, et extrêmement fâcheuse en ce qu'elle donne à sa phrase un air archaïque. Est-il nécessaire de répéter que toute l'école l'a accueillie et adoptée avec une sorte d'enthousiasme, qu'elle en a usé et abusé, qu'elle en abuse encore tous les jours. C'est ce *tic* malheureux qui la porte à substituer, en toute circonstance, *en* à *dans*. Il est évident qu'elle trouve ce changement très ingénieux ; elle y voit certainement une de ces innovations capitales qui lui donnent le droit de proclamer qu'elle a régénéré la langue. *En*, vainqueur de *dans*, est un des globules du sang nouveau qu'elle lui a infusé : « Le canard poussait des cancardements terribles, *en* la terreur de l'abandon dans lequel il allait se trouver ».—« Elle avait bien aussi parfois des joies fiévreuses... à disparaître et à se perdre dans un tapage d'harmonie, *en* lequel elle semblait plonger ses mignons coudes aigus, élevés au-dessus de sa tête échevelée ». — « Le vieux maréchal la regarde profilée *en* sa silhouette rigide ». — « Nous allons montrer ce Louis XV *en* la vie tout entière d'une enfance royale... », etc., etc. C'est par milliers que l'on compte ces petits plaisirs que se donnent Goncourt et son école avec une importance qui éveille quelque ironie.

Mais prenez garde : ce *dans* si cruellement sacrifié à son frère, va prendre ailleurs une éclatante revanche. Employé à tort et à travers, et presque toujours détourné de son sens habituel, chargé d'une fonction qui n'a jamais été la sienne, *dans* est devenu un des grands chevaux de bataille du goncourtisme. Les exemples en rempliraient des volumes, et il faut se borner, surtout en songeant que d'autres écrivains, du même cycle, nous obligeront à revenir sur cet étrange procédé :

— « Au bout d'efforts infinis, et en s'y reprenant à plus de dix fois — la serrure était un peu détraquée — elle arriva, *dans* le battement presque imperceptible des petits cœurs autour d'elle, elle arriva à tirer le bouton de coulisse. »

Cela signifie qu'au moment où l'héroïne se livra à cette opération, tous les petits cœurs de ses compagnons battaient de curiosité autour d'elle.

A la page suivante : « Cette tristesse se dissipa *dans* la satisfaction de sa vanité de gamine ».

Et un peu plus loin : « Elles se soutenaient de leurs bras passés autour de la taille, *dans* des enlacements caressants et coquets ».

Et presque aussitôt : « On se met à table *dans* le grésillement des torches ».

Chez Goncourt et chez tous les goncourtistes sans exception, la chose tourne à la scie d'atelier.

Il nous reste à noter, dans ce qu'ils appellent leur écriture, quelques fantaisies ou excentricités du même genre : « Par la porte arrivait, *dans une intonation chatte,* cette demande à tour de rôle de chacune des demoiselles : « Veut-on me per- « mettre de voir un peu? » On tient à faire entendre, au moyen de cette *intonation chatte,* que la curiosité de ces demoiselles minaudait et miaulait. Dans le même roman : « Toi, tu es heu- reuse, *fichument* heureuse ! » dit à son amie une jeune fille qui se meurt de la poitrine, et rien n'explique ce *fichument* si ce n'est une envie demesurée de tirer l'œil.

Ailleurs ce sont des inversions tourmentées, à la manière latine, des suppressions de verbe qui n'ont été réussies que par le seul Michelet, parce qu'elles sont chez lui à la fois expressives et instructives, commandées, inspirées par le mouvement même de la phrase. Peut-on dire qu'elles aient ici ce caractère d'inspiration : « Alors donc une obstination à apprendre ces morceaux, une lutte, un travail, où se montrait presque l'entêtement d'une vocation ». Dans la pensée de Goncourt, « alors donc » remplace le verbe absent; mais il le remplace si mal qu'après l'avoir vainement cherché on finit par regretter son absence...

Forger des mots nouveaux par un procédé qui est à la portée de tout le monde, en attachant à tous les termes simples ou composés une queue quelconque, bruyante et lourde; — pousser ce système jusqu'à la gageure et nous vanter, par exemple, « la grâce parmégianesque », c'est-à-dire une grâce — devinez ! — qui procède du Parmesan; — détourner de leur vrai sens quelques locutions usuelles et leur donner une nouvelle acception qui étonne et déroute le lecteur; — adopter et favoriser p ar une sorte de benjaminisme grammatical, certaines conjonctions et prépositions que l'on substitue, en toute occasion, à celles dont l'usage est le plus répandu, pour s'offrir la satisfaction de ne pas parler comme on parle; — en choisir d'autres auxquelles on fait, dans le discours, une place et un rôle qu'elles n'ont jamais eus, sans qu'aucun besoin légitime cette perpétuelle usurpation; — supprimer le verbe qui est comme le soutien et l'épine dorsale de la phrase; — tomber à chaque instant dans une afféterie que les Goncourt n'eussent pas manqué d'appeler *cathosique* et *madelonesque*, en l'honneur de Cathos et de Madelon; — se réfugier dans la manière sous prétexte de fuir la vulgarité, tout sacrifier à cette conviction que « le public n'estime et ne reconnaît à la longue que ceux qui l'ont scandalisé tout d'abord, les *apporteurs de neuf*, les révolutionnaires du livre et du tableau, les messieurs enfin qui, dans la marche et le renouvellement incessants et universels des choses du monde, osent contrarier l'immuabilité paresseuse de ses opinions toutes faites... », pensée radicalement fausse ! comme si Sophocle, Raphaël, Racine et Chateaubriand avaient

en besoin de *scandaliser* le monde pour conquérir son admiration ; — se fatiguer la cervelle pour opérer, dans le langage, de
petits changements puérils, qui n'ont même pas-toujours le
mérite de la nouveauté, et auxquels on attache une importance capitale, comme un botaniste qui croirait avoir trouvé
le trèfle à quatre feuilles parce qu'il en aurait collé une quatrième sur les trois autres ; — en rêver et en faire d'autres,
absolument fâcheux, qui allongent et alourdissent la phrase ; —
abuser de l'adjectif et du participe présent qui en sont le poids
mort ; — persuader enfin à des centaines de snobs, stylés par
trois ou quatre hallucinés, qu'en mettant ce programme à exécution, ils ont bien mérité de la langue et de la littérature française : voilà ce qu'ont fait les Goncourt, et ils n'ont rien fait de
plus. Ils ont embrassé, en toute sincérité, des utopies et des
chimères d'*écriture* dont la futilité est le moindre défaut ; ils se
sont radicalement trompés-sur ce qu'ils appellent le style et,
pour s'en faire un qui leur fût personnel, ils en ont été réduits
à rechercher, de parti pris, le bizarre et l'excentrique, l'amphigouri et la barbarie.

Qu'ils aient contribué à créer la mode du roman naturaliste,
c'est incontestable ; mais ils se sont servis pour obtenir ce résultat, d'un instrument médiocre qui a été plus nuisible qu'utile
à leur doctrine littéraire. Ils ont été, eux aussi, « des impatients
d'esprit, ils se sont jetés à de laborieux caprices ». On voit
bien la peine qu'ils se sont donnée, on voit surtout la torture
qu'ils ont infligée à la langue, et le déchet qu'elle en a subi ; on
ne voit pas le profit qu'elle en a tiré. Ils l'ont tourmentée et
persécutée sans l'enrichir, si bien que leur tentative, honorable
seulement par sa loyauté, peut se caractériser d'un seul mot :
un immense enfantillage contagieux, une variole littéraire !

CHAPITRE V

SUCCESSEURS ET IMITATEURS

I

Telle est l'œuvre des frères de Goncourt accomplie avec la coopération de tous les agités qui espèrent tirer cuisse ou aile d'une révolution littéraire comme d'une révolution politique. Elle a laissé dans notre langue des traces fâcheuses qui s'effacent peu à peu, mais qui ne disparaîtront jamais complètement. Elle a rencontré devant elle un nombre considérable d'écrivains neutres qui, la croyant inoffensive ou affectant de l'ignorer, ne lui ont opposé qu'une résistance passive et ont simplement, pour toute protestation, continué d'écrire en français. Plusieurs ont systématiquement dédaigné ce flot toujours montant qui s'attaquait à la vieille digue de logique et de raison sur laquelle repose la supériorité de notre langue nationale. D'autres ne l'ont pas même aperçu. Tous en portent aujourd'hui la peine, car le goût public a changé et leur écriture paraît quelquefois singulièrement pâle à côté de ces rutilances auxquelles il fallait opposer des armes un peu plus efficaces que le mépris.

L'indifférence de ceux qui avaient l'autorité nécessaire pour parler et se faire entendre ayant laissé carte blanche aux novateurs, ceux-ci ont assez vite recruté cette petite armée bruyante et ambitieuse qui se recommande de leur nom et se rallie à leur panache. Quelques-uns s'en sont détachés. Flaubert n'en a jamais fait partie. Son orgueil solitaire et railleur n'aimait pas les chapelles. Alphonse Daudet, à la veille de sa mort, n'y tenait plus que par un fil; mais le gros de la secte est resté fidèle aux fondateurs et, ainsi appuyés, les Goncourt ont pu lever drapeau contre drapeau et rompre en visière — sans trop désigner les personnes — à l'élite d'écrivains qui jouissaient de la faveur publique à côté d'eux et malgré eux. Ennemis naturels de l'Académie française et généralement de l'esprit académique, ils ont, sans s'inquiéter d'une si énorme inconséquence, fondé eux-mêmes une académie, l'Académie du Grenier.

Ils ont même eu soin d'assurer, par testament, à cette fondation pieuse les ressources nécessaires pour vivre, c'est-à-dire pour permettre à son comité de faire des chefs-d'œuvre sans se préoccuper du lendemain. Des amis de la première heure qui croyaient en être haut la main, se trouvèrent, à leur grande surprise, éliminés, supplantés par des ralliés qu'ils jugeaient moins dignes qu'eux-mêmes de cet insigne honneur. D'autre part, deux ou trois académiciens de la promotion initiale ont déjà disparu et les survivants ont eu à les remplacer.

Les choix se font en famille. Cette académie séparatiste vivra-t-elle? Jusqu'à présent elle vit, un peu fermée et renfermée; elle a eu raison, grâce à l'éloquence d'un habile avocat (1), des réclamations portées devant la justice par les héritiers du sang; le testament des Goncourt a été maintenu, et l'école tout entière, enflée de ce succès presque inespéré, se distingue toujours par cette humeur exclusive et jalouse qui excommunie si volontiers les indépendants. A certaines manifestations périodiques on a pu se rendre compte qu'elle avait toujours poussé et qu'elle poussait encore la passion jusqu'au fanatisme. Aucun fondateur de religion n'a été regretté et pleuré comme les Goncourt. Lorsque Edmond mourut, ses adeptes auraient voulu qu'on lui fît des funérailles comme à Victor Hugo. Ils

(1) M. Poincaré.

accablèrent d'invectives et d'outrages ceux qui hasardèrent alors contre cette apothéose démesurée la plus timide objection, et le temps même n'a pas calmé leur fureur; ils dénoncent encore au mépris public ces hérétiques endurcis qui continuent à nier — non pas certes l'existence — mais la valeur du goncourtisme et à déplorer l'influence néfaste qu'il a exercée, qu'il exerce encore sur une partie de la littérature française. La malheureuse n'en a pas fini avec cette morphine dont ces deux empiriques l'ont piquée pendant trente ans et qui crève çà et là, en abcès.

Si encore on n'avait pas tenté de nous l'imposer. Si l'on s'était abstenu de nous présenter comme une découverte féconde, comme une panacée infaillible ce qui est un poison mortel !

Quoi qu'il en soit, on a enterré Goncourt avec un tel faste que ce n'est plus un écrivain qui a disparu, c'est un soleil qui s'est couché. Sa vieille domestique Pélagie en a eu sa part comme la servante de Molière. Et la voilà bien, l'hyperbole ! Vous avez certainement entendu parler d'une maladie très distinguée que les médecins appellent l'œdème de la glotte : nous l'avons tous. C'est à peine si, au milieu de ce tapage infernal qu'on fit sur la tombe du dernier des Goncourt, deux ou trois journalistes osèrent formuler quelques réserves. Dans l'état d'esprit où l'on vit alors les fanatiques, ce n'était pas une petite preuve de courage. Le bras de plusieurs Ravaillacs littéraires se leva immédiatement pour punir ces héros. N'importe ! Ils n'en furent point intimidés. Ils contestèrent l'œuvre et l'initiative de ce *précurseur* et surtout ils déplorèrent son influence, en le séparant de son école, de sa cour, de sa suite — de sa queue. En quoi ils eurent tort, car il ne l'a jamais coupée de son vivant et il en reste inséparable après sa mort. La queue protesta, mais à qui la faute? Elle devait bien savoir à quoi elle s'exposait. Des manifestations aussi excessives appellent naturellement la contradiction. Personne ne veut paraître dupe d'une coterie impertinente qui prétend imposer sa loi par des fureurs et des cris. Avant l'enterrement, la réaction avait commencé.

II

Et maintenant, si l'on se borne à soutenir que Goncourt —
les deux frères ne font qu'un — fut un homme de lettres dans
la plus stricte acception du mot, un artiste désintéressé, le
type achevé du professionnel convaincu, tout le monde y sous-
crira ; mais on compte beaucoup trop sur la crédulité des ignorants et sur la complicité des clairvoyants, si l'on espère nous
persuader que cet orgueilleux manieur de plume fût un
homme de génie. Vainement on lui a décerné des honneurs
extraordinaires, le bon sens public, en attendant la postérité,
établit les démarcations nécessaires entre les grands hommes
et Goncourt. Le peuple étonné remet Goncourt à son plan,
sensiblement au-dessous de Flaubert, de Zola et d'Alphonse
Daudet.

Ses chapelains s'en rendent bien compte, et si leur intérêt
personnel ne les invitait à protéger sa mémoire comme ils ont
défendu sa renommée, on se figure qu'ils abandonneraient
volontiers l'une et l'autre aux hasards de l'avenir. On en connaît toutefois qui sont parfaitement sincères et, par conséquent,
difficiles à convertir, quoique faciles à réfuter. Ils vous font,
pour expliquer l'arc de triomphe élevé par leur innocence à
Goncourt vivant et à Goncourt mort, des raisonnements aussi
faibles que passsionnés où leur bonne foi éclate, garantie par

leur naïveté même. D'autres *posent* tout simplement pour une idole à laquelle ils ne croient pas ou ne croient qu'à demi, mais qui sert d'échelle et de piédestal à leurs propres ambitions. S'ils ne sont pas tout à fait de ces mystificateurs qu'on appelle familièrement des *fumistes*, leur culte se mesure au bénéfice qu'ils en recueillent ou qu'ils en attendent.

Ils l'appellent tout haut grand homme, entre eux ganache !

A d'autres époques, ce petit manège ne leur eût guère réussi ; mais ils ont très bien senti où le bât blesse leur siècle, ils ont vu de leurs yeux que l'art de se faire un nom se réduit à un habile échange de réclames, et que, depuis la mort de Sainte-Beuve, la critique des livres n'existe plus. Ils ont prôné Goncourt pour en être prônés.

Peut-être lui ont-ils fait plus de mal que de bien. L'opinion, quand on lui donne le temps de réfléchir et de se reprendre, rabaisse généralement ceux qu'on a trop élevés, et elle tombe quelquefois dans l'excès contraire, comme si elle voulait récupérer avec usure le surcroît de fortune dont ils ont joui indûment. Ce revirement est à craindre pour Goncourt et, malgré l'obstination des goncourtistes, on entrevoit le jour où sa *gloire* pâtira d'un déchet immérité. Ceux qui s'y intéressent feront bien, pour lui épargner ce mécompte, de la ramener peu à peu à son point légitime et à son juste niveau — qui n'est pas méprisable.

Quand on a lu tous les ouvrages de Goncourt, ses livres d'histoire ou d'archéologie artistique, ses romans, ses pièces de théâtre, on reste indécis devant l'écart incontestable entre l'effort dépensé et le résultat obtenu. On garde l'impression d'un travail consciencieux et pénible, souvent manqué ; en un mot, on n'arrive pas à se fixer sur sa véritable valeur. Cette fureur de réclame qui sévissait à chaque publication nouvelle, ces oh ! et ces ah ! poussés des quatre coins de l'horizon, pour la moindre page, inspiraient aux gens calmes certaines inquiétudes lorsque cette malheureuse *Chérie* et sa Préface révélèrent tout ce qu'il y avait de soufflé et de ballonné dans le goncourtisme. Les écrivains d'aujourd'hui, habiles à changer le sens des mots et la nature des sentiments, se sont appliqués tout spécialement, depuis un certain nombre d'années, à jeter un voile sur cette misérable vanité qui est la plaie de la littérature contemporaine. Comme beaucoup d'entre eux en sont atteints, comme elle a pris chez eux un caractère d'épilepsie, comme « ils en puent », a dit un satirique, ils ont entrepris, peut-être à leur insu, par une inspiration spontanée, de tromper le monde sur le mot et sur la chose. Du premier plumitif qui se proclame et se tambourine révolutionnaire, au lieu de railler son outrecuidance, ils vont répétant qu'il s'apprécie, qu'il a une exacte conscience de sa vocation. Faisant un retour sur eux-mêmes et s'avisant de leur ressemblance avec ce faquin, ils appuient son boniment et soutiennent ses fanfaronnades. C'est ainsi qu'ils laissèrent passer cette préface de *Chérie* sans protester contre des récriminations inconvenantes et des prétentions dont Corneille vieillissant et délaissé eût désavoué l'excès.

Relisez-la. C'est une page sombre, toute remplie d'une amertume que l'auteur ne cherche plus à cacher. On y remarque un grand découragement et, pour tout dire, une sorte de dépit d'avoir été supplanté par d'audacieux usurpateurs, dans la voie qu'on avait soi-même ouverte, la douleur d'un Christophe Colomb devinant qu'il ne donnera pas son nom à l'Amérique; enfin un *sic non vobis* désespéré qui s'attache visiblement à la renommée, à la chance de Vespuce-Zola.

C'est probablement à cette date que M. Émile Zola fut rayé de l'Académie des Goncourt et que, soupçonnant cette radiation, il désira entrer dans une autre compagnie, moins amovible, où l'on ne vous raie pas. Quel fut le motif de cette bizarre disgrâce? Probablement un froissement d'amour-propre, une jalousie sourde; mais voyez-vous d'ici ce distributeur de gloire qui fait des académiciens avec ses nerfs? Son *grenier* n'est plus qu'une étroite cabine qui s'ouvre exclusivement à des gens de son bord, à des fidèles que la moindre tentative d'émancipation expose à une accusation d'hérésie, à des camarades, surtout à des élèves.

Et quels élèves ! Quand on rencontre dans le nombre un Alphonse Daudet — si supérieur au maître — on applaudit. Mais d'autres noms vous déconcertent. On ne fait pas une Académie avec du sentiment. Un des préférés fut M. Huysmans qui depuis s'est converti au catholicisme le plus fervent, en même temps qu'à l'écriture naturelle et au style simple. Goncourt vivant le renierait. Il faisait alors des portraits et des tableaux de genre, des *quadri*, qui attiraient les regards, celui-ci notamment, tiré des *Sœurs Vatard* : « Il souhaitait de faire du navrement un repoussoir aux joies. Il aurait voulu étreindre une femme accoutrée en saltimbanque riche, l'hiver, par un ciel gris et jaune, un ciel qui va laisser tomber sa neige, *dans une chambre tendue d'étoffes du Japon*, pendant qu'un famélique quelconque viderait un orgue de Barbarie des valses attristantes dont son ventre est plein ! »

Voilà un souhait bien compliqué. Son Japon nous avertit que c'est un souhait goncourtiste. Étranges mandarins pour qui l'heure du berger ne peut sonner qu'à un cadran japonais ! Et Goncourt est leur père à tous !

Mais rendons-nous compte aussi de ce vent d'orgueil qui l'a emporté? Il n'est pas le seul, ni le dernier, ni le plus hardi, qui se soit ainsi proposé spontanément à l'admiration publique; on l'y invitait, on l'y conviait de toutes parts. L'entourage lui a tant répété qu'il était incompris et sacrifié qu'à moins d'avoir la vertu d'un saint, il devait finir par se considérer comme une victime. N'oublions pas que d'illustres patrons ont longtemps monté la tête aux Goncourt. Les *Lettres à la princesse* témoignent, en maint endroit, de la faveur et de l'appui que les auteurs d'*Henriette Maréchal* trouvaient dans une petite église où la critique, abdiquant devant l'amitié, attribuait la chute de cette comédie aux préventions bourgeoises d'une cabale de philistins (1).

D'autres que Goncourt, avec des cautions moins solides, accusent tous les jours l'injustice ou l'indifférence de leurs contemporains. Que de grands hommes méconnus ou soi-disant tels ! Du cèdre à l'hysope un penchant nous pousse, lorsque la fortune trahit notre espoir, à nous plaindre de la sottise, voire de l'ingratitude des hommes. Goncourt s'en plaignit jusqu'à son dernier soupir. Il convient de passer l'éponge, une éponge sans fiel, sur cette grande blessure qui se découvrit un jour si ingénûment.

---

(1) Il y avait bien un peu de cela dans l'affaire; mais, depuis cette chute mémorable, l'Odéon a repris *Henriette Maréchal* devant une salle animée de sentiments contraires, et s'il faut reconnaître que la pièce n'a pas fait scandale, il serait téméraire de prétendre qu'elle a sérieusement réussi. Le succès de *Germinie Lacerteux*, quoique moins disputé, n'a été ni plus complet ni plus franc.

On peut aujourd'hui parler des Goncourt avec une liberté absolue. On a le droit de dire qu'il est tombé quelques pierres, et même plusieurs pans de mur, d'un monument dont on a trop surfait la solidité et la hauteur. Il en restera une velléité, une tentative, quelques pages intéressantes perdues dans l'inondation naturaliste. Il en restera surtout l'honnête et pure réputation de deux vrais littérateurs, la noble collaboration de deux intelligences jumelles qui ont sincèrement aimé et cultivé l'art d'écrire. Malheureusement, ils l'ont altéré et corrompu.

Sans compter que leur école continue à faire des siennes. Elle multiplie les défis et les bravades. Nous aurons bientôt à y revenir dans un chapitre spécial, où l'on pourra mesurer la distance parcourue entre le point de départ et le point d'arrivée, entre Goncourt et Lombard.

Si nous avons donné à cette étude sur Goncourt une étendue qui peut sembler excessive, c'est précisément parce qu'il est le vrai coupable, ayant embouché le premier la trompette révolutionnaire, alors que toutes les barrières étaient franchies et toutes les bastilles prises depuis longtemps. Il a tout bouleversé, tout disloqué. Il a dénaturé, de parti pris, la langue française, il en a méconnu tout ensemble la noble simplicité et l'ingénieux mécanisme; il l'a égarée, dévoyée, et surtout il en a fait une de ces mixtures sans nom et sans sincérité que des négociants dépourvus de scrupules substituent dans leurs laboratoires au pur vin français. Tout y est truqué, fabriqué, et, l'habitude étant prise, ce mauvais commerce n'est pas près de finir. Comme il a émoussé l'ancienne délicatesse de notre goût, il abuse, pour écouler avantageusement ses produits, des facilités que lui assure cette anesthésie intellectuelle, et le succès qu'il obtient devient une tentation pour de nouveaux falsificateurs.

En réalité, les Goncourt n'ont été que des *précieux*, mais des précieux glorifiés. Lorsqu'on étudie d'un peu près la langue qu'ils ont écrite et recommandée, quand on réfléchit à l'idée qu'ils s'en faisaient, et surtout au petit programme qu'ils ont eu la précaution d'y joindre pour que personne ne s'y méprît, on s'aperçoit assez vite que la différence n'est pas très sensible entre leur prétentieuse coquetterie et les minauderies littéraires des deux demoiselles de qualité à qui Jodelet et Mascarille font si vertement la leçon. Nous en avons multiplié les spécimens, nous les multiplierons encore, estimant que c'est tout notre livre et qu'il n'y a pas ni meilleur repoussoir, ni plus efficace préservatif. Mais il faut d'abord faire à chacun sa part et indiquer dans quelle mesure d'autres ouvriers ont travaillé parallèlement à la même œuvre (1). Il en est un dont le nom se présente immédiatement à l'esprit et que la critique a d'ailleurs pris l'habitude d'associer aux Goncourt dans cette révolution encore plus grammaticale que littéraire : c'est M. Émile Zola.

(1) Je tiens ici à faire une exception formelle pour MM. Mirbeau, Descaves, Huysmans, et pour tout le Grenier. Ses membres ne sauraient être visés dans un livre où la critique a la prétention d'être juste. Ce qui est vrai, c'est qu'ils n'avaient pas besoin de s'enrôler, de s'affilier. Leur talent les en dispensait. On ne se fait pas élève quand on est maître.

CHAPITRE VI

LA CONCURRENCE

I

Notre travail ne comporte ni une analyse des ouvrages de
M. Émile Zola, ni un jugement sur le genre qu'il a choisi. Son
talent, la place qu'il a prise dans la littérature d'imagination,
la direction qu'il a imprimée et la couleur qu'il a donnée au
roman contemporain ; enfin l'impulsion communiquée par lui
aux satellites d'importance diverse qui se sont mis à graviter
dans son orbite appellent des controverses qui demeurent en
dehors de cette étude. D'autres diront si son action a été bien-
faisante ou pernicieuse et, aussi bien, l'heure n'est pas encore
venue d'établir le bilan définitif de cette école naturaliste dont
M. Émile Zola fut le chef après Goncourt, et plus que Goncourt,
encore que ni l'un ni l'autre n'aient le droit de s'en proclamer
les créateurs tant que vivra le nom de Balzac. Il s'agit ici tout
simplement de rechercher dans quelle mesure, ou plus exacte-

ment l'*écriture*, la *touche* de M. Émile Zola a contribué à cette adultération profonde de la langue française que nous étudions en la déplorant.

Ce n'est pas qu'il n'existe aucun rapport entre les sujets que traite un auteur et l'écriture qu'il y adapte, entre les personnages qu'il met en scène et ses propres habitudes de langage; en un mot, entre les choses qu'il raconte et la façon dont il aime à les raconter. On n'imagine guère qu'il puisse en aller autrement. L'aventure déteint sur celui qui la narre. Quand il parle en son nom personnel et que la description ou le récit succédant au dialogue engage sa responsabilité, il a peine à s'abstraire de l'entourage qu'il s'est donné à lui-même, de ce qu'on appelle aujourd'hui l'ambiance.

C'est ce qu'avait très bien saisi, il y a près d'un demi-siècle, un des écrivains les plus originaux de ce temps, J.-J. Weiss, qui ne fut pas de l'Académie, qui désira en être et qui, incapable des précautions et des ménagements nécessaires, fit tout pour n'en être pas. Il publia un article de revue intitulé *la Littérature brutale* où il démontrait comment la brutalité des idées et des sentiments engendre naturellement la brutalité des mots et par quelle surenchère de violence la langue se perd. Il en voulait à Dumas fils de dire : « Il a *raté* sa vie », au lieu de : « Il a manqué sa vie »; et, suivant les étapes successives d'une langue où l'on appelle aujourd'hui *désespoir* ce qu'on appelait autrefois *déplaisir* ou *ennui*, il prédisait à quel degré de grossissement, voisin de la grossièreté, elle serait amenée par des concurrents avides de se surpasser les uns les autres en réalisant la devise du légendaire Nicolet : « De plus fort en plus fort ! »

J.-J. Weiss avait raison. Dumas fils, à qui on ne songe pas assez quand on remonte aux premières origines du naturalisme, fut un des premiers outranciers de la langue française; mais que nous sommes loin de Dumas fils aujourd'hui !

On a bien vu quelquefois, surtout au xviiie siècle, des auteurs très habiles à glisser sans appuyer, qui excellaient à ne point trop effaroucher la galerie en offrant aux amateurs des histoires et des scènes plus que galantes. Est-il nécessaire de rappeler *le Sopha*, *Faublas*, *les Égarements de Julie*, et même *Manon Lescaut*, écrits dans un français très alerte, mais en même temps très pur et très honnête, où rien n'offense de ce

qui, présenté moins légèrement, aurait toutes les chances de
déplaire et de choquer? Mais ce ton est perdu, et il saute aux
yeux que personne ne s'applique à retrouver le secret de cette
gracieuse polissonnerie; l'école naturaliste se vante de dire
crûment les choses crues et de peindre grossièrement les spectacles grossiers; ce n'est plus seulement à l'esprit, c'est aux
yeux qu'elle s'adresse. Elle méprise les feuilles de vigne. Elle se
prévaut d'une incongruité naturelle que rien n'arrête ni n'offense. On ne s'étonnera donc pas si les libertés que M. Émile
Zola a prises avec la décence l'ont amené peu à peu à en
prendre de semblables avec la langue. Il faut cependant lui
rendre cette justice qu'il s'est montré à son égard beaucoup
moins audacieux que la plupart de ses successeurs et de ses
élèves. Il n'a pas créé plus d'une douzaine de mots nouveaux.
Il a simplement mis à la mode quelques tournures ou expressions sans importance, mais dont il a poussé l'usage jusqu'à
l'abus. Cela est innocent ! Ce qui l'est moins c'est d'avoir
frappé la phrase française dans sa structure même, de l'avoir
souvent disloquée et comme désossée, par la suppression du
verbe ou par l'emploi excessif de l'ablatif absolu, surtout de
l'avoir alourdie par une consommation exagérée des adjectifs
et des participes présents qui sont — tous les fins stylistes l'ont
remarqué, — le plus pondéreux des bagages.

Nous allons passer en revue ces fêlures que M. Émile Zola
— dont l'originalité et la maîtrise sont ailleurs — a faites, de
propos délibéré, à notre langue nationale et montrer l'ébranlement qu'elle en a ressenti. Elles sont visibles aussi bien dans
ses premiers livres que dans les derniers ; plus graves pourtant
à mesure que sa réputation croissante semblait lui créer des
droits.

Tout d'abord cette affectation de violence qui est commune
à toute l'école, cette appréhension de ne jamais paraître assez
fort, et cette habitude répandue partout aujourd'hui de
grossir le trait; de fausser l'expression en l'exagérant.

Cette outrance que nous avons déjà caractérisée sous son
vieux nom d'hyperbole, est la plaie de toutes les littératures
modernes. Elle s'explique et s'excuse par l'usure des langues,
par leur appauvrissement progressif, par le frottement et la
consommation journalière des mots. L'écrivain n'en trouvant
plus qui soient à l'exacte mesure de sa pensée, va en chercher

dans une échelle supérieure, il bouche les trous de son vocabulaire avec de grosses étoupes qui deviennent bientôt l'étoffe à
la mode, une étoffe très voyante, d'une couleur criarde, au-
dessous de laquelle le style ne peut plus descendre sans paraître plat et gris.

C'est ainsi qu'on habitue le lecteur à ne plus aimer que
l'excessif. Après un certain temps de ce régime, on peut être
assuré qu'ayant perdu peu à peu le sentiment des délicatesses,
il préférera toujours la force à la grâce; que la justesse, la propriété des termes, et même la simple élégance, l'atticisme, auront peu de prix à ses yeux; qu'il n'appréciera plus que les
grands éclats, les coups de massue, comme le buveur d'eau-de-
vie chez qui toute finesse de dégustation s'est émoussée, et
dont le palais brûlé ne trouve plus de saveur qu'au vitriol.
Il semble bien que le roman français, notamment, s'achemine
aujourd'hui vers l'alcoolisme et le tord-boyaux.

Il s'en corrigera sous peine de mort, car on arrive très vite au
bout de cette soi-disant énergie, qui n'est qu'une ivresse, et,
en réalité, une faiblesse. Il s'apercevra qu'en cédant à cette
mauvaise habitude du gros mot, c'est-à-dire en employant
toujours les termes les plus violents pour peindre les objets et
exprimer les sentiments, on tombe bien vite dans la parodie
et la charge. La tendance du roman contemporain à étudier
scientifiquement l'infini détail d'un caractère ou d'une passion
contribue à lui grossir ainsi la réalité et l'expose à subir l'influence de ce même grossissement lorsqu'il s'agit de la reproduire. Il la reproduit telle qu'il la voit et il la voit mal, parce
qu'il ne l'examine qu'au microscope ou à la loupe. Quelquefois,
au contraire, il lui plaît de changer son optique et de la regarder
par le petit bout de la lorgnette, qui ne peut lui donner que de
fausses images. Vous avez dû voir, dans quelque jardin bourgeois, ces boules de métal, miroirs bizarres dont la sphéricité
vous allonge ou vous raccourcit suivant la distance qui vous en
sépare. Toutes les écoles modernes sans exception usent de ces
infidèles réflecteurs qui les jettent immédiatement hors de la
proportion et de la vérité.

Les naturalistes s'extasient devant le tableau du Grand-
Prix de Longchamps dans *Nana* : « Lorsque le soleil, sous les
coups de vent, reparaissait au bord d'un nuage, une traînée
d'or courait, allumait les harnais et les panneaux vernis,

incendiait les toilettes, tandis que, dans cette poussière de
clarté, les cochers, très hauts sur leurs sièges, flambaient avec
leurs grands fouets... »

Ainsi voilà les toilettes incendiées et les cochers qui flambent.
Ce n'est plus un Grand-Prix, c'est un autodafé.

Un peu plus loin : « Une anxiété fouettait la foule... » Me
traitera-t-on de pédant si j'affirme qu'une anxiété oppresse et
ne fouette pas ! Pour vouloir être trop vive, l'image est fausse.
Loin de fouetter la foule, la curiosité haletante la clouerait
plutôt sur place. On ne la fouette vraiment qu'avec le péril,
la peur, le sauve-qui-peut, qui lui met des ailes aux jambes.

Dans *le Docteur Pascal*, nous retrouvons ce même flam-
boiement si cher à M. Émile Zola : « Il était comme transfiguré
(le docteur), soulevé d'une telle passion que, sous ses cheveux
blancs, dans sa barbe blanche, son beau visage *flambait* de
jeunesse, d'une immense tendresse blessée et exaspérée. »
Un écrivain ordinaire eût dit simplement *rayonnait* et il aurait
eu raison,

> Car on voit de la flamme aux yeux des jeunes gens,
> Mais aux yeux des vieillards on voit de la lumière.

C'est Victor Hugo qui l'a dit. Chez M. Émile Zola, tout
prend feu, tout flambe et flambe toujours.

Il serait facile, comme pour Goncourt, de multiplier les
exemples; mais mieux vaut renvoyer aux romans de M. Émile
Zola, dont chaque page est remplie de ces excroissances méta-
phoriques. Elles sont proprement son style même, très muscu-
leux, mais avec des affectations de biceps. Elles donnent
l'idée d'un corps gras et charnu, mais encore plus osseux et
dont, par un phénomène bizarre, les os perceraient la peau.

Un des procédés de M. Émile Zola (car chez lui tout est procédé réfléchi et volontaire) consiste à animer tous les objets, à
leur communiquer une sorte de vie intense et personnelle qui
leur permet de jouer un rôle actif dans ses romans. Cette
étrange faculté de visionnaire va chez lui quelquefois jusqu'à
en faire des êtres doués d'intelligence et de pensée. C'est surtout
aux mobiliers et aux appartements qu'il donne cette âme artificielle, automatique, destinée surtout, ce semble, à vivifier sa
phrase elle-même. Il en tire des effets puissants, mais trop fré-

quents pour qu'on n'y sente pas le système et la marque de
fabrique, répétée jusqu'à l'abus.

Lorsque parut *Pot-bouille*, toute la critique en fit la remarque
et adressa un salut ironique à ce fameux escalier autour duquel
l'action tournait comme s'il en eût été le personnage principal,
le vrai héros. Mais ce n'est pas seulement dans *Pot-bouille*
qu'on rencontre des escaliers et des mobiliers vivants. Fidèle
à son idée que la nature morte doit avoir sa juste intervention
dans les affaires humaines, M. Émile Zola en a mis partout. Et
il les fait mouvoir presque toujours de la même façon, au moyen
d'adjectifs énergiques et de verbes excitants, qui ne brillent
pas d'ailleurs par la variété : « Tomber à... retomber à... couler
à... glisser à...», etc. « La salle entière vacillait, glissait à un vertige... » — « Cette salle si chaude, si bruyante, tomba d'un coup
à un lourd sommeil... » — «Le salon s'ensommeillait...». Et tout
cela dans l'espace de quelques pages qui trahissent la préoccupation de l'écrivain, l'obsession du styliste.

Un peu plus loin, vous lirez que, sur la rue, « la façade dormait, haute et noire... »; que « l'hôtel retomba à un grand
silence »; « qu'une lourd silence tombait dans l'ombre de la
salle ». Le silence a une attitude spéciale dans les romans de
M. Émile Zola, il tombe toujours. Autrefois, quand on avait
besoin de lui, on le faisait régner : *il régnait*, souvent *il planait;*
les romanciers de l'école naturaliste, à l'exemple du maître, le
font tomber, le condamnent à une chute perpétuelle. Ailleurs,
c'est « une pente qui dévale jusqu'au chemin de fer »; là, « un
étouffement résineux » qui, lui aussi, *tombe* des branches, et cet
étouffement fait concurrence à ce silence qui tombe toujours.
Et la *paix*, sœur du silence, pareillement : « la paix souveraine »,
« la paix moite », « la paix morte ». Jalouse de son frère, elle ne
veut pas être en reste, elle tombe comme lui; rarement elle se
contente de descendre, c'est un mouvement trop doux pour
elle... « Ici tombait une mélancolie... » — « Cette chambre
avait comme une pitié navrée et recueillie... ». Notons, en passant, que ce *navrement* (le mot est cher à Goncourt, à M. Émile
Zola et à tous les zolistes) ne se concilie guère avec le recueille-
ment. Ce sont deux états d'âme fort différents et presque aussi
loin l'un de l'autre que le désespoir et la méditation. A chaque
instant les écoles contemporaines mêlent ainsi à leurs artifices
d'écriture des impropriétés psychologiques dont elles ne pa-

raissent même pas se rendre compte. On ne leur en voudrait pas trop de leur effort pour animer les choses inertes et prêter même aux escaliers des sentiments ou des passions en rapport avec les nôtres, si la réalité dont ils se réclament n'avait là moins de part que l'imagination :

> Objets inanimés, avez-vous donc une âme
> Qui s'attache à notre âme et la force d'aimer?

Lamartine se le demandait, mais cette imitation lamartinienne ne laisse pas que d'étonner chez des écrivains aussi fortement épris de vérité. C'est une méthode d'écriture qui jure avec leur programme.

En littérature, comme en art, tout ce qui est trop visiblement machiné, agace ou ennuie. Une école nouvelle ne peut vivre que sur un programme et un système ; mais encore faut-il qu'elle ne paraisse point trop uniformément systématique, que chacun de ses mots, que chacune de ses phrases ne soient pas calculés comme un prospectus ; qu'enfin elle ne multiplie pas outre mesure ses étiquettes. Autrement le lecteur s'offense de ce parti pris perpétuel qui est la mort de l'inspiration et qui nous montre l'écrivain, assis devant sa table de travail et se frappant le front pour obéir à l'espèce de mandat impératif qui résulte de la profession de foi commune.

Un auteur, comme M. Zola, sans échapper complètement à cette contrainte, arrive à s'en débarrasser et surtout à dissimuler la gêne qu'il en éprouve. Cependant il a bien, comme les autres, ses manies et ses tics. Vérité, réalité, nature, ces grands mots, cette triple formule quasi sacramentelle, dont il jure ne ne point s'écarter, laissent place, dans son style, à beaucoup de petits procédés artificiels et conventionnels, où se trahit le vice irrémédiable de toute l'école moderne, la fabrique. Étant admis ce principe qu'il ne faut jamais prendre la plume sans avoir quelque chose à écrire, la plupart de nos stylistes contemporains montrent trop souvent que l'écriture est pour eux un amusement, un exercice auquel ils subordonnent assez cavalièrement la pensée. Tous, en un mot, se rattachent à cette école de l'art pour l'art, qui a bien sa valeur lorsque la puissance créatrice d'une littérature a diminué, mais qui ne peut fleurir que dans une époque de décadence lorsque le goût du rare a succédé à l'amour du beau.

Certaines locutions que M. Émile Zola semble affectionner, et qui tranchent sur le langage courant, ont été visiblement choisies par lui, peut-être après délibération dans un comité d'amateurs. Si naturaliste qu'il soit, elles ne lui sont pas venues naturellement comme ces trouvailles et aubaines où se reconnaissent les grands écrivains d'inspiration, les stylistes spontanés. Il les a inventées et lancées pour se donner une couleur originale qui le désignât du premier coup aux regards de la foule. Elles flottent et claquent au vent de sa plume comme des casaques de jockeys, ou, si l'on préfère une comparaison moins moderne, elles ressemblent à cet énorme panache blanc qu'Henri IV avait attaché non seulement à son casque, mais à la tête de son cheval, pour assurer un point de ralliement à ses escadrons pendant la bataille d'Ivry. C'est une grande enseigne calculée et disposée pour frapper la vue.

Ainsi lorsque M. Émile Zola écrit : « Du monde entrait... » et, à quelques lignes d'intervalle : « Du monde sortait, du monde descendait toujours...», au lieu de dire, comme les simples mortels qui n'aspirent point à la mission de réformateurs : « il entrait, il sortait, il descendait du monde », nous sommes bien obligés de voir qu'il attache à cette inversion pénible une importance capitale; qu'elle répond, dans sa pensée, à un des principaux articles du programme, et qu'elle a été longtemps élaborée, pesée, étudiée, entre les principaux représentants de la doctrine — à moins cependant qu'il n'en soit le seul inventeur.

Elles abondent, chez M. Émile Zola, ces façons de parler laborieuses, qui semblent avoir été imaginées par haine du langage usuel et par un besoin de ne pas s'exprimer comme les simples mortels. Il veut qu'on le distingue au costume qu'il revêt, à l'écharpe qu'il porte. Mais il en a d'autres qui, pour être moins singulières, n'en attirent pas moins l'attention par l'abus qu'il en fait et l'incessante répétition que, de propos délibéré, il s'en impose à lui-même pour les faire pénétrer dans notre esprit. Elles reviennent constamment dans ses descriptions de paysages comme dans ses peintures de mœurs, et qui de nous n'a souri en rencontrant, par exemple, à chaque page de ses romans, son idiotisme favori : *le coup de folie, le coup de lumière, le coup de chaleur, le coup de passion*, et une multitude d'autres *coups*, comme si tout, dans la vie, procédait nécessairement par *coups*, c'est-à-dire par saillies brusques et par accès.

C'est ainsi qu'obstiné à graver dans le souvenir du lecteur les principaux traits de ses figures, il y revient à satiété, sans y rien changer ni ajouter, avec l'intention bien marquée de vous forcer la mémoire. Il faudra, coûte que coûte, que telle physionomie un peu vague et fugitive vous reste devant les yeux ; car vous la rencontrerez, dans ses romans, à intervalles à peu près égaux, toujours identique à elle-même, comme une carte photographique dont on a tiré plusieurs épreuves. Comment oublier le mineur de *Germinal* « qui crache noir »? Il crache si souvent, il affiche une telle préoccupation de ne pas faire un geste ou un pas sans cracher ! Il en est de même de « ce petit louchon d'Augustine » dans *l'Assommoir;* elle n'y paraît pas une seule fois, même dans les moments où son strabisme ne présente aucune espèce d'intérêt, sans que l'auteur ne la gratifie de son principal attribut et ne l'appelle invariablement « ce petit louchon d'Augustine ». Elle fait pendant à cette immuable Gervaise, figure de premier plan, qui garderait toute sa valeur quand bien même M. Émile Zola n'insisterait pas à tout propos sur « son indolence de blonde grasse ».

Dans *Nana* nous voyons sans cesse revenir les chapeaux extraordinaires de Mme Maloir et — ce qui est plus grave — « les fauteuils larges comme des lits et les canapés profonds comme des alcôves ». Pourquoi répéter ainsi en plusieurs endroits, et comme un refrain, la phrase qui a pour objet de caractériser, par une comparaison, ces lits et ces canapés? L'auteur pense-t-il que, pour la retenir, nous avons besoin qu'on nous la serine comme l'alphabet aux enfants? Cette manière de rabâchage n'est pas seulement d'une mauvaise esthétique, elle est un peu vexante et désobligeante pour notre amour-propre.

Il y a aussi, dans cette même *Nana*, un certain Monsieur Venot, «un petit vieux bien propre avec des dents mauvaises », lequel n'intervient pas une seule fois, au cours de l'action, sans sa propreté et ses mauvaises dents. Pourquoi? Si le portrait qu'on nous donne de lui a assez de relief, il n'est pas nécessaire de nous rafraîchir la mémoire en en multipliant les copies; si, au contraire, cette première effigie ne suffit pas pour que M. Venot s'empare immédiatement de notre pensée et n'en sorte plus, ce n'est pas cette perpétuelle récidive de mauvaises dents et de propreté qui nous en rendra l'évocation plus sensible. M. Venot est, dans le roman, ce qu'on appelait autrefois un jésuite de robe courte, un religieux intrigant qui travaille pour le compte de l'Église; enfin un sous-Rodin qui tient dans sa main beaucoup de fils secrets, enchevêtrés et mus par sa pieuse ambition. Mais le radis noir de Rodin, une fois montré, nous en dit beaucoup plus que cette répétition monotone d'un signalement incolore, il devient le symbole d'une sobriété plus nécessaire au personnage, plus expressive que la mauvaise mâchoire de ce bon M. Venot; il est resté populaire, il a même conquis une espèce d'immortalité. Tant il est vrai qu'Eugène Sue a été là plus habile artiste que M. Émile Zola. Il a trouvé le type complet et définitif.

Dans *le Docteur Pascal* reparaissent à tout propos « la gorge menue » et « les jambes fuselées » de Clotilde, qui était « une mince », « une tendre », « une soumise ». Car cette façon d'employer l'épithète sans le substantif est encore particulière à M. Émile Zola, à toute son école et, aujourd'hui, à tous les romanciers, à tous les journalistes, à tous les chroniqueurs. Elle est même tombée à ce point dans le domaine public que vous entendez dire, à chaque instant, d'un homme bon, sensible, doucement affectueux : « C'est un tendre ! » Procédé vicieux, nouveauté absolument inutile et déjà banale. Tant qu'ils n'auront rien trouvé de mieux que d'ôter à l'adjectif son appui nécessaire, et de lui donner dans la phrase un rôle personnel, contraire à son emploi et même à son nom, les inventeurs auront tort de chanter victoire. Ce sont des acquisitions sans valeur.

S'il était nécessaire d'étudier à fond chacun des romans de M. Émile Zola pour montrer à quel point sa langue est tortueuse et, dans certaines parties, artificielle, nous ne serions point embarrassé d'en rencontrer partout la preuve, et d'en multiplier les exemples; mais il suffit d'en feuilleter quelques-uns pour se rendre compte de sa manière. Nous venons de voir que son moyen principal est *la répétition*, et comment il en use. Il ne se borne pas à marquer une fois ses figures d'un trait vigoureux et décisif; il s'y reprend sans cesse, avec la même formule imprimée, stéréotypée. C'est un expédient sûr et presque infaillible, mais un peu monotone et pas assez dissimulé, dédaigné en tout cas par les grands maîtres naturalistes qui ont écrit avant M. Émile Zola, et notamment par Prosper Mérimée. Celui-là aussi « incruste un plomb brûlant sur la réalité »; mais, une fois coulée, une fois clichée, il s'arrête et nous la livre telle quelle, sans retouche. La première épreuve lui suffit, irrévocable. Elle nous suffit aussi à nous. Le personnage ainsi fixé, fut-il secondaire, nous apparaît, en chair et en os, animé d'une vie qui ne le quittera plus, noté d'un sceau indélébile qui se grave dans notre esprit et dans notre mémoire pour toujours. Tels sont les deux bandits dans *Colomba*, Darcy dans *la Double méprise*, Bernard et Comminges dans *la Chronique de Charles IX*, Tamango dans la nouvelle qui porte son nom, le colonel dans *l'Enlèvement de la redoute*, et tant d'autres qui, aussitôt évoqués, se lèvent et agissent.

M. Émile Zola, au contraire, accompagne toujours les siens de la même note, en leitmotiv. Il ne les réveille qu'avec un mot de passe, toujours le même. Il frappe vingt fois sur le clou pour l'enfoncer, et quelquefois il y échoue. Ce n'est pas tout. Nous avons signalé précédemment l'affectation de l'école moderne à rajeunir, au préjudice de *dans*, et quelquefois à contre-sens, le vieux mot *en* des fondateurs de la langue, l'*in* latin. Cela donne à leur phrase un air volontairement archaïque Elle ressemble ainsi à une femme de notre génération qui se promènerait dans les rues avec les coiffes pointues d'Isabeau de Bavière, ou seulement avec les toquets de Henri II. Pourquoi, dans un livre, réunir des curiosités du vieux temps qui en font une sorte de musée des antiques? « C'étaient de petits bouts de femme déjà montrés *en* les galants arrangements que la mode fashionable crée pour les petites filles des riches? » Connaissez-vous quelque chose de plus laborieux et de plus pénible que cette phrase du grand maître Goncourt?

M. Émile Zola n'abuse pas aussi maladroitement de ce *en* de commande; mais il en use à l'occasion un peu plus que ne le comportent nos habitudes actuelles de langage. Avant tout, s'il est permis et même désirable de surprendre le lecteur par une image hardie, une métaphore imprévue, ou un tour d'une vive et claire nouveauté, il est fâcheux de retenir son attention sur une gaucherie ou une vieillerie. Cela ne sert qu'à le distraire, à le dérouter, à gâter l'impression générale que doit produire sur lui le type qu'on lui soumet, à l'amuser aux bagatelles.

Par exemple, si M. Émile Zola fait de notre vieux *en*, un peu démonétisé déjà sous Henri IV, un emploi plus rare et plus judicieux que Goncourt et ses imitateurs, il se rattrape sur ce *dans* incorrect et immodéré où se complaît l'école moderne. Parmi ceux qui ont voué à cette préposition, à la fois utile et modeste, un culte spécial, personne n'a déployé plus de zèle que M. Émile Zola; personne ne l'a tournée et retournée dans tous les sens avec plus de ferveur, personne ne l'a assujettie à des usages plus bizarres et ne lui a fait dire tant de choses extraordinaires. Elle tient une place démesurée dans tous ses romans sans exception.

— « La nuit épaisse du boulevard se piquait de feux, *dans* le vague d'une foule toujours en marche... ».

— « Nana sonnait aux quatre coins du vestibule sur un ton plus haut, *dans* un désir accru par l'attente... ».

— « Une clameur grandissait, faite du bourdonnement des voix appelant Nana, exigeant Nana, *dans* un de *ces coups d'esprit* bête et de brutale sensualité qui passent sur les foules... ».

— « Tous les spectateurs parlaient, se poussaient, se casaient *dans* l'assaut donné aux places... ».

— « Mais brusquement, *dans* ce malaise, les applaudissements de la claque crépitèrent... ».

— « Ces quinze cents personnes entassées, noyées *dans* l'affaissement et le détraquement nerveux d'une fin de spectacle... ».

— « On entrait *dans* une dignité froide, *dans* des mœurs anciennes, un âge disparu, exhalant une odeur de dévotion... ».

— « Les dames causaient avec plus d'abandon, *dans* la langueur de cette fin de soirée... ».

— « Elles traînaient des savates *dans* la mauvaise humeur et la fatigue d'une nuit d'embêtements... ».

— « Elles venaient dîner là, à trois francs par tête, *dans* l'étonnement jaloux des pauvres filles crottées... ».

— « La bonne enlevait des piles d'assiettes sales *dans* l'odeur forte de la poule au riz... ».

— « Il faisait là relativement frais *dans* l'écrasement torride qu'on sentait au dehors sous le coup de soleil qui incendiait la façade... ».

Dans ce dernier spécimen, tout est réuni, le *coup*, le *dans* et l'*incendie*. Et tout cela, presque toujours dans le même roman, quelquefois dans la même page. Une telle accumulation témoigne évidemment d'un dessein délibéré, d'une volonté tenace qui cherche à s'imposer par la fréquence et la récidive, j'allais dire par la ritournelle. Dans chaque roman de M. Émile Zola, le *dans* zoliste s'étale avec la même persistance, et cette obstination, sensible à première vue, nous dispense d'échantillonner davantage. A quoi bon les citations et les extraits lorsque la cause est entendue et que l'écrivain lui-même se prévaut ou paraît se prévaloir de ce qu'on lui reproche? On voit à combien d'usages divers M. Émile Zola emploie ce petit mot *dans* qui n'avait jamais été à pareille fête. Il devient chez l'auteur de *Germinal* une sorte de bouche-trou et d'en-cas à tout faire; il remplace des participes, des verbes absents, des phrases entières qu'il ne supplée d'ailleurs qu'imparfaitement; il pourvoit à tous les besoins sans autre excuse que sa brièveté; il contribue à désarticuler la langue. Quand on nous dit que « le pâle soleil de novembre entrait, jetant des nappes jaunes où dansaient des poussières *dans* la paix morte qui tombait d'en haut », il est certain que l'ellipse est un peu forte et qu'on ne voit pas très bien des poussières danser dans une paix. Et quand on nous présente « un gros chat rouge pris de somnolence *dans* les odeurs enfermées et refroidies que les femmes laissaient là chaque soir », nous nous demandons si cet appesantissement, si cette demi-intoxication du chat rouge sous l'influence des odeurs capiteuses qu'il respire se trouvent suffisamment rendus par ce monotone et inévitable *dans*.

A côté de ce *dans*, il faut placer le *de* que M. Émile Zola emploie, après Goncourt, d'une façon toute particulière, et qui devient monotone, quelquefois même fatigant par ce retour perpétuel de la même forme. Lorsqu'un auteur quelconque écrit : des *bras d'athlète*, des *yeux de vierge*, non seulement il use de son droit, mais il s'empare d'une des formes les plus usuelles du langage courant. Il n'en est plus de même si l'idée de comparaison qu'en pareil cas la proposition *de* représente s'étend et se prolonge pour aboutir à une phrase laborieuse et embarrassée.

Goncourt avait déjà mis à la mode « les yeux éveillés de souris » et « l'enveloppement pieux et triste *de* mains autour d'une urne », et cent autres *de* aussi péniblement agencés. M. Zola a imité assez fréquemment, mais avec plus d'adresse, cette fausse posture imposée à un modeste mot qui n'y était pas habitué, et il n'est pas un seul de ses romans où il ne lui ait souvent infligé ce petit supplice.

Voici une héroïne qui a « de clairs yeux *d'*eau de source ». Un peu plus loin, on n'entend « que des bruits perdus *de* prison... ».

Tel personnage a « la face comme bouillie et flambante, d'un rouge ardent *de* brasier ». Il savoure « la possession de son bien-être *de* vieux gredin, devenu ermite... ».

Ici, « les conversations s'empâtent *dans* un bruit glouton *de* mâchoires... ».

C'est Gervaise dont le joli visage *de* blonde avait une transparence laiteuse *de* fine porcelaine...

— « Puis, l'heure du déjeuner qui mettait un écrasement *de* foule extraordinaire ».

Et si de *l'Assommoir* on passe à un roman beaucoup plus récent et d'un tout autre caractère, *Lourdes*, on y rencontre, dès les premières pages, un double spécimen : « Seuls, ses yeux vibraient encore, des yeux *d'*amour inextinguible, dont la flamme éclairait son visage expirant *de* Christ en croix, un visage commun *de* paysan que la foi et la passion rendaient par moments sublime... ».

Un peu plus loin : « la chaleur devenait terrible, une chaleur dévorante *d'*orage... »; pendant que « le jeune prêtre, tombé *à* une profonde rêverie, n'entendait plus le cantique que comme un bercement ralenti *de* houle... ». Et bientôt de tous ces bruits « il ne resta que le cantique berceur, des voix indistinctes *de* songe qui sortaient de l'invisible... ». La sœur qui préside à l'embarquement de tous les grands malades a des yeux *de* mystère et un tablier *de* neige, mais il est inutile d'insister.

Tout le monde a pu se rendre compte de ce goût spécial que M. Émile Zola, après Goncourt et plus discrètement, éprouve pour cette entorse donnée à la direction naturelle de la phrase française. Lui-même ne la niait pas, il s'en glorifiait plutôt comme d'une nouveauté originale et hardie.

Après cela, il semble peu intéressant de relever quelques autres petites manies inoffensives et sans conséquence auxquelles M. Émile Zola, subissant malgré sa très rétive personnalité, l'influence de Goncourt, a cru devoir sacrifier jusqu'à la fin de sa vie. Il y en a une, bien bizarre, qui consiste à dire *un rien* pour *un peu* (nous l'avons déjà signalée ailleurs), et surtout de substituer à notre *comme* français, si rapide et si expressif comme signe de comparaison, le lourd *ainsi que* qui ne vient pas plus naturellement sous la plume de celui qui écrit que sur les lèvres de celui qui parle. Qu'on en juge, une seule phrase du *Docteur Pascal* en donnera une idée :

« Il en buvait de tels coups (d'eau-de-vie) qu'il en restait plein, la chair baignée, imbibée *ainsi qu*'une éponge... ». Si bien qu'un parent l'en avertit : « Un jour, en allumant votre pipe, vous vous allumerez vous-même, *ainsi qu*'un bol de punch... ». Voyons, de bonne foi, n'est-ce pas notre *comme* qui, le premier, se présente, s'impose, et, dès lors, n'est-ce pas un pur enfantillage que de le répudier ?

M. Émile Zola se dédommage par d'autres mérites et surtout par la puissance collective de son œuvre, qu'on ne saurait méconnaître sans injustice et sans parti pris. On lui pardonnerait, on pardonnerait aux Goncourt eux-mêmes ces menues prétentions dont a vécu leur amour-propre, si elles n'avaient pas fait école, si elles n'avaient pas contribué, dans une certaine mesure, à déformer la langue, par l'effrayante consommation qu'on en a faite après eux ; si, en un mot, elles n'avaient pris racine, comme une envahissante ivraie, au milieu de notre admirable idiome national. Nous allons voir ce qu'elles sont devenues chez le servile troupeau des imitateurs.

CHAPITRE VII

LES DISCIPLES

I

Les poètes. — Nouveaux échantillons de poésie contemporaine. — Esthètes,
symbolistes et décadents. — Le massacre de l'ancienne prosodie. — Les
vers sans césure et sans élision. — Les vers sans rime.— La nouvelle métrique. — La prose poétique de Michelet. — Sa supériorité sur l'école. —
L'avenir.

Toute révolution, littéraire ou autre, qui réussit ou paraît
réussir, n'est pas longue à recruter des adhérents qui espèrent
profiter du succès qu'elle obtient pour se faire, à son ombre,
un semblant de notoriété et de crédit. C'est ce qui est arrivé
lorsque, poètes ou prosateurs, des écrivains encore ignorés ont
compris l'occasion qu'offrait à leur obscurité et à leur insuffisance personnelles le trouble jeté dans nos traditions par des
réformateurs comme Goncourt et Zola. Ils se sont dit qu'il
y avait dans ce bouleversement passager quelque chance pour
eux de se mettre en lumière et nous avons assisté au double
phénomène qui se produit invariablement dans les temps de
désordre, lorsque des ambitieux et des orgueilleux s'efforcent
d'exploiter l'agitation et le tumulte.

Tout d'abord ils ont salué d'un long cri de joie la nouvelle
école, se sont réunis autour de son manifeste, ont arboré fiévreusement son drapeau et ont imité, en les exagérant jusqu'à

la provocation, ses plus grossiers défauts, ses plus évidentes absurdités. Pour éveiller l'attention publique, elle avait tiré quelques pétards, ils ont tiré des coups de canon. Ils lui ont emprunté tout ce qu'il y avait de ridicule dans son enseigne. En se réglant sur elle, c'est par les mauvais côtés qu'ils ont copié sa ressemblance ; ils ont « toussé et craché », comme Goncourt et Zola. Ils ont surtout rendu sensibles, en les poussant jusqu'à la caricature, certaines poses et attitudes de leurs modèles. Incapables, pour la plupart, de débiter une marchandise passable, ils ont vécu sur l'étiquette d'autrui, surchargée d'annonces extravagantes et de boniments fous.

Ensuite, par la force même des choses, par cette loi naturelle qui veut que les auteurs d'une révolution ou d'une réforme se divisent en sectes bientôt ennemies les unes des autres, le goncourtisme s'est éparpillé en coteries dissidentes, en hérésies individuelles, dont chacune a eu ses procédés et ses formules. Nous avons vu successivement venir au monde les esthètes, les symbolistes, les décadents, les modernistes, les naturistes, etc., séparés entre eux par des théories subtiles dont on n'apercevait pas très distinctement les nuances; mais tous d'accord pour mener l'assaut contre la littérature et la langue, tous démolisseurs jurés d'un passé indigne de leur respect et condamné — ils le disaient du moins — à périr sous leurs coups.

Le plan de ce livre, la nécessité de prouver tout de suite que nous n'étions pas le jouet d'une hallucination et qu'il y avait là une agression à refouler, nous a obligé à donner, comme avertissement et avant-goût, quelques échantillons de leurs plus audacieuses fantaisies; mais, si fastidieux qu'en soit le déballage, il faut visiter de nouveau ce magasin pour mieux renseigner le public qui ne sait pas assez de quoi ils sont capables et qui, sur la foi d'une critique complaisante ou complice, finissait par s'habituer à cette dépravation littéraire. Il n'y a pas de liberté qui tienne : on n'est pas libre d'insulter ainsi deux siècles d'art splendide et de vraie création. Il n'y a pas de dilettantisme qui, sous prétexte que tous les goûts sont dans la nature et que, par conséquent, le goût proprement dit n'existe pas, ait le droit de recommander à l'indulgence, quelquefois à l'admiration des hommes, des produits visiblement frelatés, sophistiqués, empoisonnés. Le charlatanisme qui a présidé à leur confection saute aux yeux.

Quelques-uns sont insignifiants et anodins; la plupart sont nuisibles; la corruption s'y étale avec une sorte d'effronterie. Entre les mains de nos empiriques modernes, la poésie ne ressemble plus à ce que tout le monde appelait encore, il y a un demi-siècle, la poésie française. La prose n'a plus aucun rapport avec celle qui a servi à tous nos prosateurs, de Montaigne à Edmond About, et de Rabelais à Renan.

Savourez ces divers morceaux, et, à tout seigneur tout honneur; celui-ci est d'un chef :

PARFUM

Des roses-thé sur l'espalier
Jaunes dans le gris du soir
Ont l'odeur même du silence,
Une odeur qui m'étreint le cœur.

Je suis penché sur ma fenêtre,
Elles s'ouvrent tout près de moi,
Comme un secret qu'on va connaître
Et qui sanglote son émoi.

C'est l'odeur de la femme aimée
Qui ne sera jamais revue
Et dont la chair parfumée
Avait le ton de ces fleurs nues.

Ce parfum rôde en la nuit,
Cette couleur en la nuit meurt,
Et tout cela entre en moi-même
Avec les ténèbres que j'aime...

DÉSIR VAGUE

Que m'importe d'avoir connu
Des femmes graves et voilées,
Aux baisers purs comme des pensées;
Je veux une jeune fille nue.

Les autres exaltaient mon âme
Et mon cœur fondait contre leur cœur :
J'étais leur enfant malgré la chair qui pâme,
Je veux être sottement un vainqueur.

Des paroles bêtes contre des seins jeunes,
Une nudité couleur d'avril et de roses,
Toute la bêtise pour toute la nudité !
Une nudité comme un bateau blanc dans du soleil !

Ah ! sensuelle ! Ah ! oui, sois-la, mon âme lourde,
Mon âme qui t'en vas ruisselante de larmes,
Traînant les nénufars et les roseaux de ton chagrin
Comme une Ophélie résignée à revivre,
Hagarde, et boueuse, et mouillée,

Et que j'attends, comme un Hamlet irrésolu,
Vêtu de noir, sur un rivage inconnu,
De l'autre côté de ma nouvelle vie !
Ah ! ce miroitement des yeux clairs et du nu !

Le poëte ne dira pas que nous l'avons trahi, car nous avons cité deux pièces de lui presque d'un bout à l'autre. Il ne nous en coûte même pas de reconnaître qu'il y règne une vague odeur de subtile sensualité. Mais les vers ! Ah ! les vers ! Nous entendons bien qu'ils sont ainsi parce que leur auteur les a voulus tels ; qu'il aurait cru se faire injure à lui-même en respectant la vieille prosodie ; qu'il y a, de sa part, préméditation avouée et criée. Ces vers sans rime, mêlés à d'autres vers mal rimés, ne sont pas un assemblage fortuit, mais une profession de foi provocante, une fanfaronnade d'école. Nous sommes prévenus depuis longtemps que ces deux petits poèmes ont une forme et une couleur spéciales, d'autant plus chères aux novateurs qu'ils les ont eux-mêmes inventées et recommandées. En même temps qu'on saisit là, sur le vif, la trace d'un travail long et pénible, on en sent aussi l'inanité. A quoi bon, je vous le demande, suer ainsi pour détruire sans profit appréciable toutes les anciennes règles et substituer à la métrique, dont se sont contentés les plus grands poètes, des formes nouvelles qui choquent à la fois l'oreille et le bon sens ? Nous pourrions, devant tant de mal inutile qu'on se donne pour étonner les gens, contester la sincérité de cette mélancolie sans rimes ; admettons qu'elle est sincère en dépit de son bizarre effort pour se rendre originale. On conçoit, à la rigueur, un certain état d'esprit où le poëte arrive au moyen d'un savant hypnotisme pratiqué assidûment sur lui-même ; est-ce une raison pour étaler en public des vers qui ne sont pas des vers ? Celui

qui les a écrits a peut-être le don; il ne lui manque que l'instrument.

Passons à un autre. Il ne faut pas qu'on puisse croire que ce
sont là des exceptions, de pures rêveries individuelles, sans
attache avec aucun groupe littéraire :

> Il est un grenadier au fond du jardin pauvre
> de ma maison natale. Il portait quelques fruits
> amers et sauges comme les vents de l'automne.
> Il est des ifs aux coins des bordures de buis.
> Je n'ai jamais osé revoir ces coins d'enfance,
> Si je les revoyais, ce serait avec toi.
> O toi qui m'aimes tant et ne me connais pas,
> pour ne pas trop gémir en ce pèlerinage,
> il me faut un amour dont je n'ai pas souffert,
> une âme qui, longtemps, sur la prairie dorée,
> à midi, au milieu de choses bourdonnées,
> écoute, dans le champ de l'*Angelus*, mourir
> les colombes d'azur de mes amours fanées.

Et qu'on ne nous accuse pas de chercher uniquement nos
témoignages dans un passé déjà lointain, condamné et répudié
aujourd'hui par ceux-là mêmes qui ont pu donner dans ses
illusions et participer à ses plus fâcheuses entreprises. Voici
d'autres vers, publiés cette année (1) dans un volume intitulé
Beau voyage par un poète que la jeune génération, et tous ceux,
sans doute, qui se sont baptisés *humanistes*, ont salué d'una-
nimes acclamations. Les journaux le louent à l'envie et ses
rivaux lui mettent sur le front cette antique couronne de lierre
à laquelle Musset voulait qu'on joignît un peu de verveine :

ÉPILOGUE

> Moi qui m'en vais de trop sentir, de tout connaître,
> Paix à mes yeux, paix à mes mains, paix à ma bouche,
> Je sens monter en moi le silence mon maître,
> Et l'arbre qui meurt droit n'attend plus qu'on le couche.
> Seigneur, vous avez fait des choses merveilleuses,
> Et vous avez paré toutes les solitudes

(1) Février 1904.

De toutes vos beautés mornes et gracieuses;
Vous avez mis aussi l'amour dans mon cœur rude,
Vous avez mis la haine dans mon cœur tendre,
Et je vous remercie, Seigneur, et je vous rends
Tous ces trésors, afin que pure soit ma cendre,
Que je parte sans rien de vous dans mes yeux grands.
L'orgueil clair que j'aimais, sa grâce, son baiser,
Je vous rends tout cela que vous m'avez donné.
Je m'en vais seulement, Seigneur, me reposer,
Et je veux revenir ainsi que je suis né.
Arbre, va-t'en de moi! ô feuille, je te chasse!
Tu n'obséderas plus ma prunelle, ciel bleu!
Visage, forme, odeur, durée, amour, — efface!
Efface toute femme, efface tout! Adieu.
Je ne veux même pas le poids des moindres roses,
Je me veux seul, entier, vide, moi seul, sans rien.
. . . .
Ah! quand je serai près de la porte de plâtre,
Lorsque viendra mon tour, tranquille et de moi-même
Je me dévêtirai pour le moment suprême,
Et je déposerai comme un bâton dans l'âtre
Ce fardeau de beauté, de science et d'amour,
Dont vous aviez chargé mon épaule et mes yeux,
Et que, par un soin tendre et miséricordieux,
Vous me retirerez, Seigneur, avec le jour.
Je me dévêtirai de toutes vos parures;
D'un seul geste et d'un coup, elles s'écrouleront,
A cet instant subit où, dans l'éclipse obscure,
Tout un vaste univers désertera mon front.
Que la chaleur du souffle harmonieux du monde
Pour la première fois heurte à ma face close,
Sans que rien ne lui cède et que rien ne lui réponde
En ce corps qui se donne à la métamorphose
Dans une souveraine allégresse de vierge!
Pour que rien ne subsiste en ces derniers miroirs,
Même jusqu'au dernier point lumineux des cierges,
On me revoilera mes yeux tentés de voir
Malgré le long labeur de leur fidélité,
Pour que rien, rien, pas même une tache ne souille
D'un souvenir humain, encombrant, détesté
L'orgueilleuse candeur que revêt ma dépouille,
Et que, nu, simple et seul, je descende et repose
Comme en un flanc nouveau qui s'enfle et me recrée,
Que je descende enfin dans le destin des choses
Et dans ma pureté intangible et sacrée.

Qu'en dites-vous? Un critique a recommandé la « mélancolie souveraine » de ce morceau et sa « philosophique sérénité ».

Mélancolie souveraine, soit ! Un peu vieille pourtant et usée,
depuis Chateaubriand et Lamartine. Sérénité philosophique,
si l'on veut ; mais Alfred de Vigny avait déjà dit tout cela sans
hiatus rauques, sans rimes douteuses ou absentes, et surtout
sans rompre ce rythme, cette nécessaire musique du vers, hors
de laquelle il n'y a plus que de la prose, souvent plate, « hon-
teuse » a dit un autre critique.

Nous arrivons au maître des maîtres, à celui qui a mis en
mouvement tous nos troubadours et bardes modernes. Il jouit
auprès d'eux d'une réputation très supérieure à celle d'Alfred
de Musset, il jouit même d'un certain crédit auprès de nos
dilettantes contemporains qui savent certainement ce qu'en
vaut l'aune, mais qui se flattent en même temps de comprendre
et de sentir tous les *frissons*. Il a prodigieusement *frissonné*,
et des juges, même sévères, ne voudraient pas soutenir que la
Muse — la onzième — ne l'ait jamais visité dans les cabarets
où se plaisait sa bohème. Il a fait quelques vers passables qu'on
a proclamés exquis et dont la grâce, très relative, se détache
avec avantage au milieu du fatras environnant. On l'a honoré
d'un buste au Luxembourg ; on va lui élever une statue qui a
déjà une longue histoire. Il a eu l'insigne honneur d'un feuilleton de M. Jules Lemaître et d'un portrait en pied dans un
roman de M. Anatole France. Eh bien, savourez ce fruit de sa
veine, six vers seulement, mais choisis. C'est un compliment
adressé à un confrère qui, par bonheur, écrit autrement :

> Jeunesse folle bien, extravagante au point,
> Tel un page, sa dame au cœur, sa dague au poing,
> Bondissant comme hennissant ; s'il meurt tant pis !
>
> Age d'homme pensif et profond dont témoigne,
> On dirait, l'on dirait sonner à pleine poigne
> La tour changée en nourrice de Saint-Sulpice.

On dira que Paul Verlaine était à moitié fou, quand il a
ainsi divagué en vers, et qu'il en a fait de meilleurs. Oui, certes,
mais pas beaucoup, et pas souvent. Même ses *Fêtes galantes*, si
vantées, ne soutiennent pas longtemps la lecture. Il a fabriqué
quantité d'autres pièces, plus ou moins réussies, sur le modèle
que nous venons de reproduire, et c'est un maître, un chef,
presque un dieu ! Quelle comédie !

Rien ne serait plus facile que de grossir cette liste et de multiplier les spécimens. A quelque nuance près, tous se valent, et qui en connaît un connaît tout ce stock de prétendue poésie. Il y a en outre, dans une école latérale, un certain nombre d'autres poètes qui, sans pousser aussi loin l'absurdité présomptueuse et provocante, en subissent l'attraction et tendent visiblement à s'en rapprocher. Ils témoignent d'un peu plus de respect pour la langue et pour la prosodie; mais ils donnent, presque au même degré, dans le prétentieux, le maniéré, dans cette fausse originalité des littératures expirantes qui, incapables de revivre par leur propre force, remplacent l'invention par le jeu des mots, la rareté des épithètes, le tour obscur et mystérieux de la pensée et de la phrase. Il ne reste rien des poètes de Byzance; mais on connaît ceux d'Alexandrie. Nous en possédons une demi-douzaine qui procèdent directement de cette décadence semi-égyptienne. Ils ont du prestige :

LYRA

A cette lyre qui s'accorde
Dans les plumes de l'oiseau-lyre,
A celle-là seule j'accorde
De moduler mon mol délire

C'est l'unique voix assez brève,
La seule extase assez légère
Pour moduler ce que mon rêve
A ma cantilène suggère.

Avec cet instrument de songe
Je m'efforcerai de traduire
L'ombre que le dégoût prolonge
Sur l'espoir fatigué de luire.

Je ne dirai que des mirages
Et que des choses reflétées
Qui fuiront comme des orages
Le long des cordes duvetées;

Toute la chose si menue
Que pas un verbe ne l'exprime,
Sur le sol l'ombre de la nue,
Le bruit du baiser de la rime;

Toutes les choses délicates
Pour qui, même encor trop, résonne,
Figeant, en ses veines d'agates
Le sang des roses, l'art d'Ausone;

Ce vers quoi les luttes des flûtes
N'ont point d'assez douces spirales,
Ni d'assez exquises volutes,
Ni d'assez harmonieux râles;

Ce pour quoi la faible mandore
A des sons de trop de volume,
Je chanterai que je l'adore
Sur la douce lyre de plume.

Au moins celui-là rime, et rime même très richement. C'est déjà quelque chose; mais ce n'est pas tout, ce n'est presque rien. Le genre auquel appartient cette *Lyra*, cette lyre « de duvet et de plume » obtient du succès dans quelques salons qui se piquent de littérature et où l'on gâte les poètes en les flattant, voire dans quelques réunions académiques où l'on se vante de flairer les talents et de les annoncer à l'univers.

Qu'ils prennent garde ceux que l'entourage, les syndicats mondains ou autres, les sociétés d'admiration mutuelle ont ainsi enguirlandés avant l'heure pour quelque triolet symbolique ou quelque rondeau mystérieux. On leur a fait de ces fleurs prématurées une chaîne qu'ils n'ont plus le courage de rompre pour prendre leur vol; ils restent parqués dans un système et rivés à leurs défauts. Tant pis pour ceux qui s'y obstineront ! Les applaudissements de leur petit cercle ne suffiront pas à les protéger contre l'indifférence publique. Quant aux autres, qui se font une gloire de s'appeler eux-mêmes décadents, on a pu voir, sur pièces, comment ils en usent avec les règles les plus élémentaires de la poésie française, et si ces privautés qu'ils s'accordent ont eu pour effet d'émanciper leur génie.

L'admiration de la postérité serait-elle donc acquise aux aventuriers de la plume qui font profession de mépriser tout ce qui a paru nécessaire pour donner à notre vers sa forme définitive, sa grâce et son harmonie, sa variété, beaucoup plus

sensible qu'on ne le croit chez les maîtres anciens, très recherchée et caractérisée chez les modernes? Il ne suffit pas, pour
s'assurer l'avenir, de rompre systématiquement avec des prescriptions très élastiques, très larges, indispensables cependant
pour que le vers reste un vers et ne se confonde pas avec la
prose qu'il gâte en s'y mêlant.

On se rappelle que l'Académie s'est montrée assez accommodante sur ce chapitre et qu'un jour elle a paru tentée de
donner le prix de poésie à une pièce où le vers avait, çà et là,
quatorze pieds. Mais, en fin de compte, elle s'y est refusée sous
l'évidente influence de cette réflexion que, si elle se trouvait en
présence d'un vrai poète, rien n'empêcherait ce favori des
Muses d'enfermer sa poésie dans les moules nombreux dont
notre prosodie dispose et de rentrer sans douleur dans les ali-
gnements peu sévères dont elle se contente.

Il est entendu, chez les révolutionnaires, que, pour la gloire
d'un versificateur orgueilleux, ce n'est point assez de violer
l'ancienne loi, acceptée par les maîtres, au point de mettre
six rimes féminines de suite, de faire rimer « l'améthyste *pâle* »
avec des yeux également *pâles;* « cela *change* » avec des paysages *étranges;* « *mantilles* » avec *pétillent;* « *éteint* » avec *chiens;*
« *sèche* » avec *même* et avec *entête* (c'est la rime à la pénultième);
« *point* » avec *besoins;* « *douleur* » avec *l'heure;* « il pleut *à verse* »,
avec le rosier le plus *vert;* « *fortune* » avec *brume*, etc. Ce n'est
point assez de supprimer toute espèce de césure; de donner aux
syllabes muettes la même valeur qu'aux syllabes sonnantes
et de faire le premier hémistiche d'un alexandrin avec « *des
voies lactées* »; de faire un alexandrin complet de la façon que
voici : « Une œuvre ténébreu—se et somptueu—se » ; de
cultiver, comme nous l'avons vu, le vers de treize pieds :

Tu es bien heureuse
De prendre avec tes cils les étoiles du ma | tin
Avec tes cils baissés lentement sur tes pru | nelles.

Il est vrai que ces vers trop longs sont compensés par des
vers trop courts et boiteux :

Quelque chose de très | grand et de très doux...
Je sens qu'il ne fleuri | ra plus rien ici.

Mais la grande prétention des novateurs est de courir après l'hiatus pour le braver et de négliger absolument l'élision :

> *Tu en* as plein tes prunelles,
> *Tu as* l'air d'une petite fiancée,
> Au coin du *feu avec* les enfants à soigner.
> Ne me console pas, *cela est* inutile.
> Si mes rêves *qui étaient* ma seule fortune.
> Avec une jolie et *voulue* maladresse.
> Une goutte de *pluie* frappe une feuille sèche.
> Cette ar*aignée* d'argent qui vit seule et qui file.
> Devant ma porte ensolei*llée* je m'étendrai. Etc., etc.

Ces messieurs diront qu'ils récusent Boileau et n'ont rien à faire avec sa perruque. C'est entendu ! Qu'on puisse, en certains cas, s'évader de ses formules et passer outre à ce qu'elles ont d'un peu étroit en faveur d'une liberté parfois secourable et nécessaire, personne ne songe à le nier et, dans cette mesure, la discussion reste ouverte. Il paraît admis que la licence poétique, — c'est le vieux mot d'autrefois — peut aller sans témérité excessive jusqu'à employer certaines locutions d'un usage constant, qui reviennent incessamment sous la plume et ne nuisent en rien à l'euphonie du vers, par exemple : *tu es, tu as*, où la première voyelle se confond, pour ainsi dire avec la seconde comme s'il s'agissait d'une diphtongue. On peut aussi plaider la cause d'une des plus douces harmonies de la langue, *il y a*, toute mouillée de voyelles fluides. Des conservateurs très résolus ont, depuis longtemps, demandé grâce pour cet *il y a*, et les modernistes ont pris l'habitude d'en émailler leurs vers. Pourtant les romantiques, si hardis, ne l'ont pas fait, et lorsque Alfred de Musset, évoquant l'ombre de Manon Lescaut, s'écrie : « Ah ! folle que tu es ! », il se raille lui-même de son audace.

Quoi qu'on en pense, les décadents, esthètes, symbolistes, etc., n'ont rien ajouté à la poésie, et surtout à la prosodie française; ils ont martyrisé son vers, ils l'ont cassé, brisé, et défiguré sous prétexte de l'assouplir; ils ne lui ont donné ni plus d'énergie, ni plus de douceur, ils en ont méconnu la musique, ils l'ont réduit à l'état de vile prose haletante et bizarre, ils en ont fait « un je ne sais quoi qui n'a plus de nom dans aucune langue », une sorte de cul-de-jatte qui se traîne à la fois sur les mains et sur les pieds, un avorton, un cadavre.

Il ne semble pas — et pourtant tout arrive, même en littérature — que ces tentatives de démembrement prosodique
aient quelque chance de réussir; elles choquent à la fois notre
oreille, nos yeux et notre bon sens. Quelques libertés nécessaires ou utiles, prises à propos par de vrais poètes, et imitées à
contre-sens par des versificateurs sans discernement, n'ont
rien de commun avec la cacophonie de l'hiatus redoublé, de
l'alexandrin estropié et du vers sans rime. Ce sont des exceptions assez rares, des hardiesses que l'autorité d'un grand nom
ne justifie pas toujours et qui ne sauraient tirer à conséquence.

On peut prévoir que certaines conditions imposées anciennc-
ment à la versification française et qui n'offrent aucun avantage effectif paraitront tôt ou tard trop gênantes et qu'on ces-
sera de les observer. Par exemple, l'entrecroisement obligatoire des rimes masculines et féminines, qui crée au poète de
continuelles difficultés, le condamnent à une vigilance éner-
vante et paralysent quelque fois son élan sans bénéfice appréciable. Les puristes ont voulu y voir une harmonie et une
variété qui, en réalité, passent inaperçues. La preuve en est que
si, par négligence, ou même de propos délibéré, quelques
poètes ont fait mine d'échapper, de temps en temps, à cette
contrainte. on ne s'en est point d'abord avisé et qu'il a fallu les
passer au crible pour remarquer chez eux la juxtaposition de
trois ou quatre rimes du même sexe. On ne leur en a jamais fait
un grief sérieux, parce que la règle qu'ils ont ainsi méconnue,
ou plutôt le joug qu'ils ont secoué pèse inutilement sur l'inspiration du poète et qu'il ne peut guère la subir sans dommage
pour sa pensée. En un mot, on a jugé que le jeu n'en valait
pas le travail, et il est fort probable qu'il y aura peu de réclamations le jour où, les barrières tombant peu à peu, on sera
bien résolu à s'en affranchir.

Quant au vers sans rime, ou vers *blanc*, il n'a aucun avenir,
parce qu'il est à lui tout seul la négation de toute prosodie,
sinon de toute poésie. Ce qui peut lui rester d'euphonie ne le
sauvera point de son vice originel tant de fois signalé et
raillé; il ressemble exactement à de la prose, il ne s'en distingue
pas. Dans les langues où l'accent tonique, très marqué, avertit
l'oreille, où la différence entre les syllabes longues et les brèves,
entre les spondées et les dactyles est sensible, et suffit à marquer la mesure, on peut à la rigueur se passer de la rime et,

malgré cela, on ne s'en est point toujours passé; on l'a même substituée quelquefois, comme dans nos admirables hymnes religieuses, aux rythmes primitifs, à la distribution des *quantités*. Mais, pour notre vers français, la rime est nécessaire, indispensable, elle reste le fondement même de la musique du vers. Hors de la rime, pas de salut! C'est à tel point que, dans une page de prose, des vers sans rimes échappés par inadvertance à un écrivain, ont l'air absolument dépaysés et nous causent plus d'étonnement que de plaisir.

Ces vers blancs se rencontrent à chaque pas chez un historien qui fut en même temps un poète, Michelet, et ils donnent bien l'idée du regret que laisse à l'oreille la rime absente. On a la sensation d'une musique inachevée qui finit court avant la cadence finale.

Les vers inconscients de Michelet sont plus poétiques et même plus complets, sauf les hiatus et les élisions, que ceux auxquels plusieurs écoles contemporaines donnent le nom de vers. Ils ont surtout le mérite de n'être point prémédités. Ce sont des vers qui se mêlent à la prose sans l'étouffer, des bluets, un peu trop nombreux peut-être, dans une moisson de froment; tandis que l'étrange prosodie des novateurs va directement à un simulacre de versification où le vers ne brille plus que par son absence.

Ce qu'il importe de retenir, c'est que les vers de Michelet, dont beaucoup sont excellents, gâteraient certainement son style si, étant rimés, la rime accusait davantage l'apparence un peu étrange qu'ils lui donnent. Vous représentez-vous une page de Tacite parsemée d'hexamètres virgiliens ? C'est comme si, au rebours, Racine eût encadré des lignes sans rime dans son récit de la mort de Britannicus. Rien ne marque mieux la séparation nécessaire des deux langues; la poésie a la sienne, qui n'est pas celle de la prose. Les vrais artistes savent que, dans leur intérêt réciproque, il ne faut pas les confondre, et ils en évitent l'amalgame, toujours préjudiciable à l'une ou à l'autre.

Il est permis d'en conclure que les paradoxes des décadents resteront sans effet sur la forme à peu près définitive du vers français et sur le développement de notre poésie nationale, si tant est, comme elle l'a prétendu dans de récents manifestes encore assez obscurs, qu'il lui reste assez de marge pour se renouveler utilement sans se perdre dans les subtilités alexandrines (1).

On voudrait être assuré que la prose offrira la même résistance aux assauts qui l'ont déjà ébranlée et qui la menacent encore. Nous dirons, à la fin de ce livre, ce qu'il en faut penser et si tout espoir n'est pas perdu. En attendant, examinons de près comment ces messieurs opèrent. C'est le meilleur moyen de mesurer l'efficacité ou la vanité de leur œuvre. Le tour des prosateurs est venu.

(1) On a vu, avec sympathie, les récents efforts de l'humanisme et lu, avec intérêt, la *Foi nouvelle du poète* (article de M. Adolphe Lacuzon dans la *Revue bleue* du 16 janvier 1904). On a lu surtout et apprécié les vers de M. Fernand Gregh.

II

Nous arrivons à un chapitre qui nous paraît absolument démonstratif. Il sera consacré tout entier à suivre, à prendre sur le fait et à étaler devant les yeux qui ne s'obstineront pas à rester fermés toutes les déformations que de présomptueux empiriques ont fait subir depuis une quarantaine d'années à la langue française. Il n'est pas téméraire d'affirmer qu'ils ont travaillé, de propos délibéré, à la rendre bossue, bancale et paralytique, sans même s'apercevoir du misérable aspect qu'elle prenait peu à peu sous leur main. Ils se vantent de l'avoir rajeunie, de l'avoir arrachée à la platitude qui menaçait de l'envahir, de lui avoir refait une originalité, une virginité. Originale, en effet, elle l'est devenue, et même phénoménale, sous leur massage, et grimaçante, et surtout difforme, à force de contorsions et de déhanchements. S'autorisant de l'exemple, d'ailleurs mal compris, des Goncourt, ils lui ont infligé tous les supplices, la question ordinaire et extraordinaire, avec des raffinements de cruauté dont on ne se rend pas compte quand on ne rencontre, par hasard, qu'un de ses bourreaux. Il faut les voir à l'œuvre tous ensemble pour bien apprécier leur travail, et juger, par l'état où ils ont mis la malheureuse, de ce qu'ils en feraient si une révolte du bon sens public ne la tirait immédiatement de leurs griffes.

Faut-il répéter ici, encore une fois, que nous n'avons aucun goût à ferrailler contre des moulins et à pourfendre des chimères? Qu'on en juge!

Notre discours s'adresse à de vrais corrupteurs. Il est temps de dénoncer leurs méfaits, avec pièces à conviction. Nous ne prendrons, parmi eux, que les gros bonnets, sans d'ailleurs les désigner par une étiquette; ils se reconnaîtront assez eux-mêmes dans les tableaux que nous allons leur emprunter et reproduire avec une méticuleuse exactitude, ou plutôt avec une scrupuleuse conscience, sans essayer, bien entendu, d'en grossir les traits par des rapprochements forcés et des conclusions excessives.

Voici un morceau qui nous a paru tout spécialement digne de s'ajouter aux pages curieuses que nous avons déjà citées :

« Ah certes ! les passions l'avaient mouvementé à la façon dont les ficelles stimulent les pantins à de variées gesticulations, lui, fanfaron d'impassibilité, impuissant admirateur de *l'Éthique*, spinoziste de cabinet et philosophe de dortoir, discuteur émérite et logicien pour five o'clock qui, dans la vie, agissait comme le dernier des microcéphales ! Quelle maîtrise de lui-même, quelle autosouveraineté avait attestées la ridicule scène avec sa maîtresse? Ne lui avait-elle pas été supérieure de tous points avec sa belle franchise de bête à désirs et qui les aboie ou qui les bêle, selon les heures? Au moins elle avait été *nature* et comme son unique prétention était de le rester il eût été puéril de le lui reprocher. Tandis que lui, après tant d'heures méditatives, consacrées à songer la sagesse, il avait succombé à l'initial et congénital vice passionnel, comme tel boucher exaspéré dont la femelle élit quelque neuve virilité.

« Tout grevé de regrets et de rétrospectifs vouloirs sains, il était entré dans un restaurant où point il ne fréquentait pour s'épargner l'odieux inventaire de visages quotidiens. Il avait faim : les émotions toujours activèrent les fonctions digestives. On lui servit des nourritures nauséeuses; la genèse des sauces margarinées eût légitimement relevé de la science chimique; les viandes plagiaient les résistances historiques et se défendaient héroïquement contre la coalition du ruolz et de l'acier; des perdrix sans acte de décès approximatif s'étaient mé-tempsychosées en faisans. Les vins âcraient. Le service nécessitait de spéciales aptitudes de patience.

« Le pourboire avait dû être assez élevé, en naturelle proportion avec l'arithmétique désinvolte de l'addition ».

Ce morceau figure en tête d'une Revue déjà nommée où les réformateurs aimaient naguère à déposer leurs manifestes. Elle n'est pas la seule; mais soit que le succès ne répondît pas complètement à son attente; soit qu'elle se fatiguât elle-même de cette tension continue, de cet effort prolongé pour assassiner une langue très résistante, elle en a un peu rabattu dans ces dernières années. Après avoir appelé et abrité sous son drapeau tous les extravagants spontanés et, plus particulièrement, tous les aigrefins littéraires qui, mesurant le désarroi des lettres françaises, ont compris que, dans une pareille anarchie, l'excentricité devenait un moyen de se faire jour, cette Revue semble aujourd'hui s'assoupir sur ses lauriers. Elle offre souvent l'hospitalité à des écrivains qui cherchent l'originalité ailleurs que dans un perpétuel défi à nos habitudes de langage et, parmi ceux qui ont inventé, chez elle, cette lamentable facétie, il en est qu'on y voit renoncer avec une intention évidente de bien marquer le désaveu et la rupture. Satisfaits qu'elle leur ait mis le pied à l'étrier, ils tiennent à faire oublier le premier service qu'elle leur a rendu, comme ces financiers véreux qui ne demandent qu'un bon petit coup de début pour être honnêtes ensuite toute leur vie. Les noms viennent en foule sous la plume. Celui-là même dont nous avons admiré tout à l'heure la provocante et peu sincère élucubration, s'est fort amendé depuis. Il a du talent, — ce barbouillage même en est une preuve, — car il n'est pas donné à tout le monde de composer un aussi prodigieux coq-à-l'âne.

Dans le bagage de ses voisins, on ne trouve presque rien qui en approche. Il a, suivant une expression aujourd'hui consacrée, « décroché la timbale », et « battu le record » de l'arlequinade littéraire; toutefois on peut encore glaner et même moissonner à côté de lui. Que dites-vous de cette petite gerbe semipolitique :

« Dites-moi, dans votre jargon que j'aime, que je suis non la plus délicieuse, mais, je prie Dieu, la plus nécessaire de vos « contingences ».

. . . .

« J'aime également, je sens également belles, la loi et la liberté, mais quand l'une, exorbitante, m'étouffe, je fais le coup de poing pour l'autre. Tout de même, si les individus se perdaient par la dispersion, j'applaudirais la venue du législateur. Ne prenez pas cet aveu pour du dilettantisme littéraire; *il n'exprime que l'assurance du relatif des choses sociales.*

. . . .

« Un de mes amis me disait que, de la devise maçonnique « Liberté, égalité, fraternité », les deux premiers termes étaient contradictoires, et le troisième superfétatif. Il voyait net, mais sans finesse. La fraternité est, intellectuellement, le goût de l'équilibre social qui conduit à doser comme il sied l'élément sensitif de liberté, l'élément rationnel d'égalité...

« Excusez ce vocabulaire abstrait, que vous entendez et parlez si correctement. Je compte que nous le déposerons un prochain jour : quand? où? »

Continuons, s'il vous plaît, cette promenade à travers la revue initiatrice...

« Alors éclate cette triple contradiction : que plus en ressort l'inutilité, plus on lit; que plus on lit, moins on sait lire; que l'heure même où l'obligatoire ba-be-bi zézaie en chaque bouche est précisément celle du déni à cette appellation de toute signifiance.

« Récemment, un éditeur ayant, par hasard, à publier un livre, interdit à l'auteur d'en écrire le titre. Commerçant bien intentionné qui comprit que, pour peu qu'elle décelât quelque chose à *lire*, une couverture jaune ou bleue n'appréhenderait nul passant.

« De ce terreau surgit, tige multiflore, le périodique. Aussi, sans aller plus loin, et le chargeant des péchés de l'universelle surproduction, lui imputerons-nous, d'un mot qui ne semblera pas dénué d'un sens complexe, d'en être le fauteur.

« Tant il est vrai !... ici s'impose, n'est-ce pas, la plus optimiste des épiphonèmes, et il sied d'affirmer hautement combien est appréciable l'état actuel d'une littérature qui nous épargne le sacrifice, à la posséder, d'un loisir qui, d'ailleurs, n'y pourrait suffire. »

Le morceau est intitulé : *Lire.* Bien qu'il soit l'œuvre d'un écrivain qui, comme on dit, n'a pas encore « fait son trou » et qui ne saurait prétendre à la juste réputation des deux précédents, la plume d'où il sort n'est pas banale. Elle jouit, dans le milieu spécial où elle évolue, d'un crédit proclamé par tous les camarades ; et le fait est qu'il en tombe souvent des perles : « Qui ne s'est alangui en la délicieuse insipidité des conversations mondaines, puis, sirotant la veulerie d'un thé, émerveillé du sens pratique de ce confortable bavardis? Tâchant à ce que n'éclate point une idée, car le travail de son explosion concomitant à celui de l'estomac gâterait irrémédiablement celui-ci... Le mal-être des intellectuels provient évidemment de ce qu'il y a d'anti-digestif dans une solitude encline chez eux à la méditation... Je sais bien que pour qui se réclame de l'art, le publicisme n'est que bien infime et misérable partie de ce qu'ils dénomment les lettres. Mais vraiment, lequel d'entre ceux-là, écartés quelques rares élus, passerait au crible du : n'aurait-ce été un *riche* épicier? cet unique criterium que l'on a quelque honte à formuler, tant mésusent de cette appellation les bousingots qu'il y ravale... ».

Des perles ! Un écrin ! que dis-je? Il y en a bien là toute une vitrine :

« Doués de « ces qualités rares de l'esprit » dont nos maîtres nous inculquèrent l'amusante nomenclature, et masquant à leur suffisance qu'il n'y a là que simples traits d'humanité sans nul rapport avec l'empreinte indiscernable du sceau qui marqua quelques-uns, ils agencent consciencieusement à l'harmonie du jour des vocables colorés; mais nul doute que, renseignés sur la valeur marchande des objets d'une autre consommation, comme ils le sont sur celle d'une opinion ou d'un posture, ils eussent fait flèche des mêmes qualités et disposé avec ingéniosité cette affriolante symétrie des zincs, étayant de prestigieuses étiquettes les déductions habiles d'une mercanti. Notons qu'il n'est pas que de pécuniaires bénéfices, quoique au fond! et médiatement !... »

Il y aurait plaisir à prolonger la citation et à tout donner, car jamais peut-être la langue nouvelle ne s'est mieux découverte et livrée que dans ce morceau plus ou moins philosophique sur la *Lecture*. Voilà comment écrivent les artistes qui veulent à tout prix se distinguer du commun et réaliser l'idéal que leur a tracé Goncourt dans la Préface de *Chérie*. Malheureusement, il faut se borner et on ne peut pas faire un tombereau de toute cette prose comme les balayeurs qui vident les poubelles le matin. Qu'il s'y rencontre, çà et là, quelque épi à glaner, à quoi bon le nier? On y fait des trouvailles et on s'indigne alors que des écrivains dévoyés emploient à un tel usage les dons qu'ils ont reçus de la nature. Je ramasse encore, au même endroit, cette phrase merveilleuse : « Grâce à l'habitude, machinal nonchaloir, et peut-être aussi le peu d'importance que nous y attachons réellement, une fois notre religion, je dirai ingurgitée, nous ne nous étonnons plus, et à peine, en manière de pudeur, hochons-nous la tête lorsqu'un trop brutal compendieusement se dévêt de sa brièveté, ou quelque autre... »

On demande un interprète. Et tout cela, dans les quarante premières pages d'un seul et même numéro ! Que serait-ce si on feuilletait toute la collection. Quant à la dépouiller sérieusement, il y faudrait la vie et la patience d'un bénédictin.

Ceci, pour clore :

« Que maintenant, après constatation d'une absolue vacance, tel naïf n'aille pas — qui se sera efforcé un jour de lire quelque actuelle production — « s'en prendre » à qui la signa, et, d'un douloureux bris de rythme, arrêter en son élan l'encensoir qu'il nous est d'agiter, éblouissant de ses fumées le vide; mais que plutôt il balance si on n'écrit plus parce qu'on ne lit plus, ou l'inverse; et sache que l'insuffisance qu'il admira de découvrir provient tout uniment de ce que nos contemporains, désespérant de percer cet infranchissable cercle, écrivent pour ne pas être lus. »

Un autre, dans une sorte de poésie en prose, dédiée à l'anglais Oscar Wilde, qui fut condamné au *hard labour*, débute par ce feu d'artifice : « Elle danse. Une pluie de fleurs l'effleure, assoupit de frais parfums purs les sonorités de l'invisible orchestre. Elle danse. Elle est l'éternelle forme maudite et sacrée de la danse... », — « La Laus venait d'apparaître et je ne pouvais m'empêcher d'admirer, avec une certaine terreur sa silhouette onduleuse et fine, encore aggravée par cette gaine d'écailles sombrement bleues et luisantes, au milieu des envolements de gaze et des retombées de perles et de fleurs roses des autres prêtresses de Dagon. Avec son casque en diadème enserrant l'étroitesse de son front et cette sorte d'armure obscure et métallique adéquate à ses hanches, on aurait dit un grand insecte au corselet d'émail, et je ne sais quel charme meurtrier et cruel, quelle attraction sensuellement perverse émanaient de cette prêtresse guerrière rythmant des gestes de volupté dans l'appareil hautain d'une égorgeuse d'hommes casquée et cuirassée pour la bataille et pour la Mort. »

Du chroniqueur musical passons au chroniqueur littéraire, bien autrement entortillé :

« Les dogmatismes, surtout les nôtres, sont amusants. Plus que l'opinion de tel critique sur tel livre, il agrée savoir l'opinion de ce critique sur sa critique et sur la critique. Les professions de foi sont de lecture divertissante, généralement par l'ampleur de leur étroitesse. Toutefois, aux raccourcis d'esthétique générale, portiques abscons à l'explication de telle chapelle, je préfère aujourd'hui, par ces temps gris, devant des livres trop petits ou trop hauts, le principe uniformément excellent dont ne songent point à se départir d'honnêtes judiciaires ; envisageant la lecture comme une *distraction* (et c'est dénommer avec maestria ce que d'éminents philosophes peinent à dire : un jeu absorbant et désintéressant), les clients de la « Lecture Universelle », un sou par jour et par volume, estiment les romans que la buraliste leur « conseille », en proportion inverse du temps qu'elles ont dépensé à les lire ; et leur exaltation pour tel Prévost ou Duruy se confond, à la réflexion, avec une reconnaissance pécuniaire pour ces maîtres qui se laissent dévorer si vite. Au sou près, nous partageons assez ces sentiments.

« Voici pourquoi. Chroniquant, ou non, de littérature, il nous est inévitable, par milieu, de lire, de devoir lire. Personnellement, il est vrai que peu de livres me retinrent ces mois derniers, mais ceux-là sont les plus lourds à ma conscience qui demeurent incoupés sur ma table, le remords qui s'élève de chaque lettre de leur titre mal étouffé par un geste d'étreinte qu'accompagne à mi-voix : « Pour la prochaine ». Prochaine ? — Dès lors, tout in-douze lu, fini, absorbé, assimilé, qui n'est plus qu'à analyser, le bon soulagement ! »

Il y en a cinq ou six pages de ce style, et elles sont signées d'un écrivain, qui une fois sorti du rang, s'empressa d'oublier

la consigne. Les chroniques, littéraires ou autres, qu'il donna
depuis à divers journaux sont d'un artiste émancipé qui
brûle avec ostentation tout son catéchisme d'école. Il avait
de l'esprit, du talent; il avait complètement renoncé aux
raccourcis d'esthétique générale et aux portiques abscons
lorsque la mort l'a surpris (1) en pleine course et en plein
succès.

Voyons maintenant le chroniqueur dramatique; ils se suivent
et se ressemblent. Celui-ci, grand admirateur d'Ibsen, veut
mal de mort à ceux qui ne partagent pas son enthousiasme.
Pour trouver grâce devant ses yeux, il faut se faire ibsénien de
cœur et de plume. L'auteur qui n'imite Ibsen qu'à moitié et le
critique qui ne le glorifie qu'à demi s'exposent également à ses
sarcasmes. Nous n'avons pas à juger ici les ironies dont il les
crible; son droit est entier, mais s'il a le goût scandinave, on
voudrait qu'il eût au moins la phrase française :

« Le système dramatique de M. de Curel, vaguement ibsénien et surtout cornélien, offre un certain intérêt... La parfaite loyauté scénique de M. de Curel serait louable, si certains trucs de mélodrame et une écriture montépinesque ne la
mettaient parfois en question.

« Antoine (*le Duc*) l'Antoine des grands jours. Les autres...

« En troisième spectacle, *le Ménage Brésile*, de Romain
Coolus. Sganarelle ou le cocu imaginatif. La vigoureuse
logique de cette pièce a stupéfié le public; l'écriture acheva
de prostrer les récalcitrants. Lorsque Brésile eut proclamé :
« Décidément, le derme de ma femme m'indiffère; les contrac-
« tions spasmodiques d'un cerveau féminin ne valent pas qu'un
« encéphale viril s'émeuve », il fut acquis que Coolus répugnait
à l'esthétique de nos Bissons coutumiers.

« Notre cher Nestor en fut ébranlé sur sa base de principes
moraux; il allait, répétant dans les couloirs : « Jeune homme,
dans trente ans, quand vous serez gâteux, vous verrez comme
on revient de certaines idées ». Il disait cela du ton d'un
homme qui, revenu de tout, a retrouvé sa Sainte-Périne, le
Stratfford-sur-Avon des chroniqueurs avachis.

« O délicieux maître, stratège des Barbares, commandeurs

<hr>

(1) Lucien Mühlfeld. Je le nomme, parce qu'il est mort.

des Broyants du blanc, exquis optimiste, il était dans l'ordre des choses que telle manifestation d'art passât votre jugeoire. Tout va bien, malgré les scandales, les faillites d'honnêtetés, les désastres politiques, tout va bien puisque notre Nestor est permanent et endémique.

« Brésile n'aime pas sa femme, il le dit en maintes occasions.

« Mon Nestor, vous lisez hâtivement. Il n'est pas question d'amour un seul moment; il est question de juxtaposition d'épidermes, ce qui est bien différent. Car je vous crois trop élevé d'âme pour avoir pu un seul instant confondre l'amour avec cet acte, de pure formalité, n'est-ce pas? Merveilleux chroniqueur, vous errâtes; que Brésile dédaigne son cocuage objectivement parce qu'il le dédaigne subjectivement, rien de plus naturel. Vous seriez à sa place, vous en feriez autant. (J'affirme cela d'après l'Idée du Nestor-en-Soi.) »

Le critique dramatique qui trouve que M. de Curel parle une langue *montépinesque*, déclare, en même temps que la *Lysistrata* de M. Maurice Donnay « produit l'effet d'une revue manquée ». Il reproche à M. Gugenheim ses pièces militaires et « ses fautes de français ». Il se plaint qu'on «reprise M. Dumas », *le Père prodigue*», une vieillerie. Il passe, avec le plus dédaigneux sourire, devant la *Petite Marquise* de Meilhac et Halévy; il caractérise d'un mot grossier — le mot de Waterloo — d'autres pièces, drames, comédies ou vaudevilles, et il l'appliquerait volontiers à tout le présent comme à tout le passé de notre littérature dramatique. Il salue d'une épithète méprisante la plupart des noms qui la représentent dans ce siècle, et il ne faudrait pas trop le pousser pour lui arracher l'aveu que le théâtre n'a pas existé en France avant la naturalisation d'Ibsen. Retenez qu'il est lui-même auteur dramatique, joué, applaudi sur divers théâtres et que, sans considérer ses spirituelles petites pièces comme une révélation, sans même leur attribuer une originalité transcendante, le public y goûte un genre d'esprit qui ne s'écarte pas très sensiblement de notre tradition nationale. Aussi, les personnes qui se rappellent, huit ou neuf ans à peine passés, de quel air tapageur, de quelle critique violente et tranchante, il soutenait le programme révolutionnaire des esthètes, s'étonnent un peu de cette facilité à se plier aux moules connus et à revenir aux vieilles formes.

Il n'est pas le seul — nous l'avons déjà remarqué à plusieurs reprises — qui, abordant le théâtre, ait sans regret laissé à la porte le jargon inintelligible pour parler la langue courante. Les esthètes, décadents, ibséniens, naturistes, symbolistes, etc., se rendraient un véritable service à eux-mêmes en s'y tenant dans leurs revues et dans leurs journaux, pour certaines rubriques spéciales, notamment les études historiques, les chroniques scientifiques ou judiciaires, les oraisons funèbres, et surtout les faits-divers qui n'admettent guère ce style surnaturel dont nous venons de voir un si curieux étalage. Il est inutile d'inventer une langue spéciale pour apprendre aux populations le suicide de Bernerette ou la mort de Mimi. Mürger et Musset n'y ont point songé.

Plusieurs de ces terribles esthètes, s'en rendant compte, n'ont pas soutenu leur ton primitif et leur arrogance du début s'est très sensiblement adoucie. Non seulement ils ont aujourd'hui le dédain moins facile et l'excommunication moins prompte, mais on les surprend, à chaque instant, qui, dans leur propre manière d'opérer, se rapprochent de notre ancienne religion littéraire et de ces prétendus hérétiques dont ils dénonçaient les pratiques avec une si impitoyable férocité. Ils se sont accoutumés à parler et à écrire comme tous les honnêtes gens; en un mot, suivant l'expression populaire, ils ont mis beaucoup d'eau dans leur vin. Et comme gage de cette résipiscence, ils ont donné à la politique, considérée naguère par eux comme une quantité négligeable, une bonne partie de la place qu'ils réservaient d'abord à la littérature, leur unique souci et leur exclusif amour. N'est-ce pas un signe éclatant que leur foi littéraire a fléchi et que leur cœur s'est ouvert à la tolérance? Un esthète qui verse dans la politique, science inférieure, était autrefois, de leur propre aveu, un esthète perdu, un renégat, un apostat. Elle les a tentés, et par conséquent amollis, émoussés. Elle a entamé leur fierté, détendu leur intransigeance, et ce premier pas en arrière, le seul qui coûte, semble nous promettre qu'ils finiront, de guerre lasse, par rentrer dans le rang, impuissants et inoffensifs. Malheureusement, l'ardente campagne qu'ils ont menée, que plusieurs d'entre eux mènent encore, a fait à la langue un mal qui n'est point réparé, et qu'une petite secte irréductible s'efforce de rendre irréparable.

Dans leurs chroniques littéraires, aujourd'hui encore, on critique tel écrivain « qui échoue à plier des observations vécues à de trop simples idées ». On y explique « l'éternelle immobilité de la vision intérieure sur laquelle M... ouvre ses yeux de poète, qui voient moins qu'ils n'éclairent, qui ont des phosphorescences dont s'illuminent les ténèbres, — rideau derrière lequel, ayant appris les vaines apparences des choses du dehors, la conscience et la pensée jouent le drame éternel, seul réel, de la vie... ». On y recueille même, sans rancune, des observations diamétralement contraires à l'esthétique dont l'école se réclame, celle-ci, par exemple, « qu'aujourd'hui la langue et la forme littéraires tendent à se réclamer de l'anarchie ». Et nous voilà presque d'accord !

Enfin, la langue didactique des décadents, celle qu'ils appliquent, dans tous les ordres d'idées, au genre démonstratif, ne répudie pas complètement les facéties de leur langue poétique. Quoi qu'elle travaille peu à peu à s'en dépouiller, elle admet encore des phrases comme celle-ci : « Tous les partis se disputent le fructueux bétail qu'éperdument ils s'adonnent aussitôt à ovipuériculitver; mais les congréganistes y surexcellent; ils possèdent les méthodes d'abrutissement les plus souveraines, suggestion mentale, emmurement pneumatique de l'intelligence sous un triple béton d'exercices de mémoire, etc., par le moyen de quoi les lobes, mettons cérébraux, des encouvés s'emplissent de notions littéraires » qui paraissent absurdes à l'auteur de cette maçonnerie bétonnée.

III

Il faut s'arrêter ici plus longtemps. Un peu épuisée par la moisson abondante et superbe dont elle s'enrichit pendant la première moitié du XIXᵉ siècle; réduite, après Victor Hugo, Lamartine, Alfred de Musset, Alfred de Vigny, Leconte de Lisle et leurs imitateurs, à tomber dans les redites, les subtilités, le byzantinisme multiforme qui caractérise toutes les décadences, la poésie lyrique offrait aux entreprises de la langue nouvelle des tentations auxquelles les esthètes s'empressèrent de succomber. Elle devint pour eux un premier champ d'expériences où ils se précipitèrent avec une ardeur digne d'une meilleure cause. Nous avons vu quelques-unes de leurs œuvres les plus vantées. Le temps, un temps très court, en a déjà fait justice. Elles s'en vont en ruines; elles n'existent plus qu'à l'état de curiosités et de phénomènes; pour mieux dire, elles n'ont jamais eu, aux yeux des connaisseurs, la moindre existence réelle, la moindre chance de durée. On peut élever une statue à Verlaine. Le jour approche où la postérité en manifestera une ironique surprise. Verlaine est à Villon ce que Baudelaire est à Théophile Gautier, un écho lointain, très lointain et très affaibli, un pâle reflet. Ni de l'un ni de l'autre le formidable snobisme contemporain ne parviendra à faire des soleils, pas même de vifs rayons. Les « violons longs » n'y suffisent pas plus que *la Charogne*. On commence, en maint endroit, à discuter la gloire de ces deux initiateurs, et même à en plaisanter doucement. On les épluche, on les chiffonne. Le Cénacle qui leur a succédé a enchéri sur leur commune bizarrerie. Fut-elle au moins sincère? Les nouvelles générations inclinent à y voir un penchant très prononcé à la mystification et à la pose. Qu'il n'y ait rien de cela dans les singularités que se permettent les petits-fils de Baudelaire et les fils de Verlaine, on aimerait à le croire; mais on craint d'en être dupe et, devant tel sonnet plus ou moins réussi, ou telles stances assez bien venues, l'admiration se réserve. Il est trop clair que la poésie se refuse à la langue des esthètes. L'histoire, la critique, la science et toutes ses controverses y étant décidément réfractaires, le théâtre lui étant à peu près fermé, que lui restait-il? Le roman. Elle l'a envahi. Elle s'en est emparée comme de son domaine propre; elle s'y est jetée, pour ainsi dire, à corps perdu. L'heure est venue d'apprécier le rôle qu'elle y a joué, qu'elle y joue encore, qu'elle prétend y garder, qu'elle y gardera peut-être et d'étudier sérieusement comment elle se comporte tous les jours dans ce refuge qu'elle a transformé en forteresse.

Elle a su d'abord s'y entourer d'une solide et universelle réclame. Elle a pour elle tous les éditeurs qui excellent à lancer un livre, à le faire avaler de force au public. Ils ont cru remarquer qu'on y mordait, ils ont flatté le goût, réel ou supposé, de leur clientèle ordinaire, et ont ainsi assuré la vogue du roman goncourtiste. Ils n'en ont plus voulu d'autre, les romanciers n'en ont plus fait d'autre; les amateurs n'en ont presque plus acheté ni lu d'autres. Il serait puéril de contester qu'il y a eu preneur pour toutes ces belles histoires qui relèvent de la théorie des Goncourt. Tout ce qui tient de près ou de loin à leur académie, soit comme titulaire, soit comme aspirant ou adepte, tout ce qui s'autorise de leur école, se recommande par cela même au choix des éditeurs et à l'adhésion moutonnière de la foule. La langue nouvelle a triomphé sur toute la ligne — dans le roman.

Elle aurait tort cependant de s'en faire accroire. Il y a, dans cette conquête apparente, un trompe-l'œil, ou plutôt un malentendu facile à dissiper. L'éclatante victoire que la langue nouvelle semble remporter sur ce terrain du roman, champ de prédilection, où il lui plaît de livrer bataille, mais le seul en réalité qui lui reste, elle ne la doit pas à ses propres armes, à ses propres forces, manifestement insuffisantes non seulement pour vaincre, mais pour vivre. Elle la doit uniquement à sa fidèle amie et alliée, la pornographie, autrement dit la polissonnerie littéraire, qu'elle a su se gagner et s'attacher pour toujours. Ouvrez le premier roman venu — un roman de cette école — vous n'aurez pas besoin d'en lire trois pages pour vous assurer que la langue nouvelle et la pornographie sont inséparables. Elles se tiennent par la main; ce sont deux sœurs siamoises, liées entre elles par une membrane adhérente, qu'on ne pourrait trancher sans les tuer toutes les deux d'un seul coup. Elles se prêtent d'ailleurs un mutuel appui. L'entortillement de la langue nouvelle est nécessaire à la pornographie pour s'insinuer et le prestige de la pornographie est nécessaire à la langue nouvelle pour réussir.

Nous allons passer en revue un certain nombre de livres dans lesquels leur union est évidente et leur mariage à jamais consommé. Un des types les plus complets du genre est un roman de Jean Lombard intitulé *Byzance*, qui parut, sans bruit, du vivant de son auteur, passa presque inaperçu et s'enfouit assez profondément dans les ténèbres du silence et de l'oubli pour que, Jean Lombard étant mort, l'idée vint à un éditeur ingénieux, stimulé par une réclame promise d'avance, de déterrer brusquement cette *Byzance* et de la présenter comme un chef-d'œuvre posthume avec toute la pompe dont s'accompagnent habituellement ces sortes de cérémonies. Les camarades menèrent grand tapage autour de celle-là. On put lire dans les journaux les plus répandus, sous des plumes éloquentes, mais complices, de véritables dithyrambes en l'honneur du livre et de l'auteur ainsi exhumés. La queue des Goncourt cria au prodige. Il semblait, à les entendre, que feu Jean Lombard, supérieur à tous les historiens, supérieur à l'histoire elle-même, eût subitement rendu la vie à cette agonie de la Rome orientale et ressuscité sous nos yeux, avec une puissance magique d'évocation, toute la pourriture compliquée du Bas-Empire. A en croire ses admirateurs, il avait fait mieux encore, un véritable miracle : il avait renoué, pour ainsi dire, la chaîne du temps, comblé une lacune dans l'évolution générale des races humaines et retrouvé le fil conducteur de leurs destinées.

Un critique, qui est lui-même un romancier en vedette,

appelait *Byzance* un livre sans pareil. Tel chapitre est « un joyau de splendeur dans le trésor de la littérature française ». Il est « éternel et véridique », il est « un monument de l'histoire pantelante qui se répète depuis lors, depuis douze siècles ». Le roman est « un chef-d'œuvre de l'imagination latine » L'art de l'auteur, c'est d'avoir « transposé » les observations faites par lui sur le port de Marseille « à l'époque de Constantin V et ses aspirations dans le monde cérébral du VIIIe siècle; c'est d'avoir compris l'essai que tentèrent alors les intelligences d'Orient et celles d'Occident pour, selon l'idée future de Joseph de Maistre, fondre les philosophies religieuses des races en une seule spiritualité humaine... ».

Et le critique, transporté d'admiration pour le génie révélateur de Jean Lombard, pensait ainsi : « A Byzance, l'Orient et l'Occident, l'Asie, l'Égypte et l'Europe, Isis, Bouddha et le Christ essayèrent, dix siècles, de s'unir pour une seule fraternité trinitaire dans le culte du Saint-Esprit, du Paraclet. En ce creuset où venaient atterrir les navigateurs de toutes les nations, le miracle fut près de se révéler aux hommes... C'est un malheur infini pour l'histoire du monde que cette magnificence n'ait pu se produire, apparaître et éblouir... ».

Voilà comme on parlait de la *Byzance* de Jean Lombard; voilà quelles fanfares éclatantes sonnèrent, à son exhumation, les principales trompettes de la Renommée. Ce n'était plus un roman, mais une révélation, un évangile. On s'y employa si bien que le public assourdi, étourdi, se jeta sans autre examen sur ce livre annoncé à cor et à cri et lui fit un succès attesté par quarante éditions. On ne souffrit même plus un semblant de rivalité à côté de lui, et les prôneurs de *Byzance*, non contents d'en célébrer les mérites, mirent une sorte d'acharnement à déprécier, et surtout à désachalander le *Quo vadis?* de Sienkiewicz qui jouissait alors d'une certaine faveur, selon eux usurpée. Ils n'admettaient pas que ces deux romans pussent vivre et prospérer à côté l'un de l'autre. Qui goûtait l'un devait nécessairement mépriser l'autre et c'était déjà une assez grande honte pour *Byzance* que la foule imbécile eût pu un moment la mettre en balance avec ce piteux *Quo vadis?* Le voisinage, le contact sacrilège de Sienkiewicz, à la vitrine des libraires, déshonorait feu Lombard.

Tant de passion parut suspecte aux gens qui réfléchissent

et on se mit à lire *Byzance* un peu acclamée jusque-là de confiance et sur parole. Heureux ceux qui purent la lire jusqu'au
bout ! Plusieurs critiques, exempts de tout parti pris d'école,
mais intéressés à ne pas paraître trop innocents, signalèrent
dans cette merveille des tares énormes qui en amenèrent
l'assez prompt discrédit, et des adhésions aussi nombreuses
que spontanées leur prouvèrent qu'ils avaient touché juste.
Pour tout dire, la vogue de *Byzance* ne résista pas à l'examen ;
mais, dans un temps moins ouvert à tous les genres de sno-
bismes, la première phrase du livre eût suffi pour mettre en
garde les vrais lecteurs. La voici :

« En halo, la couronne d'argent de Solibas doucement
virotait sur sa tête de vainqueur hénioque hissé sur des
épaules de Verts, et luisait, en l'hyanilité du crépuscule,
telle qu'un symbola de victoire, cependant que des gens la
saluaient de l'hymne Acathistos, entonné à voix pleine en des
rues où agonisaient des clameurs, où flottaient des écharpes
bleues et vertes, rouges et blanches, comme ce devait être à
une sortie de l'Hippodrome, après une journée de courses qui
avait vu les Bleus vaincus. »

Et, au troisième paragraphe du même chapitre, cette vue de
Constantinople :

« Atténué en l'approchant crépuscule, Byzance se décou-
vrait, rose encore, et des voies larges, achevées à l'extrémité
d'étroitesses de place ou coupées sur la longueur d'églises ou
de monastères bombés de coupoles, apparaissaient, émerveillantes, bariolées, bruyantes. A leur droite, les portiques de
l'Augustéon encadrant le Milliaire aux quatre arches,
obombraient des statues, parmi lesquelles l'envol vers
l'Orient de Justinien à cheval, une aigrette d'or piquée au
casque et un globe mondial en une main. Au nord, c'étaient
des argentements de toits, des dorures de coupoles virgulant
en un zénith gris-verdâtre, léché par des bouts de lointains
feuillages d'arbres, et plus au loin la croix helladique de la
Sainte-Sagesse impavidement radiante, prodigieuse, au-dessus
de tout ».

La critique, bonne fille, eût probablement laissé passer toutes ces jolies choses si on ne l'avait pas provoquée par une explosion d'enthousiasme. Elle en avait vu bien d'autres ! Mais, cette fois, un tel feu d'artifice en l'honneur d'une œuvre bizarre, sinon médiocre, l'irrita, la piqua au jeu, et elle eut le courage de réagir contre cet engouement sophistiqué. Un article intitulé *Byzance*, dans un journal très parisien, remit les choses au point et valut à l'auteur les encouragements de ces trembleurs qui ne marchent que quand quelqu'un a marché. Il était temps !

On vit alors les tares de cette *Byzance*, la confusion, l'obscurité, l'obscénité, le style, surtout le style, d'une barbarie provocante et préméditée. On recula devant ce logogriphe prolongé durant quatre cents pages en petit texte, et beaucoup plus inintelligible que la *Politique* d'Aristote ou les *Ennéades* de Plotin. Il parut assommant, mortel et, dans maint chapitre, malpropre jusqu'au dégoût. Çà et là, le *divin* marquis de Sade était détrôné. L'auteur avait caressé de son pinceau le plus amoureux une héroïne, Viglinitza, sadique et intentionnellement sadique de la tête aux pieds, mais fort inférieure, comme conception poétique ou réaliste, à la Velléda de Chateaubriand ou à la Salammbô de Flaubert.

Il fallut bien s'en apercevoir; on s'en aperçut et on rougit de s'être laissé prendre à de ridicules panégyriques qui dépassaient, en hyperbole, tout ce que peut se permettre la plus complaisante oraison funèbre. Celle-là avait décidément enterré, pour la seconde fois, le malheureux Jean Lombard, digne, après tout, d'un meilleur sort. Vainement ceux qui avaient fait accueil à *Byzance* et surtout ceux qui avaient monté ce coup audacieux contre le bon sens public, essayèrent d'en appeler, par intérêt ou amour-propre, contre cette condamnation désormais définitive. Vainement leur protestation s'arma d'un nouveau roman de Jean Lombard, *l'Agonie*, à laquelle ils s'efforcèrent d'organiser, comme à *Byzance*, un triomphe posthume. *L'Agonie* vaut mieux que *Byzance* et n'eut pas son succès. La cloche de la réclame était fêlée, le charme était rompu.

Tout ce travail pour reconquérir la clientèle demeura sans effet. Prémuni contre de nouvelles surprises, le lecteur se tint si visiblement sur ses gardes que les mystificateurs jugèrent à propos de lui laisser un peu de répit. Toutefois, une année ne s'était pas écoulée qu'un second roman, tout pareil au premier, on pourrait dire sans exagération une seconde *Byzance* parut sous ce titre : *Basile et Sophia*. Décidément, plusieurs romanciers s'étaient rencontrés ou même entendus pour cette exploitation *livresque* (1) du Bas-Empire. Ils avaient cru y découvrir une mine féconde qui, en somme, n'a pas donné ce qu'ils en espéraient.

L'auteur de *Basile et Sophia* est aujourd'hui ce que, dans un français bien étrange, on appelle un écrivain notoire. A Dieu ne plaise que nous méconnaissions son activité littéraire et son talent. Il figure, au premier rang, et certainement avec avantage, parmi les goncourtistes en vue; il a un nom qu'on salue avec respect dans les journaux. On ne signalerait aucun critique qui ose s'en prendre à sa personnalité déjà considérable, et l'école elle-même affecte de le regarder, depuis une trilogie romanesque où il s'est révélé tout entier, poète, philosophe, sociologue et styliste, comme un de ses plus glorieux représentants. Avant de publier lui-même *Basile et Sophia*, il avait eu soin de rendre publique l'admiration que lui inspirait la *Byzance* de Jean Lombard, et, pour bien montrer qu'elle était sans réserve, il avait célébré ce roman en termes qu'on n'eût pas employés autrefois pour signaler les œuvres maîtresses de la littérature française. Il eût dit volontiers : « Beau comme *Byzance !* »

La sincérité de cet enthousiasme éclata naturellement lorsqu'on le vit, quelques mois après, chercher lui-même le succès, qui, jusqu'à présent, ne lui a jamais manqué, avec un roman puisé à la même source, né de la même inspiration, rempli des mêmes scènes et écrit, ou peu s'en faut, de la même encre. C'est à croire — tant les deux livres se ressemblent — qu'ils sont sortis de la même plume fraternelle, comme les romans des frères Margueritte. Qu'on y trouve des descriptions pittoresques, des tableaux, des morceaux qui se recommandent à l'attention du lecteur par une certaine habileté à mettre en mouvement des personnages nombreux, à animer les foules, à donner la sensation des grandes et confuses mêlées, c'est convenu, et la critique ferait preuve de parti pris en le

____

(1) On sait que *livresque* est un mot de l'école.

contestant; mais nous n'avons pas à apprécier ici ces esquisses toujours un peu brouillées dans des pénombres de second plan, où disparaît la netteté des figures. Comme certaines toiles des grands décorateurs qu'il faut regarder de loin, elles sacrifient le dessin à l'effet général et au relief de l'ensemble; il est entendu qu'on se tiendra à distance pour les apprécier. Mais ce qui est permis aux peintres ne l'est pas aux écrivains, qu'on ne peut regarder que de près et en détail, même quand un beau désordre est chez eux un effet de l'art; si bien que dans *Basile et Sophia*, comme dans *Byzance*, on est d'abord frappé de cette écriture délibérément byzantine, c'est-à-dire bizarre et truquée, prodigieusement artificielle, toute en efforts laborieux et en constructions pénibles, à laquelle il paraît aussi impossible de rechercher la simplicité que de fuir l'obscénité. Quel secret rapport y a-t-il donc entre ce byzantinisme du langage et cette indécence de la pensée ou de la peinture? Il semble bien que ce soient deux corruptions à côté l'une de l'autre, nées d'un même état d'esprit et désormais inséparables. Tant il est vrai qu'une corrélation — historiquement démontrée — existe entre la langue et les mœurs. Mais de ces deux dépravations, nous n'avons à retenir ici que la dépravation littéraire. Elle est flagrante, elle s'étale avec orgueil dans *Basile et Sophia* aussi bien que dans *Byzance*. Nous allons saisir sur le vif l'ostentation qu'elle y met :

« Basile vécut là très heureusement, car Damélis, après sept années de veuvage, l'aima de toute sa grande bouche charnue, de ses yeux puissants, de ses bras doux, de ses souvenirs fougueux. Il dormait dans la chevelure fauve et sur les larges seins odorants... »

Poursuivons. Cette veuve a des nièces et des cousines, et Basile ne peut les voir sans une vive émotion que l'auteur traduit ainsi :

« La nuit, quand Damélis le serrait contre la palpitation de sa chair, il murmurait en fermant les yeux : « Aglaïs, et ta bouche dure à la place de cette molle bouche abîmée par de vieilles amours; ô Aglaïs !... Théoctista, et ta jambe nerveuse à la place de cette pauvre étreinte relâchée par l'abus

du plaisir conjugal ! ô Théoctista !... A toi, Pulchérie, ce jet
de vie et cette crispation de mes bras robustes, pour que
passent au noir d'abîme les clairs yeux pers, Pulchérie !...
Et toi, Hiéroclée, fille à la marche harmonieuse comme un son
de citole, que ne vibres-tu des fibres de tes jeunes flancs sous
mon sanglot, plutôt que cette matrone blette et soufflante,
déjà tout en sueur. Car j'ai vu, Hiéroclée, sous la transparence
de ta robe; et j'imagine que je presse ton sein, non celui de la
veuve, etc... »

Un dernier tableau vivant, entre vingt autres, encore plus
expressifs, et qu'on n'ose vraiment pas reproduire, par suite
d'une certaine honte qu'on éprouve à y attirer l'attention.
L'empereur Michel, digne émule du Copronyme de Byzance,
livre ainsi sa propre maîtresse à un goujat, dompteur de chevaux :

« Ne te défends pas, Eudocie : tu m'as parlé du Macédonien
(c'est le goujat) comme une femme qui cherche déjà, d'un
doigt tremblant, l'agrafe de sa ceinture, afin de la détacher...
Et n'est-ce pas le privilège des esprits sages de constater sans
orgueil le désir que l'on provoque chez la femme, et sans dépit
la certitude de la voir désirer un autre compagnon de
couche... »

En retour, le dompteur de chevaux livre sa sœur Sophia au
« désir » de cet empereur philosophe :

« Sophia vit disparaître le manteau de son frère et sa tu-
nique noire. Soigneusement, il n'avait, de l'œil, manifesté ni
approbation, ni improbation; mais, le front vers la terre et les
épaules courbées, il conserva l'allure de l'obéissance.
« Seule avec l'empereur, elle frémissait, lasse d'être droite
depuis si longtemps, étouffée par l'angoisse, le désir, la peur et la
joie, l'attente. Sans rire, Michel se leva, courut à elle, la saisit,
écrasa dans le baiser leurs lèvres. Sa main maîtresse, avec les
ongles, déchirait les quatre robes de gaze, celle de toutes
couleurs, celle de tissu d'argent, la noire et l'hyacinthe. Sophia
se laissa glisser au seuil, ferma les paupières à demi... Elle
voyait le ciel... ».

Il paraît que ces gentillesses ont pour excuse, dans la pensée de l'auteur, la nécessité de mettre sous nos yeux les mystères et les cérémonies du manichéisme byzantin, et les intrigues, et les ambitions qui s'en couvrirent quelquefois pour donner une apparence religieuse à des desseins politiques; mais ni l'histoire ni le roman n'ont besoin de pareils détails. C'est la vérité, dit-on, prise sur nature. Qu'en savez-vous? Ce ne sera jamais, quoi qu'on fasse, qu'une vérité de seconde main, devinée et interprétée à travers des livres suspects, une version latine ou grecque et, ce qui est pire, une version d'une version. On s'autorise de l'exemple d'un Suétone ou d'un Pétrone; mais on les dépasse singulièrement. Et est-on bien sûr qu'ils n'aient jamais obéi à des préventions personnelles ou à de secrètes rancunes? Leur sincérité reste fort problématique. Admettons qu'ils étaient bien placés pour voir, et que leur coup d'œil ne les a point trompés, encore vivaient-ils dans un temps où les évènements se déroulaient avec une clarté relative, où Rome, même infâme, projetait sur le monde une lumière qui aidait l'observateur à saisir et à peindre sa pourriture étalée au grand jour. Mais le Bas-Empire! Mais Constantin Copronyme! Mais l'empereur Michel! Allez voir pour y croire! Justinien lui-même est déjà terriblement obscur, et il a fallu toute l'ingénieuse divination d'un maître de la littérature dramatique pour le remettre sur pied, vaille que vaille, et nous donner une Théodora, qui est peut-être fausse, mais qui, dans l'ensemble, a aussi des chances pour être vraie et qui, en tout cas, est moins conjecturale que Viglinitza ou Sophia. Où l'avez-vous connue, votre Sophia? Où l'avez-vous rencontrée? D'où vient-elle? Sur quel texte authentique, sur quelle figure analogue son auteur l'a-t-il copiée?

Il répondra sans doute qu'il avait bien le droit de la rêver telle quelle, de l'inventer et de la fabriquer de toutes pièces; mais vous rappelez-vous la grande querelle de Flaubert et de Sainte-Beuve au sujet de *Salammbô?* Sainte-Beuve était l'ami de Flaubert, il avait contribué plus que personne au succès de *Madame Bovary;* suivant sa propre expression, il avait sonné le premier coup de cloche; mais, lorsque *Salammbô* parut, il fit ses réserves qui fâchèrent Flaubert et, insistant sur la minute psychologique où l'étreinte sauvage de Mathô *casse la chaînette* de la prêtresse de Tanit, lui qui n'était pour tant pas bégueule, il prononça le mot de sadisme. Qu'aurait-il dit de cette Viglinitza et de cette Sophia, sadiques et archisadiques et plus que sadiques?

Nous n'avons pas la prétention de faire ici un cours de moralité littéraire, mais seulement de montrer le rapport intime qui existe entre les choses qu'on écrit et l'écriture qu'on y emploie. Partant de là, il nous reste à établir que, dans *Basile et Sophia*, l'écriture s'adapte au roman et qu'elle est souvent, comme le roman lui-même, affectée de byzantinisme; c'est proprement notre sujet.

Pour y rentrer pleinement, il nous faut traduire en français quelques locutions de langue nouvelle cultivées et soignées avec amour par l'auteur, comme autant de plantes rares.

« Aucune vie ne se décela pour l'investigation de son regard. »

Cela veut dire que le personnage dont il est question, à ce premier chapitre du livre, ne trouva rien de vivant sous ses yeux. Et la même phrase se reproduit quelques lignes plus loin sous une autre forme : « Il n'aperçut rien d'une évidence corporelle ».

« — Pendu à une grosse corde, le moine *semait* sur Byzance les sons de l'Angelus.

— Souvent les *sonnailles* du fouet agité de loin par un messager de l'empereur le forcèrent de se garer contre le talus.

— *Un midi*, comme il regardait les créneaux d'une porte...

— Elles chantaient ensemble avec une tristesse *puérile* (une tristesse d'enfants).

— Le bassin brodé d'argent au centre duquel *s'érige* un grand vase d'or.

— *Il l'étonnait* (pour : *cela l'étonnait*) que rien de cette tare morale n'apparût au front.

— Ces souvenirs se rangeaient subitement, accourus du désordre, de la multitude et de l'oubli qui garnissent les réserves mystérieuses du cerveau.

— Elle *perpétua* (continua) toute une litanie. Sophia eut peine à *reconquérir* sa colère.

— La peur de s'évanouir, de mourir, l'avait obligée à se reprendre, qui haletait... (Comprenne qui pourra cette construction barbare !)

— Sophia baigna ses ongles *parmi* l'eau d'une petite urne.

— Quelques étoiles *se situèrent* définitivement au ciel bleu.

— Une cohue de marchands arméniens dont les robes s'agitaient au bout des gestes.

— Tout un rang, dans le haut, portait l'éblouissement de l'astre (du soleil) réfléchi sur les casques des soldats.

— Sacrilège ! garrulèrent les eunuques.

— Milles grimaces vives murent les rides entrecroisées à leurs visages de vieilles femmes.

— Un nuage accouru voila d'ombre le cri de la foule.

— L'or des impôts ne servirait plus à *convertir* l'intégrité des sénateurs.

— La cymbale fit taire les murmures, arrêter les gestes *entrepris*.

— Elle tira le voile bleu *jusque le* centre de sa face.

— Sophia, Sophia, appelait la voix d'Euphrosyne, qui *s'éperdit*...

— L'oscillation des flots finit d'être une ombre violette tachée d'argent mousseux, pour devenir le bouillonnement infini d'un métal terne.

— Parfois, des cloches semaient la voix du Théos sur les tumultes...

— De l'ombre s'abattit...

— Elle coucha sa face dans ses bras que soutinrent ses genoux...

— Les lances de cavalerie barraient les étoiles du firmament...

— Hors de la tente, il naquit du tumulte, une trompe beugla... L'adolescent courut afin de rejoindre le cri rauque de la trompe.

— La fuite d'une grenouille fut écrasée par le sabot rouge de la jument.

— Les sabots des bêtes enfonçaient la mousse...

— Leur rire se vanta des prouesses qui avaient dispersé les éclaireurs ennemis.

— Au bout de la hampe, une résistance se débattit.

— Elle sentit la froide pénétration d'une arme en sa chair contractée, pincée, qui céda tout-à-coup, qui glissa le long de la lame, l'avala, l'embrassa d'un anneau grouillant... »

Et il y en a, comme cela, des centaines. Le procédé s'y voit
à plein. C'est une imitation, certainement maladroite, du Flaubert de *Salammbô;* c'est le résultat terriblement laborieux
d'une fausse conception du style. Quelle que soit l'admiration
de nos byzantins modernes pour cette étrange écriture, elle est
vraiment trop loin de nos habitudes, trop ennemie du naturel
et elle a trop peu de relations avec l'aïeule, avec la vieille et
bonne langue française, pour s'implanter, d'une façon définitive,
dans notre littérature; nous avons le droit d'espérer qu'elle y
séchera forcément comme ces fleurs sans racine dressées dans
le sable par la main des enfants. Byzance ! Byzance ! Le goût
que les deux livres en question témoignent pour le Bas-Empire
et pour un temps aussi « copronyme et excrémentiel » est un
bien mauvais signe; mais il nous offense moins qu'il ne nous
rassure. De pareilles aberrations ne peuvent pas durer.

Dira-t-on que la couleur locale a ses exigences et qu'il fallait nécessairement être byzantin avec Byzance? Eh bien,
voyons un autre roman du même auteur, non pas le dernier
paru, récent néanmoins et favorablement accueilli.

Il est intitulé *les Cœurs nouveaux.* C'est une étude psychologique très raffinée, où l'on analyse minutieusement deux
caractères, celui d'une jeune fille ultra-moderne, Valentine
Cassénat, qui se pique de sécheresse et de froideur, méprise,
comme autant de faiblesses, toutes les manifestations sentimentales et pratique tous les sports avec une maestria mas-
culine, — et celui d'un jeune aristocrate de trente ans, Karl de
Cavanon, revenu de tous les préjugés de sa caste; revenu
aussi, à la suite d'une déception et d'une crise d'amour, de
toutes les passions où le cœur opère seul, possédé néanmoins
d'un besoin d'aimer l'humanité ingrate ou aveugle, et convaincu que, dès maintenant, tout doit se résoudre en ce monde
par le pardon et la bonté. Il fonde un phalanstère communiste
pour se donner à lui-même le spectacle de la solidarité en action.
Et non seulement il distribue aux pauvres, aux déshérités, aux
déchus, le pain du corps; mais, en même temps qu'il leur
assure la vie matérielle, il s'applique à cultiver leurs âmes,
« pour qu'elles puissent croître dans la connaissance de la
beauté ».

Il s'y prend d'une façon contestable : « Au lieu de romances
ineptes, ils chantent ce que je leur apprends, le soir; c'est un

sonnet de Baudelaire adapté à un thème de *Parsifal* ». Oh !
oh ! Il est permis de se demander si une simple romance de
Loïsa Puget — oui, de Loïsa Puget — n'aurait pas plus de
vertu éducatrice; mais peu importe ! La fière Valentine revient
peu à peu de ses préventions contre cet admirateur de Baudelaire parsifalisé; elle comprend enfin la grandeur d'une pareille pensée, et alors un amour s'éveille en elle, l'amour de
l'humanité, l'amour « social », le sens de la fraternité universelle :

« Des odeurs de félicité l'enivrèrent. Elle saisissait en soi
la splendeur de l'amour, non du médiocre amour dit par les
livres et la romance, mais celle du dieu lui-même, de l'Éros
qui pousse les hommes à se chérir, à s'unir en couples, en familles, en hordes, en républiques, pour que la bonté miraculeuse,
un jour, au bout des siècles, vienne à s'épanouir sur le monde
racheté de la douleur, s'étreignant dans le même baiser. »

Valentine fait à son tour ce rêve, et alors elle s'indigne du peu
de succès qu'obtient son « diseur de chimères »; elle proteste
contre les grossières ironies que l'auditoire qu'il veut convertir
et relever oppose à ses prédications.

On rencontre là, dans ces *Cœurs nouveaux*, quelques pages
fort belles, vraiment neuves — autant qu'une chose peut être
neuve aujourd'hui sous le soleil — et même tout à fait hors de
pair. Il convient de les signaler, car un talent original s'y
révèle, et surtout de les louer, presque sans réserve, au moment
même où l'on regrette les taches voulues qui les gâtent.

Malgré cette résistance continuelle qu'il éprouve, le « diseur
de chimères » ne se décourage pas. Aucun échec, aucune plaisanterie ne le détourne du but qu'il s'est proposé et il se contente de sourire lorsque ses meilleurs amis lui reprochent d'être
un peu, « oui, un peu futur ».

Il espère ne pas toujours l'être. Il se trompe. Méconnu,
bafoué, accusé par ce peuple imbécile auquel il a voué son
intelligence et sacrifié sa fortune, il se replie sur lui-même dans
un muet désespoir et se demande si sa foi dans le progrès
démocratique n'est pas une duperie, lorsque Valentine se présente à lui comme l'ange secourable qui guérira la profonde
blessure de tant de déceptions accumulées,

Cette histoire a plus d'intérêt que les cinquante ou soixante romans nouveaux dont s'enrichissent chaque mois les étalages des libraires ; mais pourquoi la sophistiquer à plaisir par cette vilaine écriture dont le seul aspect lui enlève immédiatement une part de sa sincérité? Pourquoi nous distraire de l'émotion qu'elle nous procure par une prodigalité de néologisme adverbial : *intensément, fervemment, banalement, méprisamment, forcenément, inespérément,* auxquels on ajouterait volontiers *désolamment* et *frivolement,* tant ce parti pris de fausse originalité et de puériles inventions est, en effet, désolant et frivole !

Que signifient des phrases comme celles-ci :

« — Elle ne se pardonnait plus l'émotion passagère *value* par les paroles du bateleur.

— Elle pensait au bateleur *qui se laissait paraître...*

— *Une chose intruse* la pénétrait maintenant...

— Elle lui offrit une poignée de main *camarade...*

— Le landau, attelé en poste, emmena les dames, effarées, parmi la pleurnicherie grêle des grelots...

— Les stridences des sifflets jetèrent des avertissements...

— *Du* mystère obscurcissait les conversations tenues... ».

Admirez maintenant ce portrait du héros... : « A plusieurs reprises, et dans des instants exceptionnels, elle avait senti l'âme ironique du diseur de chimères la pénétrer intimement, se mettre en connivence. Il l'avait menée par la parole jusqu'à frémir, jusqu'à, pendant une seconde, ne s'appartenir plus, être une chose tremblante sous un souffle fort. Elle ne le pardonnait pas; elle dénigrait en soi la courte barbe florentine de l'hôte, sa moustache d'or troussée, son teint râpeux, creusé par des plissures de fatigue morale, ses cheveux plutôt noirs étalés à plat, en bandeau contre un front de race décadente, un front ni volontaire, ni génial, mais lissé, eût-on dit, par les choses, par les âges passés des légendes et des périodes guerrières... ».

En regard, la psychologie de l'héroïne : « D'abord, il s'épanouit en elle un ravissement. Elle goûta du bonheur par les doigts qui percevaient la fraîcheur de la balustrade en métal sur laquelle elle s'accoudait, par ses narines frémissant à la brise, par ses regards enfin mariés à l'infini clair...

« Un malaise extrême la saisit, le même que celui habituellement ressenti aux heures de solitude. Alors un être invisible, une *présence*, la guettait pour, derrière son dos, tourner en dérision diabolique ses gestes, sa musique. Ou bien, à son oreille, l'être se penchait comme prêt au murmure d'un mystère atroce, jamais dit. Et voilà que Karl lui parut certainement cet être même senti, mais non vu, depuis des années. Enfin il se révélait, le tourmenteur, cause de toutes les épouvantes inexplicables de l'enfance, celui qui la poursuivait la nuit, par les longs couloirs, et mal dissimulé dans l'ombre des bougies...

« ... Elle se comprit une petite fille sans vigueur devant le mystère des attractions universelles... »

Tels sont ces cœurs nouveaux. Il y a beaucoup de pathos et même de Pathmos apocalytique chez tous ces petits Saint-Jean.

Prenons un troisième romancier, non moins connu du public et non moins fameux dans l'école, que les deux précédents. Il a emprunté aux « mœurs de théâtre » une histoire qu'il a intitulée *la Fauve* et qui a eu dix éditions. C'est l'aventure d'un jeune auteur dramatique que son nom, orné d'une particule, assujettit à certains préjugés de caste. Il tombe amoureux d'une actrice à qui rien ne manque, beauté, grâce, talent, vertu, pour justifier un grand amour et mériter un long attachement. Cependant il la quitte, encore épris, pour faire, dans son monde un mariage riche, et il s'en rapporte au temps du soin d'adoucir, avec ses propres remords, la douleur de l'abandonnée. On a dit que c'était un roman à clé et qu'il était facile de mettre un nom sur chacun des deux personnages. Ici, peu nous importe ; il s'agit simplement de savoir en quelle langue ils échangent leurs sentiments et leurs serments, si vite oubliés du héros. Leur style seul nous intéresse.

Les néologismes y abondent, c'est de rigueur. Tous les goncourtistes prétendent se faire leur langue à eux, comme certains gastralgiques font leur eau de Vichy. C'est ainsi que, dès les premières pages du livre, nous rencontrons un amant *soupireux* et *capteur* qui se pique sans cesse de se résister et de se désobéir. Il *cerne* le mieux et l'oblige à capituler après un long siège. Il *s'enrage*, il est en proie à un *blasement*, il *silencie* tout le monde autour de lui, il prend *guerrièrement* ses résolutions; il parle d'amour *intarissablement*, au milieu d'indifférents qui déploient, à ses côtés, une activité *usinière*, sous une pluie battante qui *stille* des toits, etc. Il pratique, sans en excepter une seule, toutes les petites conventions que nous avons déjà signalées tant de fois et qui constituent le plus clair de leur pseudo-réforme : *tel* pour *comme*, *parmi* pour *dans*, *nué* pour *nuancé*, à la manière de Ronsard, et cent autres gentillesses usitées *parmi* l'école, *tel* un écolier résolu à jurer béatement sur la parole du maître et à *nuer* comme lui toutes les délicatesses de la pensée.

Ce ne serait que demi-mal si elles n'émaillaient un fond de style absolument anti-français. Mais il ne suffit pas d'accuser, il faut prouver :

« Un silence doublé du comédien aux spectateurs régna dans la salle. Les gestes, les mots, les moindres choses baignèrent dans cet extraordinaire silence. C'était comme le tissage d'une toile d'araignée, une œuvre compliquée et muette, forte et subtile, d'un goût très délicat, non seulement le comptage classique des distances, mais une sorte d'architecture des mouvements et des inflexions où les vides et les pleins, les saillies et les retraits, s'accordaient magnétiquement à cette force obscure qu'est un public... Et comme il relevait la tête, ses yeux rencontrèrent le visage de la jeune fille blonde, penchée, prise dans le silence comme dans un gel soudain. Une grâce plus fine que la vie s'en exhalait, *telle* une atmosphère de délices très spiritualisées, et cependant — par quel sauvage retour — il la désira tout à coup à la manière d'une brute, rêva de prendre le corps voluptueux de l'actrice tandis qu'elle aurait ce sourire délicat et spiritualisé. »

On sent là une ambition de saisir au vol des sensations extrêmement subtiles, ce que les novateurs appellent des frissons, mais ces imperceptibles émois nous échappent, ils n'arrivent point à prendre figure devant nos yeux, tant ils sont rares ou fugitifs, et le tableau, si caressé qu'il soit du peintre, reste forcément dans une brume à laquelle on compare, malgré soi, les jolies guipures d'un Daudet et les forts reliefs d'un Flaubert.

Un peu plus loin, l'amant donna son cœur à l'amante « dans un abandon de chevalier Desgrieux ». Qu'est-ce que cet abandon qu'un goncourtiste n'hésiterait pas à qualifier de *desgriolesque?* Et n'est-ce pas aussi du pur Goncourt, à moins que ce ne soit du pur Zola, imité, copié presque, cette ennemie du couple principal, « une femme à figure aiguë de rate », une jalouse qui envie leur bonheur et calomnie leur amour.

Tournons encore quelques pages :

« Malgré l'intérêt extraordinaire qui *saillissait* pour lui de la vie originale et forte où il avait trempé *en* ce soir, il ne put supporter plus longtemps la présence de la sœur d'Augustine... Une étrange émotion s'empara de lui. Il s'avança avec la comédienne jusque vers le portant où elle guettait les répliques. Un charme confus *venait* sur le visage absorbé à la fois par la prochaine entrée en scène et par l'amour... Une comédienne marquée, aux yeux malicieux, *parmi* l'abondance du kohoul, attendait son entrée... Dix minutes *coulèrent.* »

Est-il nécessaire de relever tous les goncourtismes dont cette page est remplie? Jusqu'à ce *venait*, qui a dû être longuement délibéré entre l'initiateur et ses adeptes ! Il est clair qu'il l'a présenté à leur admiration et qu'ils l'ont salué eux-mêmes comme une découverte. Ce sont de ces petits plaisirs d'atelier qu'on se donne, pour une touche qui paraît neuve, entre élèves et professeur; mais, lorsque par hasard le public y prend garde, cette soi-disant nouveauté l'étonne plus qu'elle ne l'enchante, comme une fausse note dans un concert.

Et c'est cela qu'on décore du beau nom d'originalité ! C'est à des bagatelles de ce genre que s'attachent l'admiration et la renommée ! Incontestablement elles ne doivent leur succès qu'à une réclame savamment organisée, à un engouement aussi ridicule que la vogue des précieuses et le style des ruelles. Elles se comportent de la même façon et elles reçoivent, en maint endroit, le même accueil favorable qui leur serait refusé si le snobisme victorieux n'avait réussi à fausser le goût français en littérature comme en musique.

Querelle de mots, dira-t-on ! Querelle d'éplucheurs et de pédants ! Non pas ! Nous prenons moins de peine pour chercher et signaler ces sottises que leurs auteurs ne mettent de soin à les fabriquer. On voit trop bien qu'ils s'y évertuent, s'y appliquent, heureux, radieux quand leur travail leur a procuré quelque aubaine comme celle-là. Ils en raffolent, ils la couvent, ils l'inscrivent au catalogue des grandes inventions de ce siècle. Ils ne se doutent pas un instant que, suivant l'expression d'un poète qui fut souvent un admirable critique, leur pomme d'or est un simple navet qu'ils pressent tendrement sur leur cœur. Si encore d'autres cœurs ne battaient pas à l'unisson pour ce navet ! Mais hélas ! il est épidémique, et il exerce de jour en jour ses ravages, le navet !

C'est lui qui nous vaut ce grossissement des objets, et par conséquent des sensations et des images qui caractérisent au premier chef, toute l'école et qui finira par la tuer d'hyperbole et d'enflure. Tout récemment, sous la plume d'un écrivain qui, né dans ce mauvais berceau, s'en éloigne adroitement à mesure que sa renommée grandit, on rencontrait cet aphorisme stupéfiant, qui trahit, du premier coup, son origine : « L'excès, en rien, n'est un défaut !» Pur paradoxe, imaginé uniquement pour contredire La Fontaine, et qui rentre bien dans cette recherche d'originalité fictive à laquelle nous sacrifions aujourd'hui, tous tant que nous sommes, la justesse et la mesure ! L'excès est un défaut en tout, l'excès est la mort des littératures et de la langue, il les tue par l'impuissance de progresser où il ne tarde pas à les réduire.

Dans *la Fauve*, les détails les plus vulgaires prennent une importance capitale, où toute vérité, toute proportion disparaît. On est frappé, à chaque ligne, des étranges fantaisies de ce cerveau qui s'échauffe sur des misères et analyse passionnément des riens. C'est toujours cet enfant du vieux Boileau, qui, au passage de la mer Rouge, montre gravement des cailloux à sa mère. Étudions ce portrait, c'est le *portrait* d'un appartement visité par un duc.

« Harlay n'avait point de goût personnel, mais son tapissier lui aménageait des choses délicates selon la mode du jour. Le duc regarda ces choses avec plus de curiosité que d'émotion; elles lui parurent à la fois vaines et indicatrices de temps nouveaux où l'on vante la lumière et la netteté autant qu'on vantait jadis la discrétion des ombres et la couleur chaude d'un nid à draperies et à tapis. Il trouva l'aspect général froid, et seulement aimable le biseau des petites vitres claires, les soies rayées, bouquetées Louis XVI. Le reste, en vernis pâle, dossiers palmés, velours ciselé de grandes fleurs prétentieuses, cachettes à lampes d'incandescence, lui déplut... Il arriva enfin au cabinet d'Harlay où l'on voyait une grande table d'acajou avec très peu de papiers et un encrier microscopique... »

Évidemment cette description, copiée minutieusement sur nature, ne vient là que pour faire plaisir à l'ombre des Goncourt; mais elle occupe une page entière, qui se glisse, furtive, à travers les amours de la comédienne; et ce serait miracle qu'à cet endroit, elle pût nous intéresser. Comme le duc, nous regardons ces choses «avec plus de curiosité que d'émotion», et notre curiosité, non exempte d'impatience, aimerait mieux se porter ailleurs. Ce n'est pas ainsi que Balzac, si ami du bibelot cependant, comprenait ses ameublements et son bric-à-brac. Il s'y attardait quelquefois, comme dans *la Peau de chagrin*, avec une complaisance un peu fatigante pour le lecteur; mais, lorsqu'il s'égarait, à perte de vue, dans ces énumérations interminables, il avait encore son dessein, qui était de rendre la peinture d'un caractère plus sensible, en plaçant bien le personnage dans son milieu et dans son cadre. Il jugeait que ce cadre, encore que démesuré, devenait un utile accessoire du portrait. Depuis Balzac, et surtout depuis les Goncourt, on ne se demande même plus si ce déballage purement matériel peut ajouter quelque chose à la physionomie générale des types, on décrit pour décrire, on meuble pour meubler, on emménage pour emménager. Il en résulte un peu d'ennui, dont nous n'aurions pas à nous occuper si cet abus ne faussait l'observation psychologique elle-même, en donnant beaucoup trop d'importance à des pointes d'aiguilles qui, sous l'enflure du mot et l'étendue du développement, paraissent grosses comme des barres de fer; et si cette psychologie ainsi faussée n'aboutissait, par la relation intime de la chose et du mot, à une langue également fausse et outrée.

Admirez ce portrait d'une ingénue de théâtre : « Petite figure chiffonnée où tous les maux d'un sang trop pauvre et d'une organisation surmenée étaient inscrits dans des rides, des pâleurs de cadavre, des lèvres en loques... Et cependant,

par la vertu d'un héroïsme surhumain, le tout s'éclaire et vit
d'une vie triste et charmante. C'est *dans* l'ignorance, *dans*
l'abandon à tous les vents de l'imprévu, une fermeté extraordinaire, une vie caractérisée et opiniâtre *dans* l'unique désir
de bien faire. Nulle injustice jamais, nul acte, même peu
délicat. Tout est bouillant de généreux accueil, de dévouement gratuit.

« En elle se trouve le triomphe de la vie de théâtre, une
cervelle montée en attitudes nobles avec l'accompagnement de
mots qui éveillent ces attitudes et que ces attitudes éveillent,
et qui, intarissablement, trament un tissu de merveilleuses
bontés sur des motifs de mirliton, sur les fades légendes
d'honneur des théâtres populaires... »

Aïe ! hélas ! holà ! On sait de reste que le groupe auquel
appartient l'auteur de *la Fauve* trouve la prose du XVII siècle
un peu plate et molle ; il semble bien que des prosateurs comme
Fénelon et Racine eussent trouvé celle-ci un peu lourde, avec
ses mots longs d'une toise, qui ressemblent à des poutres sur
une charrette, ses abstractions germaniques et son perpétuel
gonflement. Il n'est pas jusqu'à ce titre, *la Fauve*, qui ne se
ressente de cette bouffissure ; on se figure une lionne dévorante,
et il s'agit tout simplement d'une petite blonde docile et résignée.

C'est une prétention de l'école que de savoir peindre, il
n'en est guère de moins justifiée ; le mot pittoresque, le trait
unique lui échappe presque toujours ; elle ne peint pas, elle
n'enlève pas, d'un seul coup de pinceau, cette touche définitive qui fait les Saint-Simon, les Retz et les Michelet. Elle
observe à la loupe, et elle photographie. Elle marche, son appareil en main, dans un brouillard où manque la couleur. Autrement, elle n'aurait pas autant de goût pour ce style abstrait,
inanimé, dont elle n'a même pas l'air de soupçonner la gla-
ciale pesanteur ; et pourtant, admirez !

« Il se montra assez sincèrement épris de forte réalité pour
être quelqu'un. S'il est vrai qu'il fût ce *quelqu'un* en vertu seulement d'une fiction, cette fiction avait assez d'étoffe pour
s'organiser comme un être. Dans des circonstances heureuses,
il pouvait n'en pas voir la fin. Il eût été alors un des mille
simulacres que produisent les grandes collectivités et qui

s'adaptent à ces collectivités, âmes qui ne vont pas jusqu'au
sein de la nature et trempent toutes dans des milieux intermédiaires, comme les racines de certaines lianes trempent
dans l'air et non dans le sol : unités sociales, non point
unités humaines...

« Dans le rayonnement du succès, il eut la première impression d'une personnalité bien à lui. Il fut conforme à son caractère de croire qu'il dédaignait les faveurs de sa naissance et de
sa fortune, qu'il touchait à son rêve : chercher en tout une
vérité assise, ne se soucier que du mérite propre. Et une semblable conviction devenait périlleuse pour lui dans sa naïveté
même, non point dans l'ordinaire de la vie, mais pour les cas
passionnés où elle engagerait cette âme de deuxième plan aux
voies de la nature primitive, sauvage et impérieuse, que seuls,
les grands êtres peuvent aisément dominer... ».

Que dites-vous de ce style ? Et que dites-vous de ce héros
de roman ? En vérité, nous préférons vaille que vaille, les romantiques, Antony et Hernani. On a beau nous prévenir que
celui-ci « s'écorche en blasphèmes à la Schopenhauer, en cris de
haine, de mépris contre la nature, sans se douter que tout cela
fût seulement la douleur de ne pas être, la sourde accumulation
d'énergie qui, vers la trentaine, atteint presque tous les
hommes, et où se liquident les jeunes emportements de la foi,
l'idéal vaporeux, le rêve sans forme... » On a beau ajouter —
un peu plus tard — qu'au contact d'un amour sincère « le
monde vibrant en lui, son âme d'aristocrate était fondue »;
qu'en traversant la place de la Concorde, « léger et convulsif,
il se sentait planant, soulevé au-dessus des vastes lacs de la
substance universelle où tous les êtres sont répandus... », notre
esprit n'en cherche pas si long. Il regrette l'amant d'Adèle
criant : « Je suis à toi, comme l'homme est au malheur ! » Il se
rappelle surtout le *Mardoche* de Musset qui, en semblable circonstance, lorsque l'heure du berger a sonné pour lui, « lorsque
l'amour vainqueur a couronné sa flamme», court, vole, ne touche
plus terre pour ainsi dire, et n'inspire à son poète que cette
exclamation, suffisante dans sa simplicité : « Heureux un
amoureux ! » Il plane cependant, lui aussi, au-dessus des vastes
lacs de la substance universelle; mais, tout en planant, il
parle français.

Et nous n'insistons pas sur le crépuscule de février qui
« vivait sa dernière lueur dans l'antichambre » — ni sur la co.
médienne qui observait son futur amant « avec une sorte de
crainte, parmi le scepticisme de sa conversation »; ni sur « le
bruit des voix qui s'amplifiait dans une ardeur nouvelle »; —
ni sur « ce dédoublement dénigreur » qui fâche l'auteur dramatique, lorsqu'un spectateur insinue, à côté de lui, qu'avec son
air angélique, sa future maîtresse pourrait bien n'être qu'une
courtisane; — ni sur « une passion spiritualisée, désintéressée
de trop rouges ferveurs sensuelles, amincie, évidée, travaillée en
dentelle d'âme, en fragilités végétales par la blondeur des cheveux de Samy (la comédienne), son front clair, ses yeux au rire
profond et la svelte vénusté de son corps; — ni sur « l'escalier
décati »; — ni sur « le vaste appareil de la volupté qui (bientôt)
s'induisit davantage » — ni sur cette « induction joyeuse de leurs
êtres l'une par l'autre »; — ni sur l'état de l'amant dont « tout
l'être vibrait de la magnifique inquiétude passionnelle sur le
rythme des pistons de la locomotive qui le ramenait »; — ni sur
« les yeux pâles comme des corolles de fièvre »; — ni sur « la
chair adorable et diverse où nos désirs s'enflamment en
aiguillons agiles, se répandent en nappes dormeuses »; — ni sur
« le cœur qui ne se prête point »; — ni sur la satiété qui commence lorsque « du désir assouvi en imagination, du lendemain
de la fête fictive, monte la désespérance des cendres là répandues sous l'herbe et sous la dalle (1) »; — ni sur « la bête irré-
sistiblement ravisseuse que souhaite toute femme »; — ni sur
« les morcelets du globe de la lune qui apparaissent par les
trous du feuillage »; — ni sur les réflexions de la comédienne
« retirée toute haletante en son âme, dans une sorte d'effroi
vaste et de puissant ravissement, à l'heure de ce rêve mi-volup-
tueux, mi-angoissé, qui est voluptueux d'être irrésistible,
angoissé d'être responsable »; — ni sur « les hêtres qui poussèrent dans les âmes (du couple enlacé), parmi des mousses
étoilées »; — ni sur l'amant jaloux du théâtre où joue sa maî-

---

(1) Lucrèce disait déjà, il y a deux mille ans, avec autant de poésie et plus
de simplicité :

> .....*medio de fonte leporum*
> *Surgit amari aliquid, quod in ipsis floribus angit.*

Et la Bible a tout dit avec ses fruits délicieux qui deviennent cendre dans la
bouche.

tresse, « comme un chien du journal que lit son maître »; — ni sur « le plaid de leur vie », autrement dit leurs querelles et controverses quotidiennes; — ni sur cette femme qui jamais n'oublia d'aimer, « qui dormait aimante »; — ni sur l'amant qui, après une syncope, « était faible ainsi qu'un tout petit » (pour ne pas dire faible comme un enfant); — ni sur cette faiblesse de convalescent « qui rend à la fois sa pensée lucide et ses réactions obscures »; — ni sur « sa chute de volonté suave et déchirante »: — ni sur « les ferveurs qui succèdent aux lourdes chutes d'âme où l'on voit la fin du monde »; — ni sur ceci, ni sur cela, ni sur mille autres fantaisies, rêvasseries, et inventions véritablement extraordinaires... Nous n'en citerons plus qu'une seule; aux dernières les bonnes :

« La volupté seule, dans ce qu'elle a de plus délicat d'ailleurs, suffisait à l'élever au-dessus de lui-même, comme il arrive qu'un verre de champagne décèle les qualités cachées d'un timide. Mais c'est ici la griserie des Temps, la surabondance exquise, la fine caresse qui soûle l'esprit avec les sens. La possession de Samy n'est que la joie des chairs tièdes et satinées, mais c'est la chair, les formes subtiles, l'électricité infiniment variable de Samy. Il y boit directement à la source de vie. Comme elle touche à cette animalité primitive qui est à la fois tout notre fini et tout notre infini, il y participe à travers elle, il couvait des joies neuves, des sentiments et des pensées neuves qu'il s'efforce de réunir en système...

« Et alors ce qui n'avait été, dans les monotones ferveurs d'avant la possession, qu'une métaphysique massive et obscure, devint, parmi la diversité des souvenirs voluptueux, parmi les joies compliquées de la minute, une philosophie pratique. »

Il y aurait quelque pédantisme à expliquer pourquoi chaque ligne, chaque mot de ce morceau, pourtant très soigné, est en opposition avec la bonne langue française. L'obscurité des formules, l'illogisme des idées, l'ambiguïté et l'impropriété des termes y font concurrence à l'inintelligible subtilité d'une prétendue psychologie érotique qui amène un sourire sur les lèvres du lecteur; car enfin, messieurs les psychologues d'amour, vos savantes déductions ne peuvent résulter que d'*instantanés*

pris sur vous-mêmes. Et comment diable faites-vous, froids
observateurs, pour vous posséder à ce point dans ces moments-
là? A moins que votre psychologie, fabriquée après coup et à
tête reposée, ne soit plus qu'une sorte de supposition rétros-
pective, la reconstruction photographique, plus ou moins
fidèle, d'un délire dissipé...

A côté de ces raffinements de sensation, de pensée et de style,
on relèverait sans peine dans ce roman, *la Fauve*, et dans
presque tous les romans de l'école, des vulgarités et des iné-
légances qu'on n'est pas d'ailleurs fâché d'y rencontrer parce
qu'elles forment un contraste presque heureux et reposant
avec la haute prétention environnante. La simplicité, même
excessive, a du bon chez les élèves de Goncourt. Il semble qu'elle
vous remette au vert. C'est la douceur d'un régime végétarien
après une nourriture trop épicée; le lait, ou même la camomille,
après les truffes.

IV

Types divers. — Un nouveau groupe. — Ils se copient et se ressemblent tous. Caricatures.

Nous n'en avons pas encore fini avec les romanciers sortis du grenier des Goncourt. Sans les prendre tous, les uns après les autres, il peut y avoir intérêt à en multiplier les divers types, ne fût-ce que pour montrer à quel point ils se ressemblent et se copient. C'est bien là précisément leur infirmité. Ils ont fondé une espèce de mutualité littéraire, un syndicat avec bourse commune. Gens bien doués, esprits distingués hommes de talent pour la plupart, ils ont tellement subi l'atmosphère étouffante de l'atelier qu'une partie de leur originalité y a péri. Ce genre d'asphyxie est assez fréquent dans le monde des arts et des lettres. Beaucoup de peintres en sont morts; beaucoup de poètes en ont été victimes lors de la contagion romantique; mais il a sévi tout particulièrement sur les romanciers contemporains. Dire que qui en voit un les voit tous, ce serait exagérer; plusieurs ont échappé au fléau et ne se sont livrés que sous condition, à Stendhal, à Flaubert ou à Zola. Mais la plupart des élèves de Goncourt ont accepté la servitude complète, absolue, ils sont même allés au-devant, ils ont gravé sur leur collier le nom de leur maître et on les reconnaît du premier coup à cette marque.

En voici un nouveau groupe; on jugera s'il diffère beaucoup des premiers. Le style, ou ce qu'il appelle ainsi, étant sa préoccupation dominante, nous allons prendre sur le fait tous ces merveilleux stylistes. Nous ne saurions trop répéter, pour qu'on se rende bien compte du tort que leur a fait l'école

qu'ils ont tous du talent et de la réputation. Malheureusement
ce crédit dont ils jouissent s'attache bien plutôt à leur *écriture*
qui est détestable qu'à leur talent de romanciers qui est réel.

Un des plus connus et des plus vantés nous peint une jolie
femme qui *extasie* son amant, c'est-à-dire le met en extase.
Elle a « des lueurs languides qui braisillent entre les cils », une
beauté « troublante et prenante » qui d'ailleurs ne lui appartient pas en propre, car il n'est plus une seule héroïne qui ne soit
ornée de ces deux épithètes, passées aujourd'hui dans le langage
courant au point d'en devenir agaçantes et banales. Elle a,
en outre, « une souplesse gracile », une « sensitivité » extraordinaire, un « torse lilial » un cœur « qui s'efflue »...

L'homme dont elle est aimée vante « les cernures de ses
yeux », « ses lèvres serrées ainsi qu'après une longue caresse »,
les « roseurs de sa chair », sa peau « qui a des matités de cire »,
« la matité liliale de sa chair », les « jumelles collines de ses
seins ». Il l'aime « fervemment »; il nous raconte qu'ils ont « vécu
jumellement toutes les joies »; qu'elle est « appâtée de sensations »; il nous la montre « prostrée dans un lit »; mais il ne
semble pas goûter « ses baisers torpides » et il craint d'être
« aveuli » par cet amour qui « s'accagnarde », cherche les petits
coins, et s'excite par la « brutalité violeuse d'une caresse... »

Une autre avait « des paupières cernées entre lesquelles
fluait un regard fixe »; « ses cils ondulaient *ainsi que* des ailes »;
« elle ne se livrait que peu à peu, troublée, craintive « avec
comme l'arrière-pensée d'être trop vite conquise »; on se sentait « désâmé », privé d'âme en sa présence; son cou « s'éri-
geait »; elle avait un « sommeil gravide », « des cernures bis-
treuses », « avec, aux lèvres, un mélancolique sourire »; sa mère,
qui ne la croyait capable que d'une « passionnette », rêvait de
s'éteindre, avec, auprès d'elle, sa petite reine. La veilleuse
« rosait » ses pommettes d'artificielles couleurs; elle se plongeait
parfois dans « une hébétude bestiale », après avoir eu de ces
secousses qui « désenlacent », c'est-à-dire qui désunissent les
couples enlacés; elle « s'épeurait », « s'apeurait », « s'idiotisait »,
se désemmaillait, (se dépêtrait), elle rêvait à « quelque chose
de paroxyste » (de suraigu), mais elle n'espérait point le trouver
dans la société de « parvenants fêteurs » (parvenus fêtards).
Ces *désemmaillées* ont des mots à elles, des locutions favorites;
elles ne manquent jamais de dire « des fois », « des soirs », au

lieu de « quelquefois », « certains soirs ». Elles content des histoires « émerveillantes » pour se distinguer de celles qui ne
content que des histoires merveilleuses ; elles s'habillent,
« avec, tout-à-coup, un joli rire »; elles sont généralement
« fuselées ».

Dans le paysage où elles promènent leur personne, il y a des
arbres « défeuillés »; des brèches « liminées » (bordées) de gla-
ciers étincelants; les cigales « crécellent » dans les oliviers, la
terre répand « à travers les violettes buées » (les buées violettes)
des « odeurs florales »; on entend « la strideur d'un sifflet de
locomotive »; « un coupé attend, *avec*, au fond, dans l'ombre,
une jolie fille... »; un homme blessé en duel agonise « *avec, déjà,*
une écume sanguinolente aux lèvres »; l'adversaire qui l'a tué
a senti sa lame « qui s'enfonçait comme *en* de la terre glaise
molle et humide... ». Pourquoi pas comme *dans* du beurre,
puisque c'est ainsi que les Français parlent ?

Les Français aiment la phrase courte, ils aiment la phrase
longue; ils aiment surtout la phrase claire; c'est pourquoi,
lorsqu'elle est longue, ils en surveillent la structure, ils veulent
que les diverses parties en soient reliées par des articulations
nécessaires, par des charnières solides. C'est même cette phrase
longue, avec ses incidentes bien proportionnées, bien ratta-
chées à la charpente principale qui semble le mieux convenir à
la logique de leur esprit. Descartes, Bossuet, J.-J. Rousseau
leur ont donné, sur ce point, toutes les satisfactions désirables.
Mais la phrase indéfiniment prolongée, dont tous les membres
sont indépendants les uns des autres, sans conjonctions ni
ligatures, comme un faisceau épars qu'on a oublié de nouer,
on leur enseigne, dès le collège, à la fuir.

Il en est deux ici, juxtaposées, comme pour se faire concurrence. Dans la première il s'agit d'une chevelure de jeune
fille qui « s'épandait sur ses épaules en avalanches de rayons... »
« Et sa mère se plaisait à la peigner, à la tordre dans ses mains,
n'eût laissé à aucune femme de chambre cette tâche minutieuse, s'interrompait quelquefois pour couvrir Renée de baisers
orgueilleux, avec une suprême béatitude, comme si son cœur,
trop longtemps craintif et torturé, s'était enfin guéri des blessures anciennes, avait recouvré son originelle bonté, ses illusions perdues, l'espoir de tendresses qui ne seraient pas vaines,
qui, pour la première fois, ne l'abreuveraient point de fiel et de

dégoût, ne l'achèveraient pas d'un choc plus rude encore à subir que les autres... » Ouf ! La phrase est encore plus longue que la chevelure et il faut souffler quand on l'a finie.

Dans la seconde, les repos ne sont pas mieux ménagés et le lecteur est obligé d'aller péniblement jusqu'au bout de sa respiration : « Rajeunie par cette apparence de bonheur, cette quiétude qui activait sa convalescence, à cause de Renée, elle élargissait le cercle de ses relations, reparaissait dans le monde, donnait des bals blancs et, malgré son âge, la poudre qui argentait ses bandeaux, les stigmates de tristesse incrustés dans sa chair et tels que des cicatrices, elle avait le charme nostalgique d'une rose remontante qui s'est ouverte pâle et à peine parfumée par quelque brumeuse journée d'octobre un instant éclairée de soleil, et bientôt s'effeuillera, plaisait encore, semblait presque la grande sœur de sa fille ».

Elles sont nombreuses, dans le roman, ces phrases interminables, elles l'alourdissent, elles lui donnent surtout l'apparence d'un bibelot trop travaillé et surchargé, où l'ouvrier ne se dissimule pas assez derrière l'œuvre; mais plusieurs sont poussées et prolongées avec un art qu'on ne méprise point. Elles sont mille fois moins choquantes que toutes ces affectations qui ressemblent à des *florès* de fort en thème, réunies pieusement dans un cahier *ad hoc* pour servir un jour de composition. Ici elles abondent, et il n'en est pas une dont on nous fasse grâce; depuis le *en* usurpateur qui a détrôné *dans*, jusqu'au *tel* et à l'*ainsi que* qui ont remplacé le *comme*, en passant par les *violettes buées*, le *des fois* et le *des soirs*, et surtout cet *avec* victorieux, triomphant, qui reparaît à tout bout de phrase, séparé, délivré de son complément après lequel il ne semble pas pressé de courir : « Un coupé attendait avec — au fond — dans l'ombre — une jeune fille... ».

Toutes ces grâces vous irritent et vous glacent, parce qu'elles font partie d'un programme discuté et voté en grande cérémonie par des écrivains qui n'en sentent pas le néant. Armés comme le sont la plupart d'entre eux, ils avaient mieux à faire que d'y perdre leur temps et leur plume. Ils n'arrivent donc pas à se rendre compte de l'ennui qui nous prend lorsque nous rencontrons ce vieux fonds de fleurs artificielles, ces *goncourtiana*, dans tous leurs livres !

On en trouve même chez un de ceux que son imagination,

son talent de narrateur, son adresse à tirer du frottement des passions l'étincelle tragique aurait dû préserver de toute cette recherche de brimborions plus ou moins littéraires qui, dans un récit romanesque, ne peuvent avoir d'autre effet que de détourner l'attention et de glacer l'émotion.

« Il s'éveilla, souleva des paupières l'épaisse nuit tombée, hissa sur un poignet son corps lourd. Tout à l'heure il galopait dans la lumière et maintenant il se trouvait dans les ténèbres, ... il ne se souvenait de rien sinon d'un grand choc et d'une chute en arrière. Au bruit déchirant des mitrailleuses un énorme silence avait succédé et l'on n'entendait plus qu'au loin le bruit tremblé des caissons s'éloignant sur les routes. Une affreuse douleur lui arracha un cri... il lui sembla que ce cri avait été happé au vol, renvoyé d'écho en écho, car il s'étendait déjà sur toute la plaine, courait à ras de terre, se dispersait en mille petites voix faibles qui se plaignaient, se répondaient, se croisaient, s'étreignaient en sanglots bas ou fusaient en hurlements grêles... ».

C'est la peinture du champ de bataille, le soir venu, après la fameuse charge des cuirassiers de Reichshoffen. On n'en peut rêver de plus dramatique; mais le peintre, par un souci exagéré de la petite observation, y a tellement accumulé les touches que l'effet général disparaît dans ce papillotement produit par l'opposition du bruit *déchirant* des mitrailleuses et du bruit *tremblé* des caissons; des *sanglots bas* et des *hurlements grêles*, et par mille autres ingénieuses et laborieuses combinaisons, comme ce cri, happé au vol, qui court au ras de terre sur toute l'étendue de la plaine. Le tableau, si poignant qu'il soit, sent l'effort; on cherche un homme violemment ému, on ne trouve qu'un opérateur très appliqué qui analyse et dissèque.

Maintenant l'incendie d'un château :

« Ils firent quelques pas et, dans l'échancrure du val, une fournaise tournoya sous leurs yeux. Le château flambait d'un incendie tel que les toits d'ardoise fondus dans la chaleur immense n'étaient plus qu'une mer de feu. Elle déferlait en vagues larges et profondes avec des tourbillons rouges et des remous bruns de fumée, s'étendait comme une marée sur les sables, noyait tout le pays d'un flot débordé; des écumes de braise et des embruns d'étincelles volèrent, mouchetèrent les rives noires de la forêt, et les épicéas des pelouses s'enflammaient, brûlèrent de proche en proche dans le grésillement de leurs barbes résineuses comme de grandes torches funèbres... ».

‹ Comment s'attarder à cette description, si exacte qu'elle puisse être, lorsqu'au moment où on nous la met sous les yeux une terrible partie de vie ou de mort se joue dans la nuit, entre un officier prussien de cuirassiers blancs et un garde-chasse français?

Cependant le château incendié s'écroule et on entend « un bruit *fracassé* d'effondrement »... Frappé au poitrail par le couteau du garde, l'alezan du Prussien « pointe avec un hennissement blessé », puis «bondit en cabrades ruées», et enfin se précipite « d'un instinct de bête à l'agonie » dans un étang où il noie son cavalier... « Un bras blanc se tendit comme pour s'accrocher au ciel, disparut aussitôt, et l'eau redevint morne, seulement moirée de grands cercles lents... »

Voici maintenant, dans une nouvelle intitulée *Le 28 mars*, des prisonniers français rapatriés qui reviennent d'Allemagne par train spécial :

« A mesure que le train des rapatriés s'approchait de la ville, il semblait battre d'une fièvre croissante, s'exciter dans sa course, haleter avec les cœurs des prisonniers... Les tunnels saccadèrent leur émotion; les plaques tournantes battirent, tonnantes; des quais se creusèrent, sommés de hautes maisons aux fenêtres vivifiées de têtes penchées, et le convoi s'allongea, d'un dernier élan savonneux et mourant, dans le silence de la gare... »

Qu'est-ce que tout cela peut bien nous faire? L'*élan savonneux* vaut l'*émotion saccadée;* c'est-à-dire que la fausseté du système et la bizarrerie du procédé éclatent ici, sans discussion possible, sans excuse, et que cette façon d'écrire gâte, dès le début, des histoires qui font songer quelquefois à l'énergique concentration de Maupassant (1).

---

(1) J'ai déjà dit que celui qui les a écrites est aujourd'hui devenu un maître. J'espère qu'il me pardonnera ma franchise.

Faut-il emprunter d'autres extraits à quelque roman du même auteur? C'est surtout dans la description qu'il donne carrière à sa fantaisie :

« Ce fut, dans la grande blancheur crue des aurores, une baignade lumineuse et psychique d'une douceur infinie. Mais bientôt il se tournait vers la croisée d'où un peu de nuit filtrait dans la clarté et, l'œil câlin, il inspecta les grisailles intérieures de la pièce : un jour éteint, mou, y dormait, laissant, en des angles, s'épaissir des ombres, de vagues ténèbres se tasser, et il fallut à ses regards une accoutumance nouvelle pour distinguer dans la neutralité de ces teintes, des mouvances de choses... »

Il y aurait bien d'autres remarques à faire ici; il faudrait signaler encore ce besoin de décrire minutieusement sur notes ou sur pièces, tout ce qui vous a passé sous les yeux. C'est une manie de ces touristes anglais, qui ne manquent jamais de consigner, jour par jour, heure par heure, sur leur calepin, les moindres particularités de leur promenade. Cela n'a d'intérêt que pour eux et bien qu'il s'agisse, comme on dit, de *choses vues*, on leur sait gré de n'en pas faire des livres. Malheureusement les romanciers d'aujourd'hui ne savent pas résister à cette tentation. Il y a en eux du chasseur de papillons, qui prend indistinctement dans son filet et met ensuite dans sa collection les plus insignifiants coléoptères.

Ailleurs, ce sont deux jeunes mariés qui, à leur réveil, vont visiter l'écurie et la sellerie de leur château. Une grande page sur l'écurie ! Une seconde page sur la sellerie !... « C'était, à l'intérieur, une pièce boisée, parquetée, tenue sèche l'hiver par la chaleur d'un petit poêle en fonte, alors éteint, qui dressait au milieu l'F noir de son tuyau coudé... ». Le couple amoureux, en pleine lune de miel, a bien autre chose à faire que de s'arrêter à ce poêle en fonte, à son tuyau coudé, à son F noir, et bien d'autres réflexions à nous communiquer. En l'attardant ainsi à ces détails hippiques, où l'auteur étale trop visiblement sa compétence, on refroidit beaucoup l'intérêt qu'il nous inspire. C'est une faute de composition, c'est une faute de goût sur laquelle nous insisterions bien davantage si notre critique ne s'adressait surtout, dans sa donnée essentielle, à cette longue blessure de la langue.

Une dernière citation, un peu longue, mais tellement démonstrative qu'il sera inutile de rien ajouter à l'éblouissement de
cette aveuglante palette :

« Sous la lueur arlequinée, dans l'atmosphère bigarrée,
hyaline, Jeanne vagua lente, teintant son esprit d'évocatrices
colorations.

« Tout maintenant était changé dans le mystère du pavillon
si longtemps clos; les fourrures avaient été renouvelées; les
dalles harmophanes balayées luisaient plus claires, les verrières,
lavées à grande eau, encadrées d'étoffes neuves, lustraient,
d'un chatoiement de pierre précieuse, une lumière de kaléidos-
cope plus brillante, plus diversifiée et, dans leurs trans-
parences pluricolores, ce furent d'étranges paysages qui appa-
rurent.

« Un — parce qu'elle regardait à travers le verre bleu d'un
losange — fut de neige. Sous de minces couches de lumière
pâle, l'habituelle vision du pays se transformait; les champs,
comme sous des lueurs de lune, s'étendaient. Des bouquets
d'arbres, en masses d'azur plus foncé, plaquaient les plans
obliques de leur immobilité gelée et, sous le ciel décoloré, toute
la terre semblait figée dans la frigidité des froids de l'éther.
Des souvenirs de romans rappelèrent à Jeanne des descriptions
de plaines lunaires, et, un moment, elle eut la sensation qu'elle
avait devant elle le monde transi, la terre gercée, aux crevasses
énormes, la terre des désolations immobiles, la Séléné des as-
tronomes. Elle perdait pied à planer sur les solitudes muettes,
à se laisser ravir dans les tourbillons secs et froids de l'espace,
sentant son âme se glacer sous les lueurs mornes versées dans
ses yeux... Mais un mouvement machinal de ses pieds haussés
changeait sa vision, la mettait devant l'orangé d'un grand
lis de cristal épanoui dans le vitrail, et la nature changeait
encore : c'était, sous l'éclatant soleil équatorial, une terre
écrasée de lumière, des plantes énormes et grasses suant la
chaleur des plaines jaunes, d'un jaune puissant et roux de feu
de forge; un air brûlant, un air saturé de chaleur solaire, et
dans son imagination puérile, elle croyait voir à l'horizon
l'ondulation d'or du désert étendre sa large bande de sable
jusqu'aux lignes violettes et dures des montagnes très
loin... »

Non, c'est assez ! Le tableau n'est pas fini, mais il faut se borner. A l'effet bleu, à l'effet blanc, à l'effet orangé, succèdent l'effet vert, « un monde languissant, un monde moiré d'humidité vénéneuse, comme un monde entrevu sous le plafond glauque des eaux, un royaume sous-marin où l'air se riderait en ondes pâles, etc. »; puis l'effet rouge, « la vie sombre et robuste d'un astre en progression »; mais Jeanne rêveuse « secoua ces faisceaux de lumière qui se croisaient au fond de ses prunelles et elle se mit à son piano, où « une gavotte naquit, se cadença sous ses mains en notes de perles, détachées, menues »; si bien que, sous ce flot d'impressions, qui étaient réellement de nature à lui tourner la tête, « un rêve composite ennuageait son esprit, un rêve généré par la grâce anormale et double de ce pavillon perdu... ».

Et notez que cette rêverie multicolore détourne absolument le lecteur des pensées graves, de la compassion attendrie auxquelles le convie la situation douloureuse de l'héroïne. On dirait que l'écrivain ne s'y intéresse pas, ou ne s'y intéresse plus, tant il cède au besoin de montrer les qualités de styliste dont il est doué et dont il fait, en les étalant mal à propos, un si regrettable usage. Croit-il vraiment être original quand il nous dit que « l'or roux de ses cheveux tombait sur la puérilité nue de ses épaules »? Cette *puérilité*, dans le sens où il l'emploie, rappelle vraiment de trop près d'autres bizarreries du même genre que nous avons empruntées à un autre écrivain, styliste à la mode, lui aussi, et qui, pour dire qu'une grenouille fut écrasée dans sa fuite (ce qui serait trop simple), nous apprend que « la fuite d'une grenouille fut écrasée ». Quiconque a un peu étudié les mystères essentiellement *puérils* de la langue goncourtiste saisira immédiatement le rapport qui existe entre cette « fuite écrasée » et cette « puérilité nue ».

Ce sont de pâles copies, des imitations d'imitations; c'est du procédé, ce qu'on appelle aujourd'hui du *chiqué*, du *truc*, en d'autres termes la plus vaine et la plus artificielle des conventions. Toute l'école en use et en abuse, de sorte qu'on aperçoit immédiatement de quel atelier sort tout ce pittoresque, et qu'au lieu de faire une originalité à celui qui s'y oublie, il jette à l'instant même sur tous ses écrits une couleur de poncif, en même temps qu'il y colle une étiquette de fabrication. Aucune impression n'est plus désagréable à l'amateur désintéressé qui cherche un inventeur et qui ne trouve qu'un copiste. Aucune n'est plus fâcheuse pour ce copiste lui-même, trahi bientôt par l'abordance des fac-similés qui affrontent à la même heure l'attention publique. On est bien forcé de voir qu'ils se ressemblent, bien qu'ils ne soient pas signés du même nom, et que, portant tous la même marque, ils sont tous sortis de la même officine. Les rapprochements qu'on est amené à en faire nuisent beaucoup à l'opinion qu'on en garde et c'est un vrai malheur pour ces soi-disant stylistes lorsque le hasard vous en met deux ou trois de suite entre les mains. Ils sont si bien pareils qu'on finit par les confondre et qu'à la vingtième page on ne sait plus exactement auquel on a affaire. Jamais ils ne se douteront de ce qu'ils y perdent, lorsque, par la force même des choses, la boutique apparaît sous l'inspiration. Évitez, messieurs, de vous montrer ensemble; séparez-vous, si c'est possible, comme des malfaiteurs après leur coup; l'isolement vous profite; la confrontation vous dénonce.

C'est fini. Les prés ont assez bu. Nous ne citerons plus qu'un ou deux morceaux de critique, pour montrer à quel point ce jargon a pénétré la langue, et le dommage qu'il lui a causé dans un domaine qui semblait fermé à ses expériences, étant moins susceptible que le roman de fantaisies pittoresques et d'extravagantes nouveautés.

Un philosophe s'exprime ainsi au cours d'un chapitre de psychologie : « En vain je tâche de discerner ma raison d'être dans ce médiocre univers, parce que de cette connaissance se déduirait facilement la série des moyens qui me permettraient d'y persévérer. Mais je luxe sans profit mes meilleures circonvolutions cérébrales à une analyse stérile. Je me heurte toujours aux mêmes difficultés sans arriver à dégager de ces collisions périodiques un enseignement sérieux... »

. . . .

En mes jours de bonne humeur j'eusse comme suit formulé : « Polygame ne puis, monogame ne daigne, agame suis et demeure. Mais les naturalistes intolérants m'excommunieront et me déclareront inharmonique au monde : ce qui, après tout, est bien possible...

« Plus que possible, au réfléchir, certain. Car mon refus de juxtaposer à la mienne une sensibilité féminine rend peut-être irrémédiable la misère de mon actuelle situation. Ce numéraire dérisoire, promis en quantité notable à tels noctambules de mon cercle, où désormais le trouver, où le quérir, puisque je repousse d'un geste que je m'efforce de ne pas rendre théâtral la corbeille nuptiale où l'ont lingotté de crucifiantes et maternelles exigences? De quel puits l'artésianer? Sources et ressources sont concordamment taries. »

Ce morceau, auquel nous avons déjà fait ailleurs divers emprunts, suffirait pour donner une idée de la désastreuse influence exercée par l'école? Il est l'œuvre d'un universitaire qui a écrit depuis diverses pièces de théâtre et publié des articles où il semble tout à fait venu à résipiscence. Il s'exprime en langage chrétien; il a même un style à lui, vif et fort, qui rend suspects ses premiers essais. On se demande si la page que nous venons de citer n'est pas un de ces pétards dont les débutants usent quelquefois pour attirer l'attention publique sur leur nom ou, mieux encore, une de ces gageures, autrefois usitées, où l'imitation à outrance constitue précisément la plus violente des ironies et la plus justifiée des condamnations. Il est fort possible, étant donnée sa conversion actuelle, que l'ingénieux inventeur des « crucifiantes et maternelles exigences qui ont lingotté le numéraire dans une corbeille nuptiale » ait été, dès l'origine, un féroce mystificateur, traîtreusement installé dans une école dont il apercevait tous les ridicules, pour mieux les saisir et s'en moquer. Cette façon de demander l'hospitalité à l'ennemi a toujours été admise dans nos mœurs littéraires. Tout stratagème est de bonne guerre quand il s'agit de combattre les destructeurs de la langue. Tant pis pour les réformateurs dont un naïf orgueil bouche les yeux et à qui on ne fera jamais avouer qu'ils aient pu être les victimes d'un effronté pince-sans rire.

CHAPITRE VIII

LE SYSTÈME

I

Caractère puéril de la réforme. — En quoi consiste la langue nouvelle. — Son travail sur le verbe, les conjonctions, les prépositions et les adverbes. — La place de l'adjectif. — L'emploi bizarre du mot *avec*. — Le résultat obtenu. — Langue lourde, désarticulée, sans ressort et sans vie, facile à pasticher et à parodier. — La confusion des *temps*. — Le néologisme et l'archaïsme.

Enfin, nous y voilà ! Nous voilà en face du système ! On se rend compte maintenant, sur preuves, de ce qu'est la langue nouvelle et de ce qu'elle vaut. Ses procédés, peu variés, sont percés à jour. Ce ne sont qu'artifices puérils dont pas un seul ne mérite d'être retenu. Ce qui a toujours caractérisé la langue française, même avant qu'elle fût devenue définitive, c'est son extrême souplesse et sa merveilleuse agilité. Elle est, comme une bonne montre, tout en rouages et en ressorts dont la précision égale la délicatesse, et qui se tendent ou détendent à volonté dans la main qui en possède l'ingénieux mécanisme. Ils ont voulu la rendre plus légère encore et n'ont rien trouvé de mieux, pour y parvenir, que de lui ôter une partie des pièces maîtresses de son intelligente horlogerie. Qu'est-il arrivé? C'est qu'en effet, ils l'ont rendue plus légère en apparence, plus lourde en réalité, puisqu'ils ont supprimé en elle le mouvement, communiqué par les nerfs de transmission, autrement dit la vie même.

Ainsi mutilée, elle a perdu cette élasticité qui faisait sa force; elle est tombée à l'état de chose inanimée, d'inerte machine; enfin, elle ne marche plus. Nous venons de la comparer à un chronomètre savamment réglé auquel des butors n'auraient laissé que sa valeur de métal. On peut dire encore, après ce qu'ils en ont fait, qu'elle ressemble à une construction provisoire en torchis, dont les murs reposent à plat sur le sol sans aucun support de fondation, un véritable château de cartes, bizarrement coloriées.

Plus de conjonctions, plus de verbes, plus de tenons ni de rivets pour assembler les solives et consolider les planchers. Toute cohérence entre les diverses parties du discours est supprimée. Elles s'en vont au hasard, dépourvues de cette puissante direction d'autrefois, qui, sans ôter à chacune sa fonction propre, les faisait concourir ensemble à l'effet du tableau ou à la démonstration finale. La langue nouvelle oublie ou néglige les rapports nécessaires qu'elles ont entre elles, leur attribue à toutes la même importance, les met toutes au même plan, sans souci de la proportion et de la perspective. Sa phrase marche au pas, alignée comme un régiment dans lequel aucune file ne doit dépasser l'autre, mécanique et anguleuse, maigre à voir, monotone à entendre, toujours raide parce qu'elle n'a ni articulations ni charnières, toujours essoufflée parce que les organes de la respiration lui manquent. Rien n'y est laissé à l'invention, rien au caprice et à la fantaisie, sauf la fabrication de mots nouveaux, généralement bizarres et écrasants, qui pèsent sur elle comme des montagnes. Plus de ces propositions incidentes, adroitement ajustées, qui reposent l'esprit, mais sans le distraire, et qui n'usurpent jamais la place de l'idée principale, du fil conducteur.

La langue nouvelle a ses incidentes, elle aussi, elle n'a même à peu près que cela, car l'idée principale, la phrase initiale ne tarde pas à s'y embarrasser dans un enchevêtrement de parenthèses d'égale valeur, indépendantes les unes des autres, et qui se suivent sans subordination ni lien. Ainsi soulagée de ses conjonctions, c'est-à-dire de ses raccords, ils la trouvent plus vive et plus allègre; ils le disent, ils le croient, et à un certain point de vue, ils ont raison, elle est en effet plus légère, comme un navire en détresse qui a jeté sa cargaison à la mer; ce n'est plus qu'une langue creuse, une langue de carton. Mais ce carton est bitumé et prodigieusement pondéreux. Il est fait surtout d'adjectifs entassés en pyramides, et de douloureux participes présents. Dire, par exemple, de la langue nouvelle qu'elle est vide, flasque, gauche, poussive, etc., et chargée de défauts trahissant son infériorité, révélant son origine, la condamnant à bientôt disparaître, c'est écrire comme on écrit aujourd'hui et c'est écrire fort mal, car c'est se priver sottement de ce *qui* conjonctif qui a pour fonction spéciale de nous épargner cet assommoir. Il est inutile d'insister. Quiconque ne voit pas, ne sent pas cela du premier coup n'est pas un artiste et ne le sera jamais. Ces participes présents appartiennent de droit aux expéditionnaires de bureau, et doivent, cinq fois sur six, être abandonnés à la langue administrative qui en abuse dans sa correspondance et ses rapports.

Ce n'est pas tout. Il est reconnu que la langue nouvelle supprime le verbe autant qu'elle le peut et que ses descriptions, par exemple, ressemblent très souvent à de simples énumérations, à des catalogues. Veut-elle peindre un bois où des sapins et des chênes mêlent leur feuillage et leur ombre, elle s'exprime ainsi : « Un bois, des sapins, des chênes, de l'ombre, plus foncée ici, moins là... ». Et elle s'imagine tenir le record de la vitesse. De la vitesse peut-être, mais non pas de l'art et du style. Elle ne s'aperçoit pas que cette absence du verbe, cette tendance à se passer de lui et à le remplacer par des abréviations télégraphiques, contribue encore à plomber cette prose inerte qu'on prétend neuve et qui enfonce ses phrases avec une demoiselle de paveur. Le verbe représente l'action, il est l'action même et le mouvement, il est la vie. Sans lui, rien ne bouge, rien n'existe. L'éliminer, c'est tuer la langue ou tout au moins lui communiquer une insensibilité, une torpeur qui ressemble à la mort, c'est la chloroformer et l'anesthésier, sans profit, car à quoi bon, je vous le demande, supprimer ce qui anime et vivifie lorsqu'on reconnaît soi-même qu'on recherche avant tout la vie et la couleur?

Mais nos réformateurs ne se contentent pas d'escamoter le verbe dans la mesure du possible. Lorsque par hasard ils se résignent à s'en servir, ils en changent, contre toute logique et pour leur agrément personnel, ce que la grammaire appelle les

temps et les *modes*. C'est ainsi que, depuis une dizaine d'années
(pas davantage), la coutume s'est introduite de traiter les
prétérits et de les confondre avec la plus fâcheuse désinvolture
On trouve cela nouveau et joli. C'est, qu'on nous passe le mot,
du langage *select*, du style *chic*. Tous les jours vous lisez dans le
compte rendu de quelque représentation dramatique, qui a eu
lieu la veille, cette phrase quasi stéréotypée sous la plume des
chroniqueurs de théâtre : « La soirée fut belle ! » Ce « *fut belle* »
vous a un petit air déluré et galant. Personne n'y résiste, même
parmi les meilleurs. Des normaliens frais éduqués donnent
dans cette mode qui n'est pas un simple péché véniel, car c'est
horriblement mal parler. C'est aussi anti-français que possible.
Faut-il le démontrer? Hélas ! on nous réduit à ce rôle de
pédagogues !

Lorsque vous dites : « On a repris hier la *Damnation de
Faust*, la soirée fut splendide », non seulement vous commettez
un anachronisme et vous juxtaposez deux membres de phrase
qui répugnent à cet accouplement comme deux chevaux mal
attelés à la même voiture, mais vous faites, avec prétention,
un véritable contre-sens. Il faut dire tout simplement, comme
les braves gens : « La soirée a été superbe ! » La chose est plus
grave qu'elle n'en a l'air et dépasse de beaucoup le plaisir
inoffensif que les réformateurs croient se procurer en changeant
ainsi mal à propos l'heure exacte à laquelle s'est produite une
manifestation passée. Si, en effet, pour une reprise théâtrale de
la veille, on dit : « La soirée fut superbe ! » comment s'y pren-
dra-t-on pour rappeler la première représentation triomphale
qui a été donnée quinze, vingt, trente, ou même cent ans
auparavant? On ne pourra pas dire que la soirée *a été* magnifique, car il serait ridicule de marquer ainsi, contre toute
logique, la date de l'*Alceste* de Glück, ou des *Huguenots* de Meyer-
beer, ou du *Mariage de Figaro*. Il faudra donc de toute nécessité, en évoquant ce souvenir, dire que « la soirée fut magnifique ». Et voyez alors ce qui arrive. Pour parler d'un événement dont un siècle nous sépare, vous employez le même
terme que pour parler d'un événement d'hier. Voilà tous les
temps confondus ! Voilà l'histoire bouleversée !

Laissons donc là cette niaiserie. Ils ont imaginé d'autres
inventions plus dangereuses pour sophistiquer la langue. Que
dites-vous de ces grands pluriels abstraits, *les maternités, les*

sensualités, les modernités, les disponibilités, les individualités, les défectuosités, etc., etc., qu'ils recherchent avec amour et auxquels ils paraissent attribuer une majesté particulière? M. Michel Bréal, dans sa *Sémantique*, en a cité de curieux : « *un dynamisme modificateur de la personnalité* », « *une individualité au-dessus de toute catégorisation* », « *les impériosités du désir* », « *les célestes attentivités* ».

M. Émile Deschanel en a relevé beaucoup d'autres, dans ses *Déformations de la langue française*, et les a jugés sévèrement : « Telles sont, dit-il, les affectations ou les aberrations inconscientes de quelques-uns qui s'imaginent être des inventeurs littéraires. Presque toujours c'est faute de connaître la bonne langue qu'on en invente une mauvaise. Au lieu de mots parfaits qui existent, on forge des expressions détestables, que rien ne justifie ni n'explique, et qui sont vraiment filles du hasard ». Ne voilà-t-il pas, ajoute M. Deschanel, « le jargon à peine intelligible » que prédisait Lamennais?

Nos inventeurs littéraires, très curieux de ces pluriels creux, semblent les croire nécessaires à leur phrase pour la corser et l'étoffer. Ils l'étouffent ! Ce sont des mots sans couleur et sans chaleur auxquels on peut toujours substituer des synonymes légers et courts qui ont au moins l'avantage de ne pas tenir tant de place. Quand on rencontre ces blocs sur son chemin, on a la sensation que donnent les marteaux-pilons de l'industrie métallurgique, on se croit dans la galerie des Machines; et où sont-ils ces mots rapides, ces mots ailés, les *epea pteroenta* de la poésie hellénique? Ces abstractions creuses comme la fonte, mais massives aussi et contondantes comme elle, semblent avoir été fabriquées tout exprès pour écraser la langue qui en est réellement aplatie et exterminée. Elles ajoutent encore, par leur configuration même, à l'uniformité de cette horrible phrase, toujours la même, qui ressemble à une muraille faite de moellons tous pareils, dimension et coupe, tous invariablement rectangulaires, tous symétriquement rangés dans cette lourde et encombrante maçonnerie.

Rien n'est plus désagréable, même à l'œil. Et que dire de l'oreille quand on la force à entendre l'épaisse musique qui sort d'une pareille bâtisse? En vain la relèvent-ils de quelques fioritures encore pires que le fond d'orchestre qu'elles essaient d'égayer. On a parlé quelquefois de la monotonie classique et

de ce moule invariable où sont coulés les vers et la prose du
XVIIe siècle. On cite les plaisanteries d'Alfred de Musset qui,
d'ailleurs, ne se moquait plus à la fin, et s'avouait plus en-
clin à imiter qu'à railler. C'est absolument injuste et d'une
critique très superficielle. La langue des grands classiques
n'est immuable que dans les grandes lignes, où il importe
qu'elle le soit, et n'est inflexible, pour ainsi parler, que sur
les principes. Mais, une fois la règle observée, elle varie et se
diversifie, dans le détail, sous les plumes très différentes
qui l'ont écrite, avec une merveilleuse aisance et une incontestable originalité. Tous les romanciers d'aujourd'hui sont
le même, nous l'avons assez répété et démontré pour n'y
plus revenir. Au contraire, sauf cet air de famille qui atteste
la race, quelle ressemblance voyez-vous entre Bossuet et Fénelon, Mme de Sévigné et Mme de La Fayette, Corneille et
Racine, Perrault et La Fontaine, Retz et La Rochefoucauld?
Ils n'ont vraiment de commun que leur génie.

Telle est donc la physionomie générale de la langue nouvelle:
une surface unie, une plaine morne, mais parsemée de constructions bizarres et de végétations parasites. Figurez-vous des
kiosques chinois et des pavillons japonais en Beauce, avec de
minuscules parterres capricieusement dessinés, des jardinets
maigres, des arbustes tortus, des bassins, des rocailles, une
bigarrure d'enjolivements impossibles, un fouillis de choses
tourmentées, recroquevillées par une espèce de perpétuelle
crispation automatique, une absence voulue, calculée, affectée,
de simplicité et de naturel; une architecture tonkinoise et
annamite, dressée à la diable dans un mauvais marécage.

Mais c'est là qu'ils se rattrapent. Impuissants comme con-
structeurs, ils se prétendent supérieurs et inimitables comme
ornemanistes. Inimitables, oui; car c'est précisément dans
l'absurdité du détail que triomphent ces mosaïstes. Nous
avons déjà vu, nous verrons encore avec quelle facilité ils
s'annexent des néologismes aussi difformes qu'inutiles et combien ils se peinent pour forger de vilains mots. Lorsque d'écriture ils ont tiré *écritorial*, de joli, *joliesse*, de soupir, *soupireur*, de
viol, *violeuse*, de bistre, *bistreux*, de mat, *matité*, de silence, *si-
lencier*, de prostration, *prostré*, d'âme, *désâmer*, de rose, *roser*,
de maille, *désemmailler*, d'intense, *intensément*, de ferveur,
fervemment, de forcené, *forcénément*, de mépris, *méprisamment*,

de blasé, *blasement*, etc., etc., et mille autres pareils, ils nagent dans la joie.

On comprendra que nous nous gardions de multiplier ici les exemples. Ceux-là sont d'une telle force qu'ils suffisent amplement à toutes les démonstrations. Quand on est capable de faire *forcenément* avec forcené, on est capable de tout; on est soi-même un forcené d'écriture, acharné à frapper sur la langue pour la briser. Les personnes à qui les élucubrations de la nouvelle école sont peu familières n'imaginent pas jusqu'où peut aller cette frénésie néologique. Il n'y a pas de mot, verbe, substantif, adjectif ou adverbe, qui ne soit condamné par eux au même traitement, et comme ces mots-là s'y offrent d'eux-mêmes, on n'en épargne aucun; la facilité encourage les bourreaux.

La manie de l'archaïsme a moins sévi; mais elle est presque aussi fâcheuse, et il faut vraiment avoir l'esprit un peu biscornu pour s'amuser à vieillir la langue en la repeuplant de mots anciens. De cet amusement, qui n'est pas complètement inoffensif, quel avantage peut-on recueillir? Quand ils auront dit, avec un plaisir mal dissimulé, *accoutumance* pour habitude, ils seront bien avancés! Il ne leur manquera plus que la vivacité de Montaigne ou l'ingénuité d'Amyot. La perte, la désuétude de certains mots est regrettable, mais qu'y faire? Nous ne cesserons de le répéter : l'usage est roi!

II

Nos réformateurs se sont encore donné carrière sur d'autres points et se sont offert le régal d'inventer certaines locutions d'un genre spécial que le snobisme du Tout-Paris a immédiatement adoptées, répandues, vulgarisées et qui reparaissent aujourd'hui à tout propos comme autant de clichés, non seulement dans la conversation, mais dans le dialogue dramatique et dans les livres. C'est ainsi que les néophytes de l'école n'emploient plus un seul qualificatif sans y ajouter une espèce de superlatif complémentaire, toujours le même : « Oh ! combien ! » — « Était-elle jolie ? — Oh ! combien ! » — « Êtes-vous content du succès de votre pièce ? — Oh ! combien ! » La chose tourne à la ritournelle, pour ne pas dire à la scie.

Il y a aussi « pas très » dont on use de la même façon, avec les adjectifs ou même les verbes, et qui semble être précisément l'opposé, le contre-pied de « Oh ! combien ! » — « Était-elle aimable ? — Pas très ! » — « Est-ce qu'on s'amuse à la Comédie ? — Pas très ! » Et l'on parle ainsi, même dans certaines pièces à la mode. Passons. Ces petits jeux où l'esprit parisien se croit intéressé, ne méritent même pas qu'on s'y arrête, bien que la langue s'y déforme, comme un pied bien fait dans des souliers trop pointus.

Les néo-linguistes ont encore une autre manie qui consiste à séparer la préposition de son complément et à le lui refuser au moment même où elle le réclame. Cette façon d'en user aboutit régulièrement à une phrase laborieuse et obscure, à peine française, grimaçante et grotesque : « Il disait que pour [par des moyens à lui] continuer sa marche vers le but qu'il poursuivait, il devait d'abord s'en ouvrir à un homme du métier ». — « Ils venaient par [pour produire la terreur] mille et centaines de mille ». Ces parenthèses étranges sont assez usitées aujourd'hui; mais ce *pour* et ce *par* qui, comme on dit en grammaire, se gouvernent l'un l'autre, paraissent appartenir à la langue hottentote. C'est de la pure barbarie.

Faut-il encore signaler un de leurs plus futiles enfantillages, c'est-à-dire la règle qu'ils se sont bénévolement imposée de toujours mettre, quoi qu'il arrive, l'épithète avant son substantif? Bonne habitude en général, mais qui peut devenir ridicule par l'abus. Victor Cousin, philosophe absolument dépassé, mais admirable artiste de style, ne manquait presque jamais d'observer cette préséance; mais il n'en faisait pas un article de protocole. Il n'entendait pas qu'elle fît tache dans le discours ni qu'elle étonnât le lecteur par un excès de singularité. Ce n'est pas lui qui eût écrit comme on le fait volontiers aujourd'hui : « Pour fêter les russes marins, nous avons illuminé avec de vénitiennes lanternes ! »

Il y aurait bien autre chose à dire — ou plutôt à répéter — sur une certaine brutalité de langage qui est propre aux réformateurs et sur un air de force qu'ils se flattent d'imprimer à leur pensée par l'enflure indéfinie des mots. On y sent, à tout coup, l'effort de la grenouille qui se gonfle en bœuf et qui crève. Il est certain que cette enflure, souvent grossière et même ordurière, contribue à la déformation de la langue, en détruit la grâce et la légèreté, et en change absolument la physionomie. Mais ce qu'il importe avant tout de signaler, c'est l'inanité, le néant de cette tuméfaction littéraire. C'est encore un pur enfantillage, et si ce mot revient incessamment sous notre plume, c'est qu'il caractérise exactement la puérilité d'une tentative dont on ne parvient pas à s'expliquer le demi-succès. Évidemment ils s'imaginent que ces fantaisies ont leur originalité. Elles l'ont sans doute, mais dans le mauvais sens du mot, puisque cette façon d'être original est à la portée du premier farceur venu, et que, pour s'en payer la fête, ils en sont réduits à se copier les uns les autres.

La langue des Goncourt, sur les lèvres de leurs élèves, vaut encore moins que ces minauderies de bouche en cœur qui firent autrefois la gloire des incomparables Arthénices. Le moindre apprenti peut, sans se donner un tour de reins, non pas la parodier, car elle n'est elle-même qu'une parodie, mais se l'approprier et assimiler du premier coup. Rien n'est plus facile que d'en faire des pastiches. Voyez plutôt :

« Vers le milieu du siècle dix-neuvième, il s'est formé un intellectuel groupe qui, pour, par de neufs moyens, arriver plus vite aux escarpés sommets de la littéraire gloire, causant ensemble en un grenier, asile de l'art, cultivant les mêmes sérieux genres, se consultant en de vespertinals conventicules pour s'assurer du préventif accord de leur fraternelle esthétique, associant leur pensée et leur effort, en l'unanime intention de réformer les bourgeois procédés de l'inclyte et nationale langue française, vieillis par l'enracinement et l'endormement de l'accoutumance, apportant enfin chacun son concours idiosyncratique à la commune œuvre, c'est-à-dire à la nécessaire et inéluctable démolition de la surannée écriture, ont délibéré, avec, dans l'avenir d'une désintéressée entreprise, inaugurée sous la patronale invocation de maîtres parmégianesques, une confiance chaque jour accrue par, dans les journaux, revues et livres, l'extraordinaire multiplication des actifs et convaincus adhérents. »

Ils ont pu constater, en effet, à un moment donné, que la vogue leur en amenait chaque jour de nouveaux et c'est alors que, sur tous les tons, ils ont célébré leur victoire. A les entendre, ces fins stylistes, comme ils aimaient à s'appeler, n'avaient pas seulement galvanisé notre langue, ils avaient, en architecture, ajouté un sixième ordre aux cinq autres. Après l'ionique, le dorique et le corinthien, ils avaient inventé le japonais. On ne pouvait bien saisir leur idée qu'en se mettant tout à fait à leur niveau, c'est-à-dire en se pénétrant de l'ineffable mépris que leur inspirait et que continue à leur inspirer la platitude contemporaine. Eh quoi ! pouvait-on se tenir de honte et de colère devant ce style de concierge qui déshonorait le roman ? Eux, au contraire, ils avaient introduit, dans l'art, quelque chose de raffiné, de chantourné, de tarabiscoté qui était adéquat aux mœurs et aux goûts du dix-huitième siècle et qui fût devenu sa vraie langue si, par un caprice inexplicable autant que funeste, il n'eût préféré celle de Voltaire, de Montesquieu, de Jean-Jacques Rousseau et de Buffon. Au moins en reste-t-il, dans leurs écrits, une trace indélébile qui, devant la postérité, rendra témoignage de leurs légitimes prétentions.

La plus justifiée, entre tant d'autres, est d'avoir fondé l'école naturaliste. Encore est-elle singulièrement exagérée. Ils ont frayé la route au naturalisme, ils ne l'ont point inventé, et, de plus, ils ont appliqué à ce qu'ils en ont pris une forme maniérée qui en est la négation même. Le travail trop soigné du style, quel que soit ce style, est incompatible avec le vrai roman naturaliste, qui exige, pour faire illusion, une forte dose de grossièreté unie à une forte dose de platitude. Il en résulte que le véritable inventeur ou restaurateur du naturalisme en France n'est ni Goncourt, ni Flaubert, ni Zola, tous plus apprêtés que nature; c'est Champfleury, aujourd'hui presque oublié.

Au moins celui-là ne donnait pas dans l'énorme erreur qui caractérise vraiment l'école : l'amour du mot; du *verbe*, comme elle dit. Elle attache à ce *verbe* une telle importance qu'elle retournerait presque le précepte classique; elle veut qu'on apprenne à écrire avant de penser, la pensée n'ayant été donnée à l'homme que pour fournir un instrument de plus à la plus belle de ses facultés, la parole.

Voilà son système, voilà son programme, et Dieu sait si elle y est restée fidèle. Nous avons vu une nuée de jeunes écrivains s'abattre sur le roman et y déchiqueter la langue française avec la morale universelle. Son erreur est de se croire jeune; elle est très vieille; c'est l'ancienne école de l'art pour l'art, mais amplifiée et rétrécie tout à la fois; rétrécie par le peu de cas qu'elle fait des idées; amplifiée par la valeur qu'elle accorde aux mots. L'ancien art pour l'art, glorifié par Théophile Gautier, tenait la balance plus égale entre les deux. Nous n'avons pas à choisir entre ces diverses formules. Quoi qu'elles vaillent, ces artistes auront de la peine à nous persuader que l'art tienne tout entier dans l'*écriture*. Le mot a certainement un pouvoir d'ornementation; mais encore est-il nécessaire de lui fournir une surface solide où il puisse évoluer; il faut, comme on dit, mettre quelque chose dessous.

CHAPITRE IX

L'IDÉE ET LE MOT

I

Un livre a paru, il y a trois ou quatre ans, intitulé *le Labeur de la prose*, qui décrit très minutieusement la maladie de la nouvelle école, « l'obsession du vocable », l'angoisse de l'écriture, et qui félicite hautement ceux qui en sont atteints (1). C'est une épidémie particulière aux époques byzantines ou alexandrines, et par conséquent à la nôtre. Faute d'idées, on travaille sur le mot. Le souci du style, qui, lorsqu'il s'exaspère, lorsqu'il « s'exacerbe », disent les nouveaux stylistes, peut devenir la mort du style, est considéré et loué, dans ce livre, comme la première et presque la seule vertu de l'écrivain. Si quelqu'un était tenté de nier le mal, pourtant bien visible, que nous combattons; si l'on nous accusait de crier au loup sans nécessité et de déclamer dans le vide, nous n'aurions besoin, pour nous dé-

---

(1) *Le Labeur de la prose*, par M. Gustave Abel, préface par Camille Lemonnier; Paris, 1902.

fendre, que de renvoyer cet endormeur au *Labeur de la prose*. Il y verrait que, non seulement on prend très au sérieux ce labeur, mais qu'on l'analyse avec amour et qu'on en fait le devoir essentiel de l'écrivain. Dans une préface due à une plume connue et appréciée du public, toute la doctrine est exposée, car il s'agit bien d'une doctrine, d'un nouveau code à l'usage de tous ceux qui ont le goût d'écrire et qui s'en attribuent les moyens. On leur recommande ou plutôt on leur prescrit de se préoccuper avant tout de la phrase et du mot. J'y relève des réflexions comme celles-ci :

« Un mot inconnu m'éveillait à des conjectures infinies; il vivait et palpitait en moi comme une part de ma vie, ses correspondances s'étendaient à tout le monde sensible...

« Les mots me révélèrent l'univers; ils eurent pour mes soifs naïves d'inconnu toute l'émotion de la découverte de l'amour et de la vie. Je me les déclamais à moi-même dans le silence de ma petite chambre. J'en épuisais la musicalité, inductive de significations vagues et illimitées. Rien que leur émission violente ou délicate, en vibrant sur mes nerfs, me suggérait des sensations rares et subtiles. Je m'exaltais de fièvre, d'héroïsme. Ma sensibilité allait jusqu'aux larmes...

« Plus tard seulement, je songeai à les assembler en de patientes mosaïques. La prosopopée naquit, le sens laborieux du rythme grave, flexible, expressif, l'ardente aspiration à moduler le mouvement de ma pensée. Ce fut un nouveau tourment délicieux : le mot prit des aspects émouvants selon sa juxtaposition; il eut, comme l'individu par rapport à la société, une vie de relation. En se sériant, il se rapprocha de sa fonction harmonique et définitive... »

Eh bien, il faut le dire, il faut le crier à ceux qui doutent encore du progrès du mal. De pareilles théories sont le renversement de tout ce qu'on était habitué à croire et à enseigner sur la manière dont fonctionne l'intelligence dans la traduction de la pensée par l'écriture, dans l'acte complexe dont la plume est l'instrument. Pensez d'abord, vous écrirez après. Boileau l'a dit à plusieurs reprises, en vers d'une très expressive clarté. Et ce n'est pas seulement parce que Boileau l'ordonne que nous plaçons dans cet ordre les deux opérations inséparables mais consécutives et non simultanées, qui composent le travail de l'écrivain ; c'est surtout parce qu'il nous est impossible de les concevoir autrement, et que leur interversion nous apparaît comme contraire à la marche naturelle de l'esprit humain.

Dans la préface, vraiment suggestive, à laquelle nous faisons ici allusion, on en prend exactement le contrepied et on résume cet étrange bouleversement dans une formule aussi franche que fausse : « Le mot accouche l'idée ! » On se figurait jusqu'ici que c'était l'idée qui enfantait, qui « accouchait » le mot, comme le besoin crée l'organe ; mais non ; n'ayez point d'idées, cela n'est pas nécessaire ; ayez seulement à votre service une collection de mots plus ou moins rares, de locutions tant bien que mal accouplées, répandez-les au hasard sur le papier, pénétrez-vous bien de leur signification respective, de leurs affinités, de leurs rapports, de la position, de la couleur à leur donner, et l'idée en jaillira d'elle-même, limpide et forte ! C'est effrayant ! Vous représentez-vous un écrivain sérieux attelé à ce travail de bouts-rimés (car c'est bien à ce jeu de patience qu'on le convie) ; à défaut de rimes on lui donne des mots, il se les donne à lui-même et les ajuste de manière à former un semblant de pensée. On se demande avec effroi ce qui peut sortir de ce pêle-mêle : « Le mot accouche l'idée ! » Mais ne voyez-vous pas que, sans l'idée, le mot ne viendrait pas, que c'est elle qui lui donne naissance, qu'il n'a pas d'existence propre, que vous proférez une énormité et que vous discutez dans l'impossible ? Votre formule se réfute elle-même, et vous la condamnez en la rédigeant. « Le mot accouche l'idée ! » Comment cette expression serait-elle venue sous votre plume si l'idée d'enfantement ne s'était d'abord présentée à votre esprit ?

Cependant, l'auteur de la préface du *Labeur de la prose* s'obstine à changer l'ordre des facteurs, et il analyse avec complaisance des procédés de fabrication littéraire où l'antériorité lui semble acquise au mot sur l'idée. Rien de plus curieux que cet exposé. On se convaincra, en le lisant, que nous n'avons rien exagéré sur l'importance capitale, sur l'influence décisive du rôle que joue le dictionnaire dans la nouvelle école. On y verra surtout que l'auteur, de son propre aveu, a contribué à fonder l'*école lexicologique* ou, comme il l'appelle lui-même, l'école de la *musicalité déductive...* O Voltaire !

« Le mot accouche l'idée : elle est à ce point tributaire de ses
puissances que celles-ci s'étendent souvent à tout le livre et que
la constance dans la couleur et le dessin du mot finit par caractériser son mode intellectuel. Il y a là une sorcellerie qu'ont
subie les plus invincibles dominateurs. Et cette soumission aux
vertus du mot s'explique par sa ductilité, son adaptation à
l'idiosyncrasie individuelle, la plénitude de vie propre qui en
fait un organisme. Rien n'est moins absolu ; ses sens sont multiples, élastiques, relatifs, régis par les complémentaires, si
variables qu'ils semblent avoir des âmes et des sexes différents
selon l'état d'esprit avec lequel on les aborde. »

« L'abondance des mots s'apparie à l'abondance de la sensation vitale. Ensemble elles concourent au don d'universalité
qui est la majesté des grands écrivains. C'est par là qu'ils
embrassèrent une vaste humanité. Aucun d'eux ne se localisa
dans un département exclusif de la psychologie ni dans la spécialité des formules... Quand notre cœur, dans ses battements
tumultueux, se suggère participer à la vie universelle, il y a
indigence à ne posséder qu'un ventricule où retentisse la sensibilité. Tout homme est une condensation d'humanité sim-
pliste et complexe ; mais le poète, le romancier, le dramaturge,
l'homme prédestiné à extérioriser les aspects multiples de la
vie est requis de posséder une âme s'il se peut dire ubiquitaire.
Il ne pourrait la manifester sans une infinie variété de moyens
expressifs... etc., etc. »

Je me sens incapable de plonger à de pareilles profondeurs.
Cette préface du *Labeur de la prose* est la digne sœur de l'immortelle préface de *Chérie*. Les deux font la paire, et c'est par là
que celui qui l'a écrite, comme toute l'école dont il relève,
tient aux Goncourt. L'auteur du livre n'a pas voulu demeurer
en reste et, dans une introduction qui lui est personnelle, il nous
avertit que son but a été de « faire ressortir combien les plus
grands prosateurs endurent de fatigues et de souffrances pour
produire les œuvres qui font au suprême degré notre émerveil-
lement. Leur labeur est une torture morale où ils aiment à se
délecter comme à une pure jouissance. Ils supportent la tyran-
nie du verbe avec la soumission d'un esclave que le maître
fouette jusqu'au sang. Ils cherchent une volupté intellectuelle
dans les affres de leur imagination affolée ! »

Les malheureux ! En vérité, le croyez-vous?

Peut-être ne faut-il pas prendre trop au sérieux ces paradoxes entortillés auxquels je me figure donner un nom indulgent en les qualifiant de juvéniles. Il serait impossible à celui-là même qui les soutient de n'y pas échapper à chaque instant, dans la pratique. Si vibrants et si reluisants qu'ils soient, si habilement disposés qu'on les suppose, des mots tirés au hasard dans un chapeau ne sauraient fournir une page lisible. Il faut, de toute nécessité, qu'il y ait une idée dont ils soient les signes. Le mot ne sera jamais que le costume de l'idée. Isolé, réduit à lui-même, il ressemble à ces mannequins qu'on voit aux vitrines des magasins de confections.

L'auteur de la préface le sent si bien que son développement sur la vertu intrinsèque du mot finit par une sorte de démenti qu'il se donne et, pour mieux dire, par la plus flagrante des contradictions. Je vous recommande ce *quoi qu'il en soit :*

« *Quoi qu'il en soit*, l'écrivain ne saurait assez réfléchir à cette parole si juste de Vacquerie : « Le style n'existe pas plus sans l'idée, que l'idée sans le mot ». Il ne faut donc pas que nous consacrions à la forme seule tout notre labeur et que le souci de l'expressivité absorbe notre intelligence entière. La beauté du verbe doit servir à faire valoir l'Idée. La phrase n'est qu'un écrin, l'Idée est le bijou. C'est l'Idée surtout qui domine en souveraine. Son rayonnement illumine les œuvres où éclate sa majesté. *C'est en elle que les rénovateurs placent leur unique espoir...* »

A la bonne heure, mais alors que vient faire, deux pages avant celle-là, cette Idée accouchée par le mot?

N'insistons pas, le bon sens a vaincu; mais il ne reste pas moins de toute cette discussion que le labeur de la prose, la prose laborieuse doit être la première préoccupation des *rénovateurs*, puisque rénovateurs il y a. Tout le livre, aussi bien que la préface, est consacré à cette démonstration. Elle nous paraît peu probante et on peut même dire que les arguments dont elle s'appuie vont juste à l'opposé de leur but. Elle garde pourtant un certain intérêt, surtout à nos yeux, parce qu'elle traite de « la technique de la phrase », c'est-à-dire de l'objet spécial que nous avons nous-même en vue.

II

La technique de la phrase n'est point, à proprement parler, le style. C'est une confusion dans laquelle on tombe presque malgré soi. Le don du style et la mécanique du discours sont deux choses fort différentes. En s'évertuant sans cesse à perfectionner celle-ci, on s'expose à sacrifier l'inspiration aux petits calculs et aménagements de métier. Le premier chapitre du livre dont nous parlons en ce moment est intitulé *Patience et Labeur*. Le travail de la forme y est loué comme le premier mérite de l'écrivain; on y voit le malheureux courbé sur sa phrase, la piochant, la retournant comme on laboure un sol ingrat, et, au lieu de l'admirer dans cette posture, on redoute pour lui cet absorbant effort qui laisse si peu de place à sa liberté d'esprit. Taine a écrit ceci : « Il faut quinze ans à un écrivain pour apprendre à écrire, non pas avec génie, car cela ne s'apprend pas, mais avec clarté, suite, propriété et précision. C'est qu'il est obligé de sonder et d'approfondir dix ou douze mille mots et expressions diverses, d'en noter les origines, la filiation, les alliances et de rebâtir à neuf et sur un plan original toutes ses idées et tout son esprit ».

Balzac a dit de même, et à deux reprises, et avec une sensible variante, qu'il fallait sept ans, puis vingt ans pour savoir le français et, par la correction de ses épreuves, par le grimoire qu'il livrait aux imprimeurs, nous savons qu'il n'était pas sûr d'être arrivé à l'apprendre.

Mais, dans tout cela, il n'est pas question de génie, il n'est pas même question du style, et la preuve c'est que Balzac eut du génie sans avoir jamais été le maître absolu de la langue qu'il écrivit, sans avoir eu, à proprement parler, un style. Ses fanatiques ont pu lui en trouver un, mais il a toujours été plus modeste qu'eux à cet égard; il ne put jamais dompter complètement cette langue française, qui fut son tourment; ses manuscrits en témoignent, ce qui ne l'a pas empêché de créer un genre et de nous laisser une douzaine de chefs-d'œuvre — très disparates.

Cela prouve que le style n'est pas le génie, qu'une *écriture* convenable n'est pas le style, et que l'effort ne suffit pas pour monter de l'un à l'autre. C'est le grand malentendu de cette discussion. Écrire bien, c'est affaire de métier, par conséquent enseignement de professeur et travail d'élève. Après avoir profité des leçons qu'on a reçues, on devient à soi-même son maître et l'on se perfectionne tous les jours; mais cette étude continue ne mène ni au génie ni au style, et votre labeur de la prose, s'il devient un martyre, devient en même temps un danger; il stérilise l'imagination, il paralyse la plume.

On a abusé, pour prétendre qu'il suffit à tous les besoins, de quelques formules absolues et particulièrement du mot de Buffon : « Le génie, c'est la patience ! » D'autres l'ont répété après lui et notamment Cuvier; mais il suffit d'un moment de réflexion pour comprendre que, s'il est juste, on ne peut en tout cas l'appliquer qu'au génie scientifique. Et encore ! Même dans le génie scientifique, il y a une part d'invention et de découverte, quelquefois même une part de hasard qui échappe aux règles ordinaires de la déduction; il y a des hypothèses, des divinations géniales.

Flaubert lui-même s'est tenu, sur la valeur de l'opiniâtreté littéraire, dans une mesure qu'on n'eût pas attendue de lui : « A force de courage, de travail, d'entêtement, on parvient parfois à faire bon avec une vocation ordinaire ». A la bonne heure ! *Faire bon !* Le résultat obtenu par le piocheur qui n'a pas le don ne peut pas aller plus loin. Si l'on n'a pas reçu de la nature ce que Boileau appelle la secrète influence du ciel, il est inutile de se peiner et de se tracasser pour obtenir des facultés médiocres qu'on a reçues en naissant quelque chose de plus que ce : *faire bon !* On se heurte à une barrière infranchissable, et surtout on tombe, comme les Goncourt eux-mêmes, dans la manie; on fait, en littérature, de petits reposoirs, comme les enfants de nos campagnes le jour de la Fête-Dieu; on fabrique de petits pâtés avec du sable.

Veuillot aussi a dit un mot juste : « Ce que tu auras fait avec beaucoup de plaisir ou beaucoup de peine, jamais ne sera complètement mauvais. La page raturée, refaite, recopiée, est la bonne; la page tracée d'un seul jet, sans points, sans virgules, sans ratures, sans orthographe, est l'excellente... ».

Mais personne n'a mieux parlé là-dessus que Maupassant; avec quelle puissance de bon sens il se sépare de ses patrons littéraires, les Goncourt, et de son tuteur préféré, Gustave Flaubert ! Il ne les regardait pas comme « les pionniers de l'art d'écrire » et, sans les nommer, il leur donnait, lui, leur élève, des conseils qui leur auraient profité, s'ils avaient été capables de les suivre : « La langue française, dit-il, est une eau pure que les écrivains maniérés n'ont jamais pu et ne pourront jamais troubler. Chaque siècle a jeté dans ce courant limpide ses modes, ses archaïsmes prétentieux et ses préciosités sans que rien ne surnage de ces tentatives inutiles, de ces efforts impuissants. »

On ne saurait mieux dire; mais il est facile de voir qui cela vise et où cela porte. Le solide esprit de Maupassant s'irritait sans doute de tout ce travail imaginé par de prétendus réformateurs pour torturer la langue française. Un écrivain comme l'auteur de *Pierre et Jean* ou de *Bel Ami* était mieux placé que personne pour en dénoncer le néant. Reste à savoir si, à la longue, un pareil effort, sans cesse renouvelé et soutenu par une école qui s'y applique avec d'autant plus d'acharnement qu'elle n'a rien de mieux à nous offrir et que ses théories constituent tout son avoir, ne finira pas par porter ses fruits. Nous sommes témoins tous les jours de l'influence qu'elle a exercée, qu'elle exerce encore, puisqu'il n'y a pas un roman, pas un article de journal qui ne porte la trace des difformités qu'elle a inventées et qu'elle recommande à l'admiration de badauds sans instruction, sans jugement et sans grammaire. Parmi les jeunes qu'elle a séduits et qui se sont fait de ses oripeaux une espèce de panache, en voici un qui s'écrie : « On devrait par l'aurore, par la trompette du vent, du tonnerre, s'exprimer ! » Comprenez si vous pouvez ! C'est du pur galimatias. Et il a du succès, car il porte la signature d'un écrivain à qui ses camarades sont parvenus à faire un semblant de réputation.

L'auteur du *Labeur de la prose* en tient évidemment; la phrase que je viens de citer fait partie de son catéchisme. Non seulement il la trouve intelligible, mais il la donne comme un modèle de cette *expressivité*, sur laquelle il revient sans cesse, comme s'il attachait à l'expression plus d'importance qu'à la pensée. Sur la pression de l'entourage, il a cédé, lui aussi, à ce prestige, à ce vertige du mot qui, depuis l'École d'Alexandrie, caractérise toutes les décadences. L'expressivité, tout est là !

On lui pardonne parce qu'à force de presser sa formule, il en a eu peur, nous venons de le voir, et que, en fin de volume, son intransigeance a désarmé. Il a mis face à face, avec une impartialité relative, les inspirés et les laborieux, en nous accordant que si le travail est indispensable pour régler l'inspiration, l'inspiration est encore plus nécessaire pour féconder le travail. Bien qu'il admire avant tout les éclairs du style, «une originalité qui fulgure à chaque ligne », il reconnaît que « l'emploi des mots pompeux ne prouve pas une parfaite connaissance de la langue »; il va même jusqu'à confesser que « les grands mots décèlent les petits esprits ». Et il complète ainsi son aveu, un peu singulier dans sa bouche : « Les constructions baroques, les incorrections voulues, le déséquilibrement des phrases peuvent être des modèles de batelage littéraire ou « d'écriture d'artiste »; mais ils sont des défis jetés au bon goût ».

En réalité, il a voulu simplement mettre sous nos yeux, au moyen d'extraits caractéristiques, les deux opinions et les deux tendances, « le conflit » entre les plumes tourmentées et les plumes faciles, en rendant justice aux unes et aux autres, mais avec une préférence marquée pour les premières.

Ce prétendu conflit est aussi vieux que le monde; mais il ne mérite pas ce nom qui implique une idée de querelle et de bataille. Il y aura toujours des écrivains qui souffriront plus que d'autres de la gestation et de l'enfantement d'une œuvre, sans que ceux qui produisent avec moins de peine aient le droit de leur en faire un grief. C'est affaire de conformation et de tempérament. Chacun a sa manière de créer et toutes les manières sont bonnes, pourvu que l'ouvrage, sorti des mains de son auteur, ne pèche ni par un abus de facilité ni par un excès de travail. Ni négligence ni torture ! La leçon donnée par Boileau à Racine garde toute sa valeur : il faut apprendre à écrire difficilement des pages faciles; encore lirait-on plus volontiers un livre écrit trop couramment qu'un volume dur et pénible, qui trahit la courbature de l'écrivain. Les anciens, auxquels il y a toujours intérêt à revenir, surtout lorsque les modernes extravaguent, ont encore trouvé le mot juste : « Foin d'un ouvrage qui sent l'huile ! »

III

On a pu croire un moment que la singulière révolution dont nous suivons les phases allait réussir, et qu'une langue nouvelle, se substituant à l'ancienne, changerait la physionomie de notre littérature. Le mouvement tendait à se généraliser, surtout parmi la jeunesse écrivante, et presque tous les débutants, presque tous les apprentis y déployaient une ardeur de néophytes qui semblait d'un bon augure pour la victoire finale. Soit conviction sincère, soit calcul intéressé et désir de se procurer des appuis et une clientèle, chacun donnait dans ce travers, chacun tirait son pétard avec l'ambition de faire un peu plus de bruit que son voisin. La surenchère, en matière d'art, a toujours été le procédé des écoles naissantes. Il y eut, en ce genre, de véritables feux d'artifice qui finirent par ne plus étonner personne et même par être acceptés, sinon imités dans des milieux littéraires qu'on aurait crus plus résistants. Enfin la mode y était, si répandue, si contagieuse, et surtout si mollement combattue par ceux qui auraient eu l'autorité nécessaire pour la dénoncer et la braver, que son triomphe apparent inspira des craintes à ses adversaires les plus résolus.

Avait-elle vraiment quelque chance de s'imposer au goût public et de bouleverser toute notre tradition nationale? Ou bien n'était-ce qu'un caprice violent qui n'aurait que la durée d'un caprice? A y regarder de près l'observateur entrevit tout d'abord, dans cet entraînement tumultueux, quelques symptômes rassurants. Ce n'était, dans l'ensemble du monde littéraire, qu'un groupe nombreux et bruyant, mais peu fourni, au début, de réputation et de crédit, qui multipliait ainsi les manifestations et les programmes. En dehors des deux fondateurs qui lui avaient donné naissance, il manquait, non pas peut-être de talents, mais de noms. Il ne s'imposait point par la célébrité d'un chef illustre qui pût rallier toute une école autour d'une formule, si bien que ses provocations ressemblaient un peu à des fantaisies individuelles ou à des rodomontades sans portée.

C'était même une faiblesse pour lui que de ne pas rencontrer d'adversaires militants chez les écrivains de renommée et de valeur indiscutées, dont nous avons, ici même, signalé et regretté l'indifférence. Ils lui refusaient le bénéfice de la lutte, ils le traitaient comme un novateur sans conséquence qui ne méritait pas l'honneur d'une réfutation en règle; pour tout dire, comme une quantité négligeable, et on sentait dans leur silence percer une pointe de mépris. Aucun d'eux, en tout cas, ne céda aux avances des révolutionnaires. Tous les écrivains dignes de ce nom, tous ceux qui, dans la littérature d'imagination ou dans la littérature didactique (par là nous entendons la critique et l'histoire), avaient un style, ou une originalité quelconque, ou une valeur reconnue, restèrent ce qu'ils étaient et dédaignèrent les séductions d'un succès tapageur acquis aux dépens de la langue nationale. Toute l'Académie fit comme le Virgile de Dante, elle regarda et passa. On ne citerait pas une seule exception, ni parmi les vivants ni parmi les morts.

Quant aux générations nouvelles, peut-on dire qu'elles se sont laissé endoctriner sans retour? Ceux qui sont vraiment les jeunes et qui ont déjà marqué leur place, soit au théâtre, soit dans le roman, soit même dans le journal, où toute liberté est accueillie, parlent et écrivent, avec plus ou moins d'inspiration, la langue de tout le monde, et si leur personnalité s'accuse et se détache, ce n'est certainement pas par leur tour de phrase, mais bien plutôt par leur tour d'esprit et de pensée. A quoi bon les nommer dans un exposé où il ne s'agit ni d'apprécier leurs œuvres, ni de comparer leurs talents, ni d'établir une

échelle de proportion entre eux et leurs devanciers? Les affiches
et les réclames, sans compter les compliments d'une critique
pusillanime, les désignent assez à nos regards pour qu'on n'oublie jamais de rendre justice à leurs efforts. Ce qu'il importe
de constater, au seul point de vue du style, c'est que si l'on
reconnaît, du premier coup, une scène d'Émile Augier, une
tirade de Dumas fils, une réplique de M. Sardou, et un dialogue
de Meilhac et Halévy, il serait assez téméraire de chercher des
différences très sensibles dans la langue adoptée au théâtre
par les auteurs du *Prince d'Aurec*, des *Fossiles*, d'*Amants*, de
la Robe rouge, de *la Carrière*, des *Tenailles* et des *Deux écoles*.
C'est la même ! C'est l'ancienne, c'est la bonne; un peu plus
soignée seulement que la conversation courante, relevée aussi
par la façon de poser le mot, de préparer et de lancer le trait.

Il en est de même des jeunes romanciers, tout nouveaux
venus, qui n'ont pas encore subi le contact de l'école, ou qui
se sont dérobés spontanément à sa pernicieuse influence. On
ne leur demande que d'écrire simplement et, si tant est que le
roman contemporain soit susceptible d'être rajeuni, d'en poursuivre le rajeunissement par des procédés étrangers à la méthode goncourtiste. Trouvent-ils qu'elle a fait son temps? On
serait tenté de le croire en voyant que, sauf quelques menues
concessions, ils reviennent à une sincérité relative, et que le
naturel ne leur fait plus peur. C'est déjà un progrès et une
espérance que leur demi-renoncement à ce prétentieux étalage
de préciosité moderne qui constitue le plus compliqué des
pédantismes. Puissent-ils l'abandonner aux imprudents qui
s'y sont engagés à fond, qui ne peuvent plus reculer sans pali-
nodie trop voyante, et qui pourtant reculent peu à peu en
s'efforçant de dissimuler leur retraite, devant l'effet réfrigérant
que leur produit maintenant à eux-mêmes cette marotte trop
aisément embrassée dans les mauvaises fréquentations de leurs
débuts.

Ils sont aujourd'hui une douzaine d'écrivains, bien doués,
instruits, dont le bon sens a répudié un puffisme dont ils
n'ont plus besoin pour percer, et qui, sans nouvelle profession
de foi, pratiquent, en tout genre, une littérature sensée, appuyée
sur une *écriture* raisonnable. On tombe des nues quand on rapproche ce qu'ils écrivent aujourd'hui de ce qu'ils ont écrit
naguère et, sans leur en vouloir autrement d'une métamor-

phose si radicale, on augure favorablement, pour le bien de la langue, des réflexions plus ou moins désintéressées qui les ont amenés à dépouiller le vieil homme.

Seule, la poésie, ou plutôt les poètes résistent. Tous les jours ils publient dans les journaux ou dans les Revues des essais qu'un compère acclame, mais qu'on traite poliment en se bornant à les qualifier d'extraordinaires. C'est, à nos yeux, le comble de la divagation. Cette poésie nouvelle, qui doit faire tressaillir dans leur tombe les Hugo, les Lamartine, les Musset et que désavouerait, plein d'horreur, Verlaine lui-même, s'efforce de substituer à l'étoffe qui lui manque, des broderies et des arabesques très compliquées. Elle s'ingénie à des inventions prosodiques phénoménales; pareille en cela à ces jardiniers savants qui dessinent des mosaïques de fleurs et des acrostiches sur leurs parterres. Elle a imaginé des rythmes nouveaux où elle remplace le sentiment et la pensée par de laborieuses combinaisons de sons et de couleurs, qui demeurent fermées à beaucoup d'yeux et d'oreilles. Elle martyrise la rime, ce qui ne l'empêche pas de torturer la raison; elle sacrifie la mesure du vers et son ancienne harmonie à des subtilités de fabrication qui nous échappent, et elle emploie ce qui lui reste, non point d'inspiration, mais de virtuosité à fixer dans des coupes et des constructions étranges, ses fameux et mystérieux frissons; elle met du rien dans du vide (1).

Lorsque la poésie grecque adopta pour lieu d'exil l'Égypte des Ptolémées, elle montra encore de beaux restes aux subtils dégustateurs d'Alexandrie, et on s'accommoderait, à la rigueur, d'une décadence qui nous donnerait des hymmes de Callimaque. Nous n'en sommes plus, sauf résurrection improbable, à ce pis aller. La poésie française, exception faite de quelques cas isolés, cultive surtout le rébus, le mot carré et la charade.

____

(1) Je ne saurais méconnaître qu'il y a encore des tentatives très honorables, de bons essais. J'ai été en rapport avec plusieurs jeunes poètes dont la foi sincère se doublait d'un talent aussi précoce que réel. Ceux-là n'éprouvaient pas le besoin de bousculer la prosodie. Ils sentaient qu'ils avaient autre chose à faire et ils aimaient mieux chercher des sources nouvelles que de fabriquer en prose mal rimée des vers obscurs ou boiteux. Je les ai loués et encouragés autant que je l'ai pu dans les journaux, mais sans grand espoir. Il me paraît que la poésie française a donné sa meilleure moisson et que, pour longtemps, le sol est épuisé. C'est sa pauvreté actuelle qui permet au snobisme, victorieux sur toute la ligne, de réserver son admiration à des farceurs, sous les yeux de la critique complaisante ou complice.

Il lui faudra renoncer à ce petit jeu ou mourir. Mais elle peut s'y livrer encore longtemps sans mettre la langue en péril. Les poètes, ou soi-disant tels, n'ont plus assez d'action sur notre idiome national pour être sérieusement responsables des déviations qu'on lui imprime. C'est aux prosateurs qu'il faudrait s'en prendre s'il finissait par y laisser quelque chose de sa grâce et de sa beauté.

Il y a pour les langues, comme pour l'être humain lui-même, une première période de formation, pendant laquelle on les voit changer et se développer sous mille influences, jusqu'au jour où, devenues adultes, elles se fixent d'une manière définitive, et passent à l'état de langues faites. Est-ce à dire qu'ainsi complétées, elles ne subiront plus jamais aucune modification et que l'usage n'en pourra rien retrancher, n'y pourra rien introduire? L'expérience prouve le contraire. Tous les jours, sous l'empire de nécessités nouvelles, on crée des mots nouveaux tandis que d'autres tombent et s'éteignent dans une désuétude qui d'ailleurs n'est pas toujours irrévocable. Littré l'a dit avec sa grande autorité; c'est pour ainsi parler, la fatalité des langues. Elles s'empruntent les unes aux autres une partie de leur terminologie, et cette réciprocité deviendra une habitude à mesure que la facilité des communications confondra les idiomes en rapprochant les peuples. Mais — et c'est là le point à retenir — ces légères variations et altérations de surface, que ce soient des diminutions ou des accroissements, des gains ou des pertes, ne touchent en rien au fond des choses, autrement dit au fait principal, à la règle générale qui partage la vie des langues en trois âges, la formation, la maturité, la décadence,

Il nous semble impossible de ne pas rappeler brièvement — et en nous référant aux études de nos grands linguistes — comment cette évolution inévitable s'est comportée chez nous. Il importe surtout d'en bien marquer les diverses étapes et de déterminer exactement où nous en sommes aujourd'hui. C'est évidemment un travail de seconde main que nous ne prétendons point refaire après les maîtres. Nous allons les y suivre rapidement, avec déférence et respect, mais en nous réservant d'en tirer la conclusion nécessaire, c'est-à-dire l'éclatante condamnation de l'entreprise des novateurs. Le présent va s'éclairer de lui-même et se juger à la lumière du passé.

CHAPITRE X

L'ENFANCE DE LA LANGUE

I

La formation de la langue française. — Ses indécisions et ses tâtonnements. — Son évolution dure sept siècles. — Ses étapes successives. — Démarcations difficiles et incertaines. — La langue française n'est vraiment elle-même qu'au milieu du XVᵉ siècle. — De Villehardouin à Joinville et de Froissart à Commines.

La formation de notre langue nationale a été assez lente. Elle n'a guère duré moins de sept siècles, si l'on part des premiers textes où le français balbutie, et si l'on ne s'arrête qu'au moment où, son évolution étant terminée, il acquiert sa stabilité, sa permanence — qui n'est point, répétons-le, l'immobilité absolue — avec Malherbe et Descartes. Long espace de temps qui va de Louis le Débonnaire à Henri IV ! Ce n'est pas que la langue française n'ait mérité, bien avant le XVIᵉ siècle, le nom de langue nationale. Elle y a droit déjà avec les Chansons de geste, à plus forte raison avec Villehardouin et Joinville. Elle a sa vie propre dès les Croisades, elle se développe dans les sanglantes ténèbres de la guerre de Cent ans ; mais par combien d'étapes successives, très imparfaitement délimitées, sa marche est-elle marquée de Joinville à Froissart, de Froissart à Commines et à Villon, de Villon à Marot, de Marot à Rabelais, de Rabelais à Amyot, d'Amyot à Montaigne, Montluc et d'Aubigné; de Montaigne enfin à Régnier, à Malherbe, à Corneille !

Ces divisions — il n'en coûte point d'en convenir — sont un peu arbitraires et nos savants linguistes y substitueraient probablement une classification plus méthodique, plus précise, appuyée sur des comparaisons et des parallèles. Mais là n'est pas la question. Il suffit ici de montrer que la formation a été lentement progressive, sans interruption comme sans secousse.

Et la gradation est souvent très difficile à marquer. Ces savants eux-mêmes paraissent quelquefois embarrassés pour noter un progrès ou seulement une différence entre les divers spécimens qu'ils mettent sous nos yeux. Les dates ne suffisent pas toujours à nous éclairer ni à les éclairer eux-mêmes, et cela est si vrai que si nous nous en rapportions exclusivement à cette chronologie trompeuse, nous serions exposés précisément à commettre des anachronismes littéraires, en considérant comme d'une langue plus moderne ce qui est, en réalité, d'une langue plus ancienne. Cela revient à dire que tel écrivain médiéval qui semble plus rapproché de nous par la langue qu'il a parlée en est cependant plus éloigné par le temps où il a vécu.

À côté de cette première observation s'en place une seconde, à savoir que deux écrivains, séparés par un demi-siècle et plus, ont, çà et là, des façons de s'exprimer si semblables qu'on serait tenté de croire que l'évolution s'est brusquement arrêtée et qu'il ne s'est accompli aucun progrès de l'un à l'autre. Ce serait une erreur. Quand on examine de très près deux morceaux, prose ou poésie, qui appartiennent à deux cycles différents, on arrive sans trop de peine à percevoir ce qui les distingue, à saisir l'écart qui existe entre leurs âges respectifs et ce que la langue a gagné de l'un à l'autre. Mais il y faut certainement une vue très subtile et des lumières spéciales. Même quand on arrive aux époques où, décidément, la langue s'installe et s'assied, on a quelque peine à démêler, parmi les écrivains, quels sont ceux qui sont en avance sur leurs confrères. Nous verrons plus loin à quel point il est épineux de se prononcer entre leurs œuvres, non sur le style, mais sur la langue, et ce qu'on ferait de jugements téméraires en insistant outre mesure sur les âges et sur les dates. Mais combien cette distinction est encore plus délicate à établir quand on remonte jusqu'à l'élaboration première et à la longue incubation de la langue que nous parlons, que nous écrivons aujourd'hui et qui, malgré tant de peine que les novateurs se donnent pour la dénaturer, est restée immuable dans ses caractères essentiels, telle aujourd'hui qu'elle était hier, la même pour tous, quels qu'ils soient, prosateurs et poètes.

Sauf les différences intrinsèques de la langue d'oïl et de la langue d'oc, essayez donc de distinguer entre les premiers monuments écrits de la langue romane et de prouver — ce qui d'ailleurs est historiquement vrai — que le serment de Strasbourg est plus vieux d'environ quarante ans que la *Cantilène de sainte Eulalie !*

C'est encore une question entre les philologues que de déterminer exactement à quelle époque le « roman » est devenu « le vieux français », c'est-à-dire quel millésime il convient d'assigner à la naissance de notre langue. Y a-t-il vraiment une date certaine où l'on puisse affirmer qu'elle commence ? L'érudition elle-même, dans son état actuel, se contente d'approximations, d'*à peu près*. C'est *à peu près* au commencement du xii⁰ siècle, nous dit un de ses plus jeunes représentants : « Dans le *roman*, il y avait encore deux *cas*, l'un pour le mot employé comme sujet ; l'autre, pour le même mot employé comme complément. A partir du xii⁰ siècle, il n'y en eut plus qu'un, comme de nos jours, et ce fut la forme employée pour le mot quand il était complément qui resta la seule. Dans le *roman* l'article était peu employé ; dans le vieux français, il n'y eut plus de substantif sans article. Ajoutons que, dès Philippe-Auguste, et surtout sous saint Louis, le *français* (dialecte de l'Ile-de-France) commença à prédominer sur tous les dialectes de la langue d'oïl (1) ».

Mais Philippe-Auguste, c'est déjà le commencement du xiii⁰ siècle et un siècle tout entier a passé sur les premiers vagissements du vieux français. Avec saint Louis, ce même xiii⁰ siècle a déjà achevé plus des deux tiers de son cours, de sorte que nous voilà à cent cinquante ans de l'éclosion primitive.

Il serait bien surprenant que la nouveau-née (c'est proprement notre langue) n'eût pas pris quelque force dans l'intervalle, et même révélé quelques traits de son caractère définitif.

____

(1) Emile Faguet, Histoire de la littérature française, *depuis son origine jusqu'à la fin du xvi⁰ siècle.*

Essayez donc, malgré cela, de suivre ses progrès dans les *Chansons de geste*, et particulièrement dans celles qui constituent le cycle *carlovingien* ou *cycle français*. Aussi bien n'en avons-nous guère que des versions très remaniées et qui ne permettent pas à notre philologie des confrontations péremptoires. On chercherait en vain chez nos plus illustres maîtres de littérature médiévale, et notamment chez les deux Paris, l'explication rigoureuse d'un phénomène linguistique dont le développement se dérobe sans cesse à leurs regards et sur lequel leur loyauté scientifique les empêche de se prononcer.

Les *Chansons de geste* s'étendent sur un espace d'environ quatre cents ans, du XIe siècle au XVe. Sans être un spécialiste en ces matières et sans avoir passé par l'École des Chartes, on relèverait aisément des différences de forme assez sensibles entre leur commencement et leur fin, par exemple entre la *Chanson de Roland* et le *Combat des Trente*, encore que ce dernier soit généralement considéré comme un pastiche archaïque dont l'auteur s'étudie à imiter la manière des anciens *chansonniers*. Mais ce serait peine perdue que de s'appliquer, la loupe en main, à rechercher quelques minuscules dissemblances de langage entre cette même *Chanson de Roland* et la plupart des poèmes ou romans de la Table ronde qui en sont séparés par un, deux, ou même trois siècles. On l'a fait quelquefois, on y était encouragé par cette particularité que toutes ces chansons de geste, sauf une ou deux, sont également écrites en langue d'oïl, ce qui rendait la recherche assez facile; mais il semble bien qu'on ne soit arrivé qu'à des résultats insignifiants et que l'auteur anonyme de la *Chanson de Roland*, qui reste le type de cette poésie dite carlovingienne, ne s'exprime pas dans une langue beaucoup plus primitive que l'auteur, également inconnu, de *Merlin* ou les chantres naïfs de *Tristan et Yseult*. Une remarque a été faite qu'il convient de retenir, c'est que plus l'œuvre est ancienne, plus l'anonymat est fréquent, parce qu'on est plus près de la légende première continuée et grossie par de nombreux collaborateurs dont aucun n'ose personnellement se l'approprier. Aussi en est-on réduit à des conjectures sur la plupart des Homères du cycle français. Au contraire, à mesure qu'on avance dans le cours des âges, les œuvres deviennent plus personnelles, les poètes se nomment, et c'est ainsi que nous connaissons presque tous les auteurs du cycle breton de la Table ronde, dont les principaux, Robert Wace et Chrétien de Troyes, ne sont guère postérieurs que d'un siècle aux plus fameux du cycle français. Mais, à part ce détail, qui n'est peut-être qu'une hypothèse, les profanes, et même les initiés, seraient assez embarrassés de dire en quoi l'instrument, c'est-à-dire la langue en formation, a varié entre *Raoul de Cambrai* et *Perceval le Gallois* ou, mieux encore, entre ce *Voyage de Charlemagne à Jérusalem et Constantinople* (cycle français), dont Gaston Paris a fait une si docte et si intéressante étude, et ce *Lancelot du Lac* qui emprunte son caractère principal aux enchantements et sorcelleries du cycle breton. Cependant le temps a marché. Pour autant qu'on peut s'en faire une idée, un intervalle d'un siècle sépare ces deux chansons de geste; mais — et c'est encore Gaston Paris lui-même qui a soin de nous en avertir — les premiers textes se sont perdus, les copistes les ont altérés, et, nous fussent-ils parvenus dans leur pureté primitive, nous éprouverions encore le même embarras — d'autres exemples le prouvent — à démêler d'un siècle à l'autre, les changements que la langue a subis. Il serait téméraire, il serait même contraire aux lois naturelles de soutenir qu'elle n'en a subi aucun; mais ils échappent presque complètement à notre vue, comme la lente poussée des premiers bourgeons d'un arbre, parce que nous avons affaire à une langue en formation dont il est presque impossible de mesurer, heure par heure, la végétation et la croissance. Il y a là un phénomène d'embryogénie qui appelle une autre comparaison. L'œuf est pondu, le temps le couve, combien lui faudra-t-il d'années pour éclore; combien de siècles pour que le nouveau coq gaulois prenne décidément toute son aile et tout son vol?

Les observations auxquelles donne lieu la poésie épique du moyen âge s'appliquent également à la poésie lyrique et didactique du même temps, aux sirventes, romances, pastourelles, ballades, etc.; et enfin au théâtre. Dans ces divers genres, la langue d'oc, battue sur l'épopée, fait concurrence à la langue d'oïl et reprend même quelquefois l'avantage. Les troubadours valent les trouvères. Bertrand de Born et Bernard de Ventadour — pour ne parler que de ceux-là — n'ont rien à envier à Thibaut de Champagne ni à Adam de la Halle. Arnaud

Daniel et Raimbaud ne sont inférieurs ni à Blondel de Nesles ni à Philippe de Nanteuil.

Quant à la poésie populaire, fabliaux, contes, satires, *bibles* de toute nature, nombreux sont, au moyen âge, ceux qui l'ont cultivée avec succès et on retrouve la trace de leur influence dant tout ce qui constituait, en ces temps primitifs, la littérature européenne. Dès lors on nous imite. C'est la France naissante qui donne le ton et elle reçoit, comme initiatrice, l'hommage des nations voisines.

Et cependant sa langue bégaie encore; elle bégaie chez tous ses écrivains, elle a chez tous cette même hésitation qui donne tant de charme au parler incomplet des enfants. Ce gracieux murmure n'a ni grammaire ni syntaxe; les mots même n'y ont pas toujours un sens nettement déterminé, et c'est précisément cette difficulté à s'exprimer suivant des règles variables et avec des significations flottantes, qui ne permet guère de classer les poëtes et les prosateurs du moyen âge.

Ils ont plus ou moins d'inspiration, plus ou moins de talent, quelques-uns même paraissent avoir un style; mais c'est tout ce qu'on en peut dire; leurs écritures, malgré les légères différences qu'on croit y découvrir, n'ont, pour ainsi parler, pas de date, et elles ont d'ailleurs subi tant d'altérations qu'on s'exposerait aux plus grossières erreurs en essayant de les dater. C'est uniquement par la biographie de l'auteur que l'on est à peu près fixé sur le temps où il a vécu, et si l'on part de cette indication pour formuler des conclusions linguistiques trop absolues, on est immédiatement démenti et dérouté par d'autres spécimens qui, très différents de millésime, semblent pourtant, au premier coup d'œil, appartenir à la même époque.

En réalité, il y a dans la formation de la langue française trois grandes siècles d'hésitation et d'incertitude. Les deux auteurs du *Roman de la Rose*, Guillaume de Lorris qui l'a commencé, et Jean de Meung qui l'a achevé, sont séparés l'un de l'autre par un espace de temps qui ne comprend guère moins d'un demi-siècle; ils n'ont ni le même style ni — ce qui est plus grave — la même conception du sujet qu'ils traitent; le premier est un conteur, le second est un érudit. On est frappé, sans être un savant, du fatras souvent indigeste que Jean de Meung a ajouté au récit élégant de Guillaume de Lorris, et du peu de vocation qu'il avait pour continuer le poëme interrompu par la mort de son prédécesseur. Mais, entre l'un et l'autre, la langue n'a pas changé ou n'a subi que des transformations mystérieuses, invisibles qui se dérobent à l'œil du philologue le plus exercé. Elle est encore impersonnelle. Prenez toute la poésie du XIIIe siècle, épique, lyrique, didactique ou dramatique, liturgique ou populaire, vous n'apercevrez point ce travail occulte qui s'accomplit peu à peu dans la langue. Tous les *Renart* anonymes — et Dieu sait qu'ils sont nombreux — emploient non seulement les mêmes ruses, mais les mêmes mots, les mêmes phrases que Jean de Meung et Rutebeuf. Et si ce dernier, comme l'affirment ses admirateurs, fut presque un grand poète, on ne voit pas que son *Dict d'Aristote* ait à sa disposition de nouvelles ressources, de nouvelles formes. La Fontaine, qui a tant emprunté à nos vieux conteurs, a très finement observé comment ils se confondent dans une espèce de bloc et d'amalgame anonyme. C'est au point que si une tradition, quelquefois douteuse, n'attribuait à chacun sa part, nous serions souvent embarrassés devant cette uniformité, au moins apparente, du français primitif, pour mettre leurs noms sur leurs ouvrages.

Et cela dure ainsi jusqu'au XIVe siècle, plus longtemps encore, jusqu'au milieu du XVe. Il n'y a pas de langue française, proprement dite, avant Charles d'Orléans et Villon.

Voyons l'histoire, la prose. Certes, Villehardouin est un historien, un Hérodote — on a dit aussi un Xénophon — dont notre passé littéraire peut se prévaloir à juste titre. Il a déjà nos qualités maîtresses, l'ordre et la clarté, qui n'excluent pas toujours chez lui la vivacité des impressions et le relief des peintures. Mais personne ne l'a jamais lu dans le texte original, évidemment remanié et rajeuni après sa mort. Comment dès lors s'en faire une idée exacte, et en porter un jugement sûr? Nous ne connaissons pas la langue qu'il a parlée, mais celle qu'on lui a fait parler, et elle ne diffère pas sensiblement de celle de Joinville, bien qu'ils soient séparés par près d'un siècle, et qu'il n'y ait aucun rapport entre la sobriété un peu sèche de l'un et l'ingénuité quelquefois verbeuse de l'autre. Villehardouin se rapproche des grands annalistes, Joinville est un conteur.

Si l'on franchit encore un siècle, on rencontre Froissart. Le moyen âge n'est pas fini, et l'on croirait plutôt, dans cette grande misère, dans cette grande « pitié » de la guerre de Cent ans que c'est le monde qui va finir. La Chronique de Froissart embrasse toute cette lugubre période, et Froissart, par sa curiosité, par sa facilité à accueillir toutes les informations, d'où qu'elles viennent, et son plaisir évident à les reproduire sans choix ni critique, et aussi par l'art déjà très exercé qu'il y apporte, c'est-à-dire par l'intérêt de mise en scène qu'il sait leur donner, mérite, au premier chef, le nom de chroniqueur. On l'a souvent loué de sa sincérité. C'est une sincérité soumise à beaucoup d'influences, et tout spécialement à l'influence anglaise que, dans sa situation à la cour d'Angleterre, en pleine guerre de Cent ans, il ne pouvait pas ne pas subir. Elle est quelquefois partiale, sa sincérité; mais nous n'avons pas à insister sur ce grief dans un chapitre où, sans rien outrer et sans tomber dans le procès de tendance, il s'agit seulement d'établir, ou plutôt de rappeler (car la contestation n'est possible qu'entre savants) que le progrès de la langue n'est pas très sensible, non seulement entre Villehardouin et Joinville, mais même entre Villehardouin et Froissart, en passant par-dessus la tête de Joinville.

Et ce n'est pas tout. Entre la prose de Froissart, de Guillaume de Nangis, de Christine de Pisan, de Gerson et de vingt autres, — je ne dis pas entre leurs divers génies, — je me sens impuissant à marquer strictement des distances. Il appartient à des juges plus subtils de les « placer ».

Si c'est là une hérésie historique et linguistique, il serait injuste de l'accabler sous une réfutation trop absolue. Ce progrès, on ne le nie pas et il serait contraire à la nature des choses de le nier;-il existe, il se poursuit lentement, mais obscurément; la formation s'achève peu à peu comme celle d'une châtaigne dans sa bourre, et c'est seulement l'âge moderne, le xve siècle, qui en verra la maturité et qui fera la récolte.

II

Nous voici arrivés à ce curieux XVe siècle, qui, avec ses deux
faces, regarde le passé et l'avenir; nous touchons presque au
XVIe, et l'on peut trouver que nous avons perdu de vue notre
objet en montrant à ceux qui essaient de défaire la langue
combien de temps elle a mis à se faire. Il nous a paru nécessaire
de prouver qu'on ne détruit pas en un jour l'ouvrage de six
ou sept siècles et que cette laborieuse formation de l'ancienne
langue suffirait pour condamner la prétention de ceux qui
rêvent d'en improviser une nouvelle.

Ce n'est pas qu'au moment où l'histoire générale commence
à s'intituler moderne, cette œuvre si lente qui consiste, pour
une langue quelconque, à atteindre son point de fixité relative,
soit près d'être achevée; il y faudra encore près de deux siècles;
mais au moins, à cette heure précise de notre existence nationale, la manière de parler et d'écrire de nos pères commence à
devenir claire et intelligente pour nous tous. M. Émile Faguet
l'a très finement observé : « On ne sait pas, dit-il, quand commence la littérature française, on ne sait pas quand commence,
scientifiquement parlant, le français moderne; pour ces
choses-là il n'y a pas et il ne peut pas y avoir de date précise;
mais on sait à quel moment les auteurs français commencent
à parler une langue que le Français médiocrement instruit de
1900 lit très couramment, et ce moment, c'est 1450, et les pro-

miers qui aient écrit en cette langue sont Charles d'Orléans et Villon ».

C'est la vérité même. On peut ajouter, sans exagération, que la comédie française proprement dite naît aussi à cette époque. Elle naît très robuste, très féconde, avec cette admirable farce anonyme de *Maître Patelin*, qui lui donne le ton et qui a engendré tant d'autres farces où triomphe notre malice traditionnelle. Et n'oublions pas que c'est une comédie en vers! Gringoire, le poète comique, le Gringoire de *Notre-Dame de Paris* vivait dans le même temps. Il ne contractait avec la bohémienne Esméralda aucun mariage à la cruche; mais il écrivait des *soties*, c'est-à-dire des pièces politiques dont s'amusait la foule et qui servaient quelquefois les desseins du roi. *L'Homme obstiné* de ce Molière officieux vise directement le pape Jules II, ennemi du roi Louis XII.

Le roman inaugurait aussi la brillante carrière qu'il a parcourue depuis sous mille formes diverses et contribuait pour sa part au progrès accéléré de la littérature et de la langue. *Les Quinze joies du mariage*, la *Chronique du petit Jehan de Saintré* et surtout les *Cent Nouvelles nouvelles* auxquelles, s'il n'en fut pas le seul auteur, Antoine de la Sale mit la dernière main, perfectionnaient chez nous cet art du conteur, déjà porté en Italie à son plus haut point d'élégance et d'éclat.

Tout s'ensuit. Le théâtre se développe dans ses cadres religieux et populaires, que la Renaissance détruira, au grand regret d'un certain nombre de *gallicans* littéraires, convaincus qu'elle a faussé chez nous le mouvement naturel des esprits en leur imprimant une déviation funeste, et qu'elle a paralysé, par cette marche rétrograde vers l'antiquité, les facultés créatrices, l'originalité, l'invention de nos écrivains. A leurs yeux, la Renaissance fut une réaction et ils emploient le mot dans son sens péjoratif.

Quoi qu'il en soit, l'histoire, même avant Commines que nous retrouverons dans un instant, prend alors possession définitive de son domaine. *Les Grandes Chroniques de France* ne sont pas seulement une sorte de mythologie historique, elles abondent en enseignements précieux. Jean de Troyes, Guillaume de Villeneuve, Alain Chartier lui-même, historien et poète, font, pour ainsi dire, entre Froissart et Commines le pont qui aide à passer de l'histoire anecdotique à l'histoire po'itique, et rendent sensible à nos yeux la différence qu'il y a entre un Hérodote et un Thucydide.

Il n'en est pas moins vrai que ce xvᵉ siècle, qui est celui des grandes découvertes, ne semble pas apporter à la littérature et à la langue les mêmes richesses que l'âge précédent; l'une et l'autre y paraissent s'attarder et languir. Plusieurs l'ont remarqué et Michelet, entre autres, s'est étonné de cet état stationnaire, de ce temps d'arrêt inexplicable, après ces florissantes périodes de libre et féconde activité : « Nous ne voulons pas nier, dit-il, le progrès de la langue et la formation de la prose française, curieuse formation, si rapide de Joinville à Froissart, en trente ou quarante années, si lente de Froissart à Commines dans une période de cent cinquante ans. Dans ce temps si long, je ne vois aucun nom vraiment littéraire, sauf Deschamps, Charles d'Orléans, et le petit chefd'œuvre de *Patelin* ».

Il n'oubliait que Villon. Ailleurs il constate que la langue, « dénouée » par Froissart, n'a pas profité tout de suite de ce premier débrouillement et qu'inconsciente de sa délivrance, elle a hésité longtemps avant d'en tirer parti. Mais ce n'est là qu'une apparence. Au xvᵉ siècle, langue et littérature sont en fusion dans le creuset où s'élabore l'amalgame nécessaire et elles en sortiront bientôt à l'état de métal solide, sinon encore définitif.

On se trompe, en effet, quand on attribue à ce grand xvıᵉ siècle, si intéressant par d'autres côtés, si vaillant, si bouillant surtout et si fort, l'achèvement de la langue. Jamais, au contraire, notre idiome national, encore indécis et flottant, ne parut plus près de suivre les destinées de notre religion catholique et de se disperser en plusieurs schismes. Malgré certaines ressemblances très superficielles, chacun des grands écrivains du temps a non seulement son style à lui, mais sa langue propre et personnelle, « peculiare » dit l'un d'eux. Rabelais, Amyot, Ronsard et Montaigne parlent quatre langues très différentes dont je ne serais pas en peine d'établir la diversité si Montaigne, dans un chapitre qu'on n'a peut-être pas assez remarqué et qui est cependant des plus remarquables, n'avait constaté lui-même cette espèce d'anarchie :

« J'écris mon livre à peu d'hommes, à peu d'années. Si c'eût été une matière de durée, il l'eût fallu commettre à un langage plus ferme. Suivant la variation continuelle qui a suivy le nostre jusques à cette heure, qui peult espérer que sa forme présente soit en usage d'icy à cinquante ans? Il escoule tous les jours de nos mains; et, depuis que je vis, s'est altéré de moitié. Nous disôns qu'il est asture parfaict; autant en dit du sien chaque siècle. Je n'ay garde de l'en tenir là, tant qu'il fuyra et s'ira difformant comme il faict. »

Ainsi, de l'aveu de Montaigne, en un demi-siècle à peine, dans le feu même des guerres de religion, la langue avait subi des transformations considérables, plus visibles certes à son œil qu'au nôtre, et il comprenait bien que ce ne seraient pas les dernières : « Je n'ay garde de l'en tenir là ! ».

Par les jugements qu'il a portés sur divers écrivains de son temps, ce même Montaigne, si fin dégustateur des choses littéraires, a justifié, ou au moins expliqué l'impression qu'il eut de l'incertitude où flottait alors la langue française et du temps qu'il lui faudrait encore pour se fixer.

A l'aurore du siècle, il rencontre Commines et ses fameux *Mémoires*. Il pourrait, lui, si curieux de la forme, s'arrêter au style de l'écrivain; mais comme s'il n'était pas sûr de l'opinion qu'il faut avoir de cette manière d'écrire déjà si ferme et si noble, de cette plume grave et forte, moins vive et moins alerte pourtant que celle de Froissart, il ne se permet pas de l'apprécier, il ne s'attache qu'à la conception générale de l'œuvre et à la pensée de son auteur. A peine risque-t-il un mot — discutable — sur « son langage doux et agréable, d'une naïve simplicité ». Ce n'est point d'ailleurs pour le rabaisser, il voit très bien ce qu'il est réellement, un moraliste politique, à peu près l'opposé de Machiavel, qu'il égale toutefois en éloquence. Il l'en félicite, avec de petites réflexions qu'on lui pardonne quand, d'autre part, on se rappelle qu'il l'a comparé à Tacite.

Rien, dans cette critique littéraire à laquelle les *Essais* font une si grande place, n'est donné à l'étude intrinsèque de la langue et de la syntaxe, de la grammaire et du vocabulaire. Montaigne n'apprécie jamais que le talent de l'écrivain, et l'on sait qu'il met Amyot au premier rang des prosateurs du temps. D'autres ont dit depuis qu'Amyot avait été un des créateurs de la langue, « de la belle langue originale et pittoresque du xvi⁰ siècle ». Racine a écrit que le « vieux style » du traducteur de Plutarque avait une grâce qu'il ne croyait pas « pouvoir être égalée dans notre langue moderne ». Soit ! Mais de l'aveu même de Racine, il résulte que cent ans après Amyot, cent ans après Montaigne, leur style, à l'un comme à l'autre, était déjà du *vieux style*, démodé, dépassé. L'idée qu'on s'en faisait alors prouve à quel point Montaigne avait raison de n'accorder à son propre langage qu'une durée relative, subordonnée à toutes les vicissitudes d'une construction provisoire, qui aura besoin de réparations considérables et dont les matériaux seront peu à peu remplacés. Il a formulé, çà et là, sur plusieurs de ses con·temporains ou prédécesseurs, des jugements un peu sommaires que la postérité a revisés.

Elle hésite encore, en ce qui concerne Ronsard, du Bellay et toute la pléiade de la Renaissance, malgré le certificat qu'il leur a délivré; elle estime en outre qu'il a méconnu Rabelais, en le rangeant d'un air assez dédaigneux dans la catégorie des auteurs plaisants, comme s'il n'en avait pas goûté la substantifieque moelle. Mais, soit qu'il outre l'admiration ou exagère la réserve, ce qu'il considère, dans un ouvrage littéraire, c'est uniquement le plaisir que l'écrivain lui procure; ce qu'il loue, c'est le causeur familier et naïf, dont la conversation échappe, par son caprice même, à des règles impératives et inflexibles. Ces règles, on commence à en parler, à en sentir le besoin, on se prépare à en accepter la gêne; mais personne ne les a encore tracées. Aussi est-on un peu surpris que beaucoup de critiques modernes, Voltaire entre autres, qualifient Montaigne d'écrivain incorrect. Comment peut-on être incorrect, lorsque la correction n'existe pas, faute de grammaire, et que tout ce qui tient à ce qu'on appelait autrefois « le discours » demeure laissé à l'arbitraire de l'écrivain? J'avoue que je n'ai jamais aperçu les incorrections de Montaigne. Lui en reprocher, c'est supposer que la langue de son temps est une langue faite, avec sa constitution définitive. C'est commettre, par conséquent, une grosse erreur.

Elle n'est pas plus faite chez lui que chez Amyot, Rabelais ou Ronsard; elle n'est pas faite davantage chez le poète le plus vraiment français du siècle, Clément Marot. Qu'un lent et sourd travail s'opère en elle à leur contact et à leur souffle; qu'ils aient contribué tous les quatre à leur insu, et bien d'autres avec eux, de Thou, Pasquier, d'Aubigné, Montluc, Calvin lui-même, à en préparer les fondations ou, pour employer une expression qui semble plus juste, à lui creuser son lit, à régulariser son cours, et surtout à répandre son onde jaillissante en mille canaux qui portèrent partout sa fécondité et sa richesse, il n'est pas nécessaire pour en convenir d'être un partisan fanatique de cet exubérant xvie siècle et de le mettre, de parti pris, au-dessus des trois grands siècles littéraires qui l'ont suivi. C'est un siècle d'enfantement laborieux et douloureux, après lequel il restait à faire vivre et grandir ce qu'il avait enfanté. Lui disparu, la haute éducation de la langue, le perfectionnement, l'achèvement final s'imposaient encore comme une dernière et nécessaire besogne.

Sans nous livrer ici sur Rabelais et Marot, sur Amyot et Ronsard, sur Montaigne lui-même, si attachant qu'il soit, à une étude comparative que notre travail ne comporte pas, il nous faut au moins constater que Rabelais, plus qu'aucun écrivain, nous a donné la longue période, la période éloquente, la période latine, dont les plis et replis gaulois se déroulent avec une majesté véritablement cicéronienne. Il nous y a habitués et acclimatés. Cette phrase ample et oratoire, qui est la sienne, deviendra et restera bientôt la nôtre, elle sera celle de tous les grands écrivains français sans exception, jusqu'à La Bruyère, qui le premier fera des coupures, ou plutôt des coutures dans cette noble draperie. C'est au point que la forme qui ressemble peut-être le plus à celle de Rabelais — ne prenez pas cela pour un paradoxe — est celle de Bossuet, je dis la forme. La prose d'Amyot, moins entraînante, moins enlevée, comme il convient à une traduction, n'est pas moins sinueuse ni moins enveloppante. Elle embrasse aussi dans son vaste circuit toutes les manifestations de la pensée, et elle garde un très grand air sous son apparente bonhomie. Sa naïveté dissimule sa capacité, sa « suffisance » comme eût dit Montaigne. La majesté n'est pas d'ailleurs le seul don que Rabelais et Amyot — qu'il ne faut point séparer quand il s'agit uniquement du progrès et de l'assiette de la langue nationale — aient fait à la prose française. Par l'exacte proportion qu'il y a chez eux entre la phrase et la pensée, par la distinction qu'ils excellent à maintenir, au moyen d'incidentes et de *jointures* habilement distribuées, entre l'idée principale et les points accessoires, ils lui ont donné quelque chose de plus précieux encore que l'éloquence : la justesse. Ils ont créé entre ses divers membres la vie de relation, négligée, oubliée aujourd'hui par tant d'écrivains auxquels une critique complaisante veut bien trouver du style, mais dont la phrase se présente souvent comme un phénomène, comme un monstre qui a les bras plus longs que les jambes et la tête plus grosse que le corps. Cette observation, facile à vérifier, nous mènerait trop loin; il suffit de constater que, chez Rabelais comme chez Amyot, la hiérarchie des divers éléments dont se compose le discours est strictement maintenue, de manière à former un tout homogène et harmonique, où l'ornement n'altère jamais, par un empiétement prémédité, le type général du monument. L'unité est certainement la qualité maîtresse de leur phrase, et non seulement l'unité matérielle et superficielle, mais l'unité intime et profonde, obtenue par l'exacte appropriation et la rigoureuse continuité du ton qui, comme l'écrivit Buffon deux siècles plus tard, n'est que « la convenance du style à la nature du sujet ».

Rabelais, pour son compte personnel, a encore fait bien d'autres choses. Il a, un des premiers, — je n'oublie pas ses précurseurs des deux siècles précédents, — imprimé le mouvement, insufflé la vie à la langue; il en a cimenté les fortes assises latines et grecques, il lui a appris à avoir de l'invention, de l'imagination, de l'audace, à exploiter concurremment les ressources que la Renaissance classique et le jargon populaire mettaient à sa portée, enfin à faire flèche de tout bois pour ses magasins et ses arsenaux. Il a rendu à la prose française les mêmes services que Ronsard allait bientôt rendre à la poésie, et de meilleurs services, car notre prose a pu garder, sauf les mots morts, tout ce que lui a apporté Rabelais, et notre poésie a dû beaucoup éliminer de ce que lui avait légué Ronsard.

Quant à Montaigne, c'est l'homme-orchestre, il a pris tous les tons et cultivé tous les genres, excepté pourtant la rhétorique qu'il n'a guère effleurée que dans deux ou trois chapitres de commande. Il ne semble pas qu'aucun écrivain, et Rabelais lui-même, ait poussé d'un plus efficace effort, à la roue de ce coche, de cette langue qu'il déclarait tout à l'heure empêtrée dans son désordre, victime de ses fantaisies, patinant sur place au lieu d'avancer et de s'arrêter à destination, incapable de discipline et, pour tout dire, anarchique.

Montaigne l'a fait démarrer sans y prétendre, par la seule influence que son génie a exercée sur les écrivains de son temps. Libertin de style et d'esprit, comme il l'était, il eût aggravé la confusion et légalisé le désordre si sa puissance de création n'eût donné des ailes à la machine. Sous lui, elle courut, elle vola par-dessus les précipices qu'il redoutait pour elle et elle arriva, haletante et fumante, au terme de sa course, elle toucha le but et s'y arrêta, autant qu'une langue s'arrête. Elle ne l'a plus quitté que pour se régler elle-même, elle ne pouvait plus le quitter. Lorsque Montaigne mourut en 1592 et Amyot en 1593, il ne restait plus à la langue qu'ils ont parlée qu'à se dépouiller de quelques archaïsmes pour avoir achevé cette complète évolution après laquelle les langues ne bougent presque plus et s'immobilisent, tout au moins dans leur mécanisme essentiel. La nôtre en était juste au même point que le latin après Lucrèce. Elle avait tous ses organes, elle répondait à tous les besoins et suffisait aux siens propres ; elle possédait l'autorité que de grands noms lui avaient acquise ; il ne lui manquait qu'un législateur et un code.

CHAPITRE XI

MALHERBE

La langue est fixée. — Elle n'a pas sérieusement changé depuis trois siècles. — Échec des novateurs. — Il a produit chez eux beaucoup de défections plus ou moins dissimulées. — Ils ont beaucoup rabattu de leurs premières revendications. — L'œuvre de Malherbe et de Vaugelas. — Berlaut et Régnier. — Législation poétique très libérale. — L'anarchie actuelle. — Snobs et poètes.

Elle les trouva! Enfin Malherbe vint! Ce cri de délivrance poussé par un poète lettré qui, malgré ses injustices et ses lacunes, fut un critique littéraire très supérieur à Montaigne lui-même, témoigne de la sûreté de son jugement. Il marque le moment précis où la langue se fixe *ne varietur* et n'admet plus que les légères modifications compatibles avec la constitution définitive de toutes les langues : disparition, création, altération de certains mots, affaiblissement progressif de diverses locutions qui semblent usées par un long service, changement de signification et d'emploi, retouches perpétuelles au dictionnaire, dont le compte s'établit, par profits et pertes, en une assez juste balance; mais retenez ce point : rien de plus !

La structure générale ne subit aucune déviation, aucune atteinte; le gros œuvre reste le même, on n'y ajoute aucune maçonnerie nouvelle, on n'en distribue pas autrement les parties, c'est à peine si l'on essaie d'en rajeunir la physionomie primitive par quelques décors de pure façade, et qui passent très vite, pour faire place à d'autres parures et bigarrures de style également superficielles et éphémères; mais le monument reste tel quel, avec son aspect primitif, ses lignes, ses proportions, ses aménagements, et tout ce qui caractérise son architecture, en dépit des styles divers que le temps et la mode y ont introduits. La langue française, telle que nous la parlons aujourd'hui, est encore la langue de Malherbe. Elle est déjà vieille de trois siècles, et cependant elle n'a pas vieilli, et rien n'indique qu'elle soit disposée à vieillir. Elle a revêtu pour toujours sa forme classique, et elle ne la perdra plus que pour mourir, si tant est que les langues modernes soient destinées à périr comme les langues anciennes, par leur caducité propre, ou, ce qui paraît plus vraisemblable, à disparaître dans la confusion d'une future Babel.

Ce n'est pas le changement de quelques mots, dans ces trois siècles, qui peut nous alarmer sur son avenir. Il en est peu, parmi les langues modernes, qui se soient montrées aussi réfractaires aux mutations; elle a fait preuve d'un tempérament très conservateur, que l'Académie n'a point découragé, et, dans les néologismes que les novateurs proposent aujourd'hui à notre admiration, il est visible qu'elle n'accueille que ceux qui sont nécessaires à son entretien et, qu'on nous passe le mot, à son repeuplement. Elle se tient tout juste au courant des nouvelles inventions et des nouvelles idées, et ne les désigne guère que par des expressions techniques empruntées à leur langue spéciale. Pour le reste, pour le fond, elle demeure immuable. Nous l'avons déjà dit et redit, nous ne saurions trop le redire, car c'est là toute notre thèse, tout notre livre, et cette perpétuité relative nous apparaît comme la plus forte des barrières, et aussi comme le plus solide des arguments contre l'orgueilleuse prétention des réformateurs.

Tout d'abord, on ne réforme pas les langues; à peine peut-on réussir à les gâter, à les corrompre; mais elles se réforment peu à peu elles-mêmes, par un inconscient travail intérieur; elles se font et se défont toutes seules. Fût-il au pouvoir d'une coterie révolutionnaire d'accélérer leur décadence, on ne voit pas jusqu'à présent que cette entreprise, malgré les enrôlements que ses racoleurs ont, à un moment, écrits sur leur liste, puisse se prévaloir d'un réel progrès. Nous examinerons dans un dernier chapitre ce qui peut lui rester de chances et s'il lui en reste; mais il saute aux yeux que beaucoup de ses premières recrues l'abandonnent, que son bruit diminue, que les vrais écrivains qui ont pu être tentés par une bruyante réclame rentrent tout doucement dans le giron de la bonne langue maternelle; si bien qu'à l'heure où nous terminerons notre travail, lancé d'abord contre une armée victorieuse, nous pourrons bien n'avoir plus affaire qu'aux débris d'une armée en retraite. Nous avons le droit d'espérer que la révolution goncourtiste avortera. En tout cas, notre protestation actuelle trouverait sa justification dans cet échec même et garderait son utilité contre de nouvelles tentatives. Reprenons-la où nous l'avons laissée, c'est-à-dire au point précis où le français réalise enfin la permanence, la stabilité que les grands écrivains de l'âge classique lui ont assurée pour longtemps, peut-être pour toujours, *res si qua diu mortalibus ulla est.* Ce n'est pas parce que le mot *suffisance* dont Montaigne abuse, et qui, comme nous l'avons remarqué plus haut, signifie chez lui *capacité*, a pris aujourd'hui une tout autre signification; ce n'est pas parce que Molière et La Fontaine ont dit *treuve* au lieu de *trouve* pour rimer avec *veuve*, qu'on peut contester cette fixité. Mille exemples semblables ne seraient pas plus démonstratifs contre elle. On peut dire qu'elle coïncide avec l'entrée d'Henri IV à Paris.

Enfin Malherbe vint ! Et, pour être venu, Malherbe est presque un grand homme, bon poète, excellent législateur, non pas seulement parce qu'il fit sentir dans les vers une juste cadence, mais parce qu'il sentit lui-même que la langue était faite et qu'on n'en pouvait plus parler d'autre. Admirable linguiste, on trouverait difficilement dans ses vers ou dans sa prose un mot, une locution à rayer, comme étant hors d'usage. Sa raideur, sa hauteur de style, sa métrique un peu étroite, sa doctrine littéraire trop compassée ne l'empêchent pas d'être un écrivain sûr, ferme sur les principes, et surtout assez prévoyant pour ne rien négliger ni perdre des ressources longuement amassées et désormais acquises. Il accorde l'instrument et lui donne toute sa justesse, toute sa sonorité, sans rien sacrifier des accents et nuances d'accents qu'il peut rendre. On se le représente comme un habile violoniste qui serait en même temps un luthier, mesurant exactement ce que le bois qu'il emploie peut imprimer de vibrations à l'âme qu'il y ajoute. Sans en chercher si long, c'est un législateur qui prêche d'exemple, parce qu'il est arrivé juste à l'heure où chacun éprouve le besoin d'ériger les usages en lois et de rassembler dans un code unique les règles et les coutumes éparses.

Il n'a pas fait de grammaire et c'est pourtant le premier de nos grammairiens, parce qu'on a fait la grammaire sur lui et d'après lui, qu'on en a pris les principes dans ses ouvrages, que son vocabulaire est devenu classique, presque obligatoire, qu'on en a, sans autre examen, adopté tous les termes, tandis que ses contemporains et ses successeurs ont toujours hésité à franciser définitivement ceux qui n'ont pas été certifiés et légalisés par sa signature. A ce point de vue, Malherbe est le précurseur et le prédécesseur immédiat de Vaugelas, dont il ne faut pas se moquer, dont Molière, quoi qu'on en dise, ne s'est pas moqué du tout, et qui d'ailleurs a suivi d'assez près son inspirateur Malherbe.

Aussi bien, celui-ci n'est-il pas le seul qui ait eu ce singulier mérite d'exercer, en matière de langage, une sorte de protectorat et de police. Il s'en arrogea fort heureusement le droit ; mais d'autres avant lui, qui n'y prétendirent point, le poète Bertaut et surtout Mathurin Régnier remplirent, sans presque y songer, le même office, tant ce nécessaire directeur et administrateur des lettres françaises était alors attendu et désiré. La versification, chez Bertaut, est aussi réglée, aussi pure qu'elle le sera un siècle plus tard, et Régnier a écrit des satires littéraires dans lesquelles il observe, avec une sorte de systématique obéissance, toutes les prescriptions édictées par Malherbe.

Le plaisant de l'affaire, c'est qu'au moment même où il s'y conforme si rigoureusement, il reproche à Malherbe de les avoir faites trop sévères, et d'y embarrasser, d'y emprisonner l'esprit français comme dans un filet à mailles de fer qui l'empêchent de prendre son vol. Régnier a tort et se réfute lui-même puisqu'il se plaint de cette contrainte dans une pièce où elle ne l'a pas gêné pour déployer ses ailes. Mais Régnier n'aimait pas Malherbe, dont la rigidité un peu pédante offensait sa libre humeur et contrariait son laisser-aller personnel. Il y avait entre eux incompatibilité de nature. Boileau, qui a achevé et scellé leur œuvre, les a réconciliés devant la postérité par la commune justice qu'il leur a rendue.

On sait de quelle maîtrise a fait preuve Malherbe, et comme il s'est montré sagace réformateur dans son redressement de la métrique française, assez flottante et incertaine jusqu'à lui. Il en dénonça les bizarreries et les supprima en même temps qu'il les dénonçait, en régla les coupes et les rythmes, proscrivit les tours forcés, les inversions difformes qui en troublaient l'harmonie ou en obscurcissaient la clarté; il imprima au vers une noblesse d'allure à laquelle ne l'avaient point accoutumé ses prédécesseurs et qui n'eut besoin que de se détendre un peu après lui. Mètre, césure, quantité, rime, hémistiche, élisions, cadences, assonances, il ne négligea aucun détail de cette prosodie, réglée chez lui de toutes pièces et sur laquelle nous vivons encore aujourd'hui, avec un peu de crainte qu'on nous la change, tant elle répond à notre sens de l'harmonie, à la conformation et aux exigences de notre oreille.

Et il ne faudrait pas croire, comme on se le figure assez communément par ouï-dire, que Malherbe ait enfermé notre poésie dans des moules étroits qu'elle ne pouvait pas ne pas briser. C'est le contraire qui est vrai. En fait, elle n'en a brisé aucun, parce qu'elle a toujours pu s'y mouvoir, tant ils étaient variés et élastiques, avec la plus extrême liberté. On ne connaît pas assez ce côté de Malherbe, on ne se rend pas assez compte des facilités que sa revision, réputée sévère, a laissées à toutes les fantaisies de notre versification. Il a essayé avec succès presque toutes les formes; il a fait, à l'exemple de Ronsard, dont il condamnait d'ailleurs avec raison la manie francogrecque ou latine, des vers de neuf pieds, des vers de onze pieds. Il n'en a pas fait de quatorze, comme on se pique d'en fabriquer aujourd'hui à la barbe de l'Académie. Malgré son penchant à parler en vers la langue de la prose, un peu plus imagée seulement, il s'est appliqué surtout à ne sacrifier ni le dessin ni la musique du vers. Il se fût indigné s'il eût pu prévoir qu'un jour viendrait où l'alexandrin ne garderait plus de son ancienne eurythmie que la rime, très riche, d'une richesse de parvenue, en ce sens que le rimeur attache plus d'importance à la consonne d'appui qu'à la clarté de la phrase et à la propriété du mot. Mais sa colère eût dépassé toute mesure si on lui eût prédit que des fantaisistes, dont plusieurs se baptisent eux-mêmes décadents, occuperaient leurs loisirs à confectionner des sonnets, stances, pièces et morceaux de toute nature, applaudis dans les salons, prônés par les journaux; des rapsodies où toute métrique a disparu, où chaque vers n'est qu'une ligne de prose, le plus souvent inintelligible, où, non contents

de renoncer à l'entrecroisement obligatoire des rimes masculines et féminines (ce qui, à la rigueur, peut s'admettre), non
contents de multiplier à plaisir les hiatus, de faire rimer des
singuliers et des pluriels, et même quelquefois de supprimer
toute espèce de rime, sous prétexte que la rime, à leurs yeux,
n'est pas toujours la consonnance, ces poètes s'évertuent à
fabriquer ce qu'on appelle des mots carrés ou en losange et proposent à la sagacité du lecteur de véritables charades. Ah! oui,
décadents, et confesseurs et professeurs de décadence, poètes
de décrépitude, mauvaise queue d'Alexandrie et du Bas-
Empire qu'on laisserait tranquilles à leur petit jeu, si un
groupe de mystificateurs intéressés ne leur avait créé une
clientèle de snobs.

Malgré le mépris affecté des Goncourt pour la poésie, —
elle est trop verte ! — ils daignent s'en occuper, ils ont rêvé
de révolution, ils trouvent Racine plat et Musset pauvre, ils
portent le fer et le feu dans toute notre vieille constitution
poétique, qui a suffi à Lamartine pour être Lamartine et à
Victor Hugo pour être Victor Hugo; ils prétendent la bouleverser de fond en comble; et ils nous donnent çà et là des spécimens du sort qu'ils lui préparent. Dix bons vers vaudraient
mieux !

C'est à eux comme aux prosateurs que notre discours
s'adresse, avec peu d'espoir d'être entendu; c'est à eux comme
aux simples romanciers, prophètes et adeptes de la « langue
nouvelle », que va une protestation très exposée, dans le désarroi général, à paraître téméraire et à retomber sans écho.
Quelle que soit sa destinée, elle aura du moins le mérite d'avoir
procuré quelque soulagement à son auteur. Il y a des moments
où l'on n'écrit que pour soi.

CHAPITRE XII

LES DEUX COURANTS

I

La Bruyère. — Déviation imprimée par lui à la phrase, sinon à la langue française. — Son art. — Rapidité et concision. — Suppression systématique des transitions et des conjonctions. — L'ancienne langue, depuis Rabelais, Amyot et Montaigne. — Le pittoresque chez La Bruyère. — Ce moraliste est avant tout un homme de lettres, un artiste de plume. — La forme, avec lui, commence à primer le fond. — La Bruyère et Sénèque. — La Bruyère et Montesquieu.

Donc, à partir de Malherbe, la langue française est fixée et comme qui dirait majeure; elle a vraiment conquis son droit et son nom de langue française. Elle prendra peu à peu plus d'aisance et plus de souplesse; son agilité naturelle finira par avoir raison d'une certaine raideur que son législateur lui a communiquée; elle se départira, dans l'application journalière, des prescriptions un peu trop sévères auxquelles il l'avait soumise, et qui tenaient tout à la fois à la rigidité personnelle du réformateur et à celle d'un temps où l'on s'emprisonnait le cou dans une fraise empesée; en un mot, elle se dégagera toute seule de quelques liens inutiles pour s'assurer la pleine liberté de ses mouvements; mais, malgré ces légères transformations qui s'opéreront d'elles-mêmes, par un besoin de grâce naturelle et facile, elle ne changera plus. Sa lente élaboration est finie; elle forme désormais un édifice complet, distribution et structure, dont nos grands classiques vont poser le couronnement. De Malherbe à Renan, on ne parlera plus qu'une seule langue, toujours et essentiellement la même, sauf quelques mots, en assez petit nombre, qui naissent, meurent, ou changent de signification dans le cours des siècles. Ce dernier point a peu d'importance. Il constitue le débit et l'actif d'un très petit compte courant, que les Académies sont chargées de mettre au net; mais le fait capital, c'est que, depuis trois siècles, tous nos écrivains, poètes et prosateurs, écrivent, avec plus ou moins de talent, la même langue, et que la langue de Racine, qui est celle de Malherbe, ne diffère pas de la langue de Victor Hugo, de même que la langue de Mme de Staël, qui est celle de Mme de Sévigné, ne diffère pas de la langue de George Sand.

Pour n'être point contredit, ceci a besoin d'être expliqué; nous l'avons déjà éclairci d'un mot; mais il n'est pas mauvais d'insister pour qu'on ne crie pas au paradoxe : les styles diffèrent, non la langue, parce que la langue n'est pas plus le style que les couleurs étalées sur la palette d'un peintre ne sont le coloris qu'il donne à ses tableaux. Ingres et Delacroix ont fait des tableaux très différents avec les mêmes couleurs.

Il est bien évident qu'à première vue, il n'y a aucune comparaison à établir entre Racine et Victor Hugo, et, aussi bien, n'y perdrai-je pas mon temps; mais je voudrais qu'on me montrât en quoi diffèrent les instruments dont se sont servis ce roi de l'élégance classique, et ce fier capitan de la crânerie romantique. Jamais peut-être deux génies n'ont été plus dissemblables, et jamais deux génies aussi dissemblables ne se sont rapprochés davantage par l'emploi magistral qu'ils ont su faire des ressources que leur offrait la langue, sans chercher leurs effets dans un bouleversement du vocabulaire et de la syntaxe. L'école romantique tout entière a un peu enflé le sens des mots et outré à plaisir les images; il n'en est pas moins vrai que Chateaubriand se contente, comme Bossuet, du fonds que nous ont légué les grammairiens qui ont suivi Malherbe et ne cherche pas à grossir ce bagage, dûment recensé et catalogué par eux.

Ce qui est vrai et ce qu'on n'a pas assez remarqué, c'est que cette belle unité, qui n'a pas empêché notre génie national

de se répandre en d'infinies variétés, s'est perpétuée sans altération, mais sans monotonie, jusqu'au jour où elle s'est prêtée
d'elle-même à une sorte de rajeunissement qui date de la fin du
xviie siècle. A ce moment, sous l'influence d'un styliste dont on
a peut-être exagéré la valeur, mais dont on ne peut contester
l'influence, deux courants se sont formés. La langue, ou plutôt
la phrase, la période française, pareille à un grand fleuve qui,
sur une partie de son cours, se partage en deux bras, a obéi à
deux impulsions et pris deux directions différentes qu'elle a
toujours conservées depuis, selon la préférence de chaque écrivain, encore que, dans ces derniers temps, l'écart soit un peu
moins marqué et que les deux dérivations tendent à se réunir
dans un lit commun plus étroit que la première et plus large
que la seconde.

Cet écrivain, ce styliste, c'est La Bruyère. Sa conviction,
exprimée dès la première page de son livre, que, dans le
domaine des idées, il n'y avait plus grand'chose à découvrir,
l'a porté naturellement à opérer sur les mots, sur les phrases,
et à travailler sur la langue elle-même, dont il possédait tous
les secrets, pour dire autrement ce qu'on avait dit avant lui.
Dans cet art qui consiste à trouver des formes nouvelles, il a
été un merveilleux ouvrier; il a imaginé des façons de parler
neuves, originales, volontairement courtes, où se sent la préméditation constante d'enfermer moins de mots que de sens.
Même quand sa phrase s'étend et s'allonge, — quelquefois
toute une page durant, — le développement en est fait d'incidentes et presque de parenthèses indépendantes les unes les
autres et qu'il affecte de ne pas rattacher entre elles par le
ciment des conjonctions. On lui a reproché de négliger les
transitions qui aident et invitent à passer d'une idée à l'idée
qui doit logiquement la suivre; et il est certain que cette habitude donne quelquefois à ses observations les plus pénétrantes
l'apparence des notes hétérogènes et disparates recueillies au
hasard sur un carnet, et transportées ensuite telles quelles dans
le volume. Il a pour tous les liens et supports du langage la
même indifférence systématique. Il use à peine des instruments
qui servent à établir les rapports entre les diverses parties du
discours. Il compte sur l'intelligence du lecteur pour y suppléer. Sa phrase y gagne naturellement en rapidité et en concision ce qu'elle y perd en logique. Tel autre moraliste, Pascal,

par exemple, n'est satisfait que quand il a donné à son raisonnement toute la rigueur mathématique, et même toute la symétrie rectiligne de son propre esprit. Ce besoin éclate chez lui d'une manière frappante jusque dans ce classique morceau, où il met en balance la misère et la grandeur de l'homme, pour le relever après l'avoir humilié. Il tient à ne sous-entendre aucun des quatre termes du théorème : « L'homme est donc misérable, *puisqu'il l'est;* mais il est grand, puisqu'il le sait ! ». Jamais La Bruyère ne se serait permis cet apparent pléonasme ; il préfère les ellipses, et c'est précisément ce goût, cette recherche de la brièveté qui a fait de lui non seulement un écrivain très personnel, mais le créateur d'une seconde langue très spéciale, volontairement ramassée et concentrée, à côté de la grande et abondante langue française, telle que tous les maîtres, sans exception, l'avaient écrite avant lui.

Dans tout le cours de sa formation, mais surtout depuis Rabelais, Amyot et Montaigne, notre phrase nationale était une phrase ample et même longue qui ne s'arrêtait sur un point final qu'après avoir embrassé toutes les évolutions et marqué toutes les nuances de la pensée en donnant à chacune sa proportion exacte, comme un beau vêtement fait d'une seule étoffe, mais avec les inflexions nécessaires pour s'adapter à la forme du corps. Elle était solide, en ce sens que tous ses membres s'accrochaient rigoureusement l'un à l'autre par des articulations et des charnières qui en accusaient les dépendances réciproques et en facilitaient les mouvements. Je viens de la comparer à une étoffe élastique et souple qui se pliait, pour ainsi dire, d'elle-même à toutes les ondulations de la pensée et obéissait, sans fatigue, à tous les commandements de l'esprit ; mais elle n'y perdait rien de sa force. Elle ressemblait aussi à une vaste construction, bien entendue, bien comprise, où chaque pièce s'ouvrait rationnellement, par les portes et passages indispensables, sur la pièce précédente et sur la suivante, sans abus de parallélisme et de symétrie. Elle était, par-dessus tout, la logique même, tant les raisonnements en étaient strictement enchaînés et se déduisaient mathématiquement les uns des autres, sans solution de continuité, sans cassure. Les grands avocats et les grands prédicateurs de l'âge classique la trouvèrent toute prête à devenir une phrase oratoire.

Patru, Bossuet, Bourdaloue, Massillon, le barreau et la

chaire n'eurent qu'à la prendre telle qu'elle était, admirablement agencée et distribuée. Ils y ajoutèrent le souffle, l'inspiration, le feu sacré et en firent l'éloquence même. Lorsqu'il la trouve un peu flottante, « un peu traînante » chez Fénelon, où elle rappelle, au suprême degré, l'élégance attique, Voltaire a ses raisons dont la principale est certainement qu'elle ne ressemble pas à la sienne. Ce sont deux types différents, presque contraires, et dans ce jugement de Voltaire, il entre certainement, à son insu, je ne sais quelle involontaire concurrence d'école. Nous aurons, dans ce chapitre même, l'occasion de fixer ce point.

La Bruyère aurait eu, sur la prose de Fénelon, une opinion analogue à celle de Voltaire qu'il n'y aurait pas lieu de s'en étonner. Seulement, il se serait gardé de le dire, sentant bien qu'on l'eût accusé de plaider sa propre cause et d'être à la fois juge et partie. N'était-ce pas lui qui, le premier, avait mis à la mode cette phrase saccadée, sautillante, pittoresque au point de solliciter et de flatter l'œil autant que l'esprit ? N'était-ce pas lui qui, de propos très délibéré, pour faire du nouveau, avait substitué sa prose de respiration courte à la période de longue haleine qui caractérise tous les écrivains de son temps, même les philosophes humoristes comme Saint-Evremond ? Il n'en est pas un seul chez qui elle n'ait cette ampleur, dont manque précisément celle de La Bruyère dans ses Portraits les plus développés, comme ceux de Ménalque ou d'Onuphre. Ce fut, de sa part, une volonté arrêtée que de peindre à petits coups, en touches vives et sèches, pour se distinguer et se faire une manière à lui à côté de la manière large et harmonieuse de ses contemporains. Il n'y a évidemment qu'une très lointaine parenté artistique entre Gérard Dow et Rubens, ce qui ne les empêche pas d'être l'un et l'autre de grands artistes, quoique à un degré différent. La Bruyère, qui s'est tant moqué de l'amateur de tulipes, est lui-même un peintre hollandais.

Prenez-les tous, même dans la familiarité de leur correspondance la moins étudiée et de leurs lettres intimes, Racine, Mme de Sévigné, La Fontaine lui-même, quand il écrit en prose; prenez Molière et les comiques; prenez les mémorialistes, Retz et Saint-Simon; prenez les philosophes, Descartes et Malebranche, prenez Perrault et ses *Contes*, partout vous retrouverez ce même emploi de la langue, ce même outil de la pensée, cette belle phrase relativement longue, mais savamment articulée, nombreuse, harmonique, dont le principal mérite est de déterminer les rapports, les *valeurs* des idées, et de faire à chacune sa juste place.

Deux hommes, deux maîtres, La Rochefoucauld et Pascal, semblent, à première vue, faire exception à cette règle; mais ce n'est qu'une apparence. On peut s'y tromper, parce que tous les deux sont des moralistes qui condensent des pensées, des *maximes* pour lesquelles il y a un style spécial, et qu'ils essaient tout naturellement, pour les rendre plus pénétrantes, de leur donner un tour vif et aiguisé, le fil et la pointe; mais, relisez-les, allez au fond, et vous verrez que, dans ce genre tout en saillies fines et piquantes, l'un et l'autre usent encore de cette phrase ample et large qui est, pour ainsi parler, la phrase de leur siècle. Lorsque Pascal se détend, lorsque La Rochefoucauld s'humanise, elle revient sous leur plume, avec son mouvement oratoire, sa naturelle éloquence, et son aisance à reproduire dans ses ingénieux replis les plus délicates sinuosités de la pensée. N'oublions pas que Pascal avait jeté sur le papier beaucoup de notes, d'observations courantes, destinées à un développement ultérieur, et qu'on méconnaît la grandeur de son style quand on prend son carnet pour un livre.

Comment se fait-il que La Bruyère soit le premier des prosateurs français qui ait ainsi modifié la prose française, et imprimé sa marque à l'outil intellectuel dont on s'était servi jusqu'à son entrée dans le monde des lettres; comment expliquer qu'il ait non seulement un style personnel, mais un instrument à lui, une plume taillée autrement que celle de ses plus illustres devanciers? C'est précisément qu'il a été le premier des professionnels de la plume, un homme de lettres dans toute l'acception du mot! C'est qu'avant lui, il faut bien le dire, tous les grands écrivains sont plus préoccupés du fond que de la forme, et que la forme leur vient comme par surcroît.

Certes, les grandes compositions des orateurs et des historiens — j'omets les poètes, qui sont condamnés à être artistes ou à ne pas être — révèlent un travail compliqué et savant, mais qui s'attache beaucoup plus à la force des raisonnements, à l'enchaînement des idées qu'à l'originalité de l'expression. Je ne voudrais pas exagérer ce point; il est trop évident que, dans notre âge classique, dont la durée se prolonge pendant près de deux cents ans, tous ceux qui se permettent d'écrire écrivent bien, avec facilité, avec goût, mais c'est chez eux un don plus qu'une étude, ils s'y appliquent à peine; cela leur tombe du ciel par une grâce spéciale, par le secours presque invisible d'une langue qui, arrivée à son plus haut degré de perfectionnement, leur fournit d'elle-même le tour vif et le mot juste. Ils ont tous quelque chose à dire et ils le disent admirablement, sans grand apprêt. C'est l'heureux temps où l'on pense avant d'écrire et où l'on n'écrit — qu'on s'appelle Sévigné ou Bourdaloue — que pour raconter ou prouver, mais toujours d'inspiration, et sans souci ni préoccupation de métier.

La plume n'est alors que l'humble servante de la pensée et elle y obéit sans effort, comme si elle se rendait compte du rôle, après tout subalterne, qu'elle remplit. Si je ne craignais de tomber dans le pathos des Philamintes, je dirais que c'est tout simplement une fille de service, une femme de chambre, qui, coiffant sa maîtresse tous les matins, n'a pas besoin d'y mettre beaucoup de cérémonie, parce qu'elle sait depuis longtemps ce qui convient le mieux à l'air de son visage. Disons, sans métaphore, que, pour ces privilégiés de l'âge d'or qui méritent presque seuls le nom de grands, l'idée est tout, l'idée domine et commande, l'idée rencontre invariablement sa naturelle expression dans une phrase qu'on a quelquefois trouvée lourde parce qu'elle a du muscle et qui est la légèreté même parce qu'elle a des ailes.

Aucun écrivain n'est, à ce point de vue, meilleur témoin que Bossuet, dans ses ouvrages de pure controverse, où il cherche beaucoup moins à polir des phrases qu'à confondre et écraser son contradicteur, par exemple dans sa *Lettre sur les spectacles*. Relisez-la, elle en vaut la peine. Même dans ces *Provinciales* que Bossuet enviait à leur auteur, vous ne relèverez pas un aussi complet échantillon de style, sans recherche de style. La conviction, la passion communiquent leur éloquence à la phrase et la jettent, sans préparation ostensible, dans le moule qui lui donnera tout son relief. Pour mieux dire, elle y disparaît d'abord sous l'abondance des arguments et l'impétuosité de la dispute; mais, quand on l'analyse, on s'aperçoit bien vite qu'il n'en est pas de plus strictement ajustée, de plus fortement articulée où se révèle avec plus d'éclat la présence d'un art, non pas inconscient, mais invisible.

Démontez-la, désassemblez-la, pour ainsi dire, et vous aurez la preuve qu'elle n'omet, en les répartissant d'ailleurs suivant leur importance respective, aucun des rapports qui constituent la marche d'une pensée dans un cerveau. Poètes et prosateurs sont tous assurément de grands artistes, rompus à l'exercice de la parole écrite, mais qui subordonnent toujours à l'idée elle-même la manière de l'exprimer et qui croiraient la dénaturer en la grossissant ou en la compliquant par un excès d'expression. Leur principale étude consiste à réunir, dans leur ordre, tous les développements qu'elle comporte, sans aller au-delà ni rester en deçà. *Sunt certi denique fines.*

Avec La Bruyère tout change, et c'est bien lui qui fait tout changer. Je ne crois pas diminuer sa gloire, ni insulter à sa renommée, en rappelant qu'il fut le premier écrivain français qui cultiva l'esprit pour l'esprit et l'art pour l'art (1). De l'esprit, ses contemporains en eurent, la plupart, jusqu'au bout des ongles; qui en eut jamais plus que Racine? Mais aucun ne s'en fit une spécialité, aucun ne songea à le mettre en valeur par le rapprochement des mots et le jeu dés phrases; aucun ne s'appliqua, comme La Bruyère, à perfectionner cette mécanique savante où tout est calculé, jusqu'aux points et aux virgules, pour attirer l'attention et fixer le regard. Il y était passé maître et il a laissé après lui toute une école qui a singulièrement abusé, en l'imitant, de son laborieux système. Il écrivit pour écrire et, très économe de lui-même, il y réussit à souhait, sans se défaire pourtant d'une certaine raideur qui lui sied, mais que de moins habiles n'ont pu copier sans gaucherie.

Il est inutile de rappeler ici — tout le monde les sait par cœur — tant de pages où le peintre des *Caractères* a poussé sa manière jusqu'aux plus extrêmes raccourcis et multiplié à plaisir les saillies et les reliefs. Il en est d'autres où il s'attache surtout à la pureté du dessin, à la finesse du trait et où, quittant le pinceau pour la plume, il semble repasser sa pointe sur la pierre à aiguiser et en fait jaillir des étincelles. Son parallèle, tout moral, entre Corneille et Racine, ne ressemble guère à son joli crayon de l'amateur de tulipes et on comprend à peine comment le même homme qui a fait de la Cour de si piquants

(1) Je néglige à dessein les beaux esprits, concettistes et gongoristes, qui firent assaut de pointes, en prose et en vers, au commencement du XVIIe siècle.

tableaux, plutôt devinés que vus, a pu, dans une satire théologique, beaucoup moins superficielle qu'elle n'en a l'air, et visiblement authentique, analyser si subtilement la doctrine du quiétisme. Mais, malgré la différence des sujets et des styles, on reste toujours en présence du même écrivain ingénieux, qui ne craint pas d'afficher son savoir-faire, sa prestigieuse dextérité, et qui ne dissimule pas le plaisir qu'il éprouve à disposer, dans un certain ordre, des mots et des phrases à longue portée. On sent chez lui une sorte de jouissance professionnelle, l'intime contentement de l'ouvrier qui se voit expert diplomé ès littérature, ayant exécuté le tour de force et achevé ce que les artisans des anciennes corporations appelaient le chef-d'œuvre.

Il y a employé des moyens nouveaux, inconnus avant lui, une science profonde du glossaire, une virtuosité toute spéciale à s'en servir, une étude passionnée de toutes les combinaisons, de toutes les stratégies grammaticales et lexicographiques qui peuvent augmenter le pouvoir d'un mot « mis en sa place »; enfin il s'est créé, dans la langue même, une langue à lui, expressive, énergique, originale, surtout spirituelle et visant à l'être, qu'une foule de plagiaires ont cherché en vain à s'approprier, que Chamfort a défigurée par l'abus de la sentence et de l'apophtegme, dont Paul-Louis-Courier seul, cent cinquante ans plus tard, a percé tous les secrets et utilisé toutes les ressources, au grand détriment (nous le verrons bientôt dans un chapitre sur l'archaïsme en littérature) de son talent propre et de sa curieuse personnalité.

Ce qui n'est pas contestable, c'est qu'avant La Bruyère, il n'y avait qu'une manière de parler et d'écrire en français et qu'après lui, il y en a eu deux. La longue période latine, qui était la nôtre, a cédé, non pas toute la place, mais une partie de sa séculaire installation à la phrase brève, incisive, parfois, chez les apprentis, un peu saccadée et haletante. La Bruyère avait inventé un genre, on a fait du La Bruyère, comme on a fait du Boule après Boule, et ainsi s'est formée peu à peu cette dérivation de langage, ce second courant auquel se sont abandonnés, suivant leur inclination naturelle, un certain nombre d'écrivains illustres; il a soutenu leur barque et mené leur fortune littéraire à bon port; mais il est permis de regretter cette espèce de canalisation et de la trouver moins conforme à notre génie national que l'expansion primitive du grand fleuve.

Admirez comme La Bruyère, qui y pratiqua cette coupure, a peu écrit. Il a fait du rare et du précieux, de l'ornement : maître écrivain certes, mais dans un petit cadre, ciseleur, joaillier, celliniste. Son œuvre, si remarquable qu'elle soit, se distingue de celle des grands classiques, et ce n'est certes pas par l'abondance de la source ou la franchise du jet. Ceux-ci n'écrivent que sous l'influence d'une pensée grave ou d'un sentiment fort qui les emporte et les soutient. Ce sont des passionnés, des inspirés chez qui l'art d'écrire naît spontanément, dans l'heureuse atmosphère de l'époque. La Bruyère est avant tout un littérateur, un artiste, ce que Boileau appelait un bel esprit.

Avec son livre, le métier commence, la profession est née. Est-ce lui faire tort que de l'y mettre au premier rang, s'il est vrai que personne après lui n'y a excellé comme lui? La chaleur d'âme est moindre dans les *Caractères* que dans la plupart des écrits du même temps, mais non pas la vivacité d'intelligence, ni l'acuité d'observation. Et quel goût, quelle sûreté dans le choix des termes, dans l'arrangement de toutes les parties du discours; quel talent dans une chute de phrase !

Tous ses contemporains, doués de sens critique, l'ont reconnu et constaté : « M. de la Bruyère peut passer parmi nous pour un auteur d'une manière d'écrire toute nouvelle », dit Ménage. Et l'abbé Régnier, ajoute : « Par un tour fin et singulier, il donnait aux paroles plus de force qu'elles n'en avaient par elles-mêmes ». La Harpe enchérit encore : « Nul prosateur n'a imaginé plus d'expressions nouvelles, ni créé plus de tournures fortes ou piquantes ». Un autre loue son « énergique brièveté »; un autre, son style original, ses idées serrées, sa phrase substantielle, « son style nerveux dont il n'y avait pas de modèle avant lui ». Voilà pour la louange; mais les restrictions n'ont pas manqué. Palissot lui reproche « un ton trop décisif et trop dogmatique, des phrases trop coupées, un style trop sentencieux, trop recherché, qui a égaré quelquefois ceux qui l'ont pris pour modèle, tels que Fontenelle et Duclos; en un mot, on le regarde comme le Sénèque français ».

On a souvent comparé La Bruyère à d'autres écrivains de l'antiquité grecque ou latine; mais il est bien certain que l'ancêtre dont il procède directement, dont il perpétue la ressemblance à travers les âges, c'est bien Sénèque. Jamais rapprochement ne fut plus justifié, car, non seulement par le mouvement brusque et heurté de sa phrase, par l'importance qu'il donne à chaque mot en appuyant dessus, par la savante mais un peu grêle architecture de son discours, par ce goût de l'antithèse qui se manifeste chez tous les écrivains lorsque, l'âge classique étant passé, la spirituelle et ingénieuse fantaisie succède à la grande et large simplicité, La Bruyère rappelle Sénèque; mais il fait surtout penser à Sénèque parce que celui-ci a été, avec Tacite et Juvénal, et avant eux, l'initiateur de cette révolution inévitable que toutes les littératures mortes ont subie, que toutes les littératures vivantes commencent à subir, et qui se caractérise principalement par la substitution de l'art et de l'adresse à l'inspiration sincère et vraie. Toutes les ressources du langage étant connues, éprouvées, voire un peu usées, on s'évertue dans toutes les branches de l'activité littéraire, à en trouver, à en créer de nouvelles; on travaille moins sur la pensée que sur le mot; enfin on écrit pour écrire et on compose encore des chefs-d'œuvre reconnaissables à ce signe que tout y est calculé pour l'effet, et que les plus forts, les plus capables de se suffire à eux-mêmes sans cette recherche, s'efforcent de frapper en même temps l'esprit et les yeux. Ce phénomène s'est produit, à un certain moment, dans toutes les langues; il marque l'heure où le vrai progrès s'arrête pour faire place à des perfectionnements contestables, à des combinaisons plus ou moins bizarres, à des modes auxquelles le talent le plus avéré sacrifie sans s'en apercevoir. C'est ainsi qu'à deux mille ans de distance, le même besoin de transformation tourmente les générations littéraires et que La Bruyère est à Sénèque ce que Montesquieu est à Tacite.

Je ne sache pas de lecture plus attachante que les *Lettres à Lucilius* et les traités de Sénèque sur *la Colère* ou sur *la Clémence*, si ce n'est les *Caractères* de La Bruyère. Celui-ci rappelle beaucoup plus le moraliste latin que le moraliste grec qu'il s'est proposé pour modèle, mais auquel il n'a guère emprunté que le titre et la matière de son livre. Cette parenté littéraire s'explique d'autant plus aisément que Sénèque et La Bruyère sont de véritables contemporains, oui, à travers les siècles, en ce sens qu'ils sont venus à peu près au même moment critique de la langue latine et de la française, lorsqu'elles avaient toutes les deux le même âge, lorsqu'elles avaient atteint l'une et l'autre le même degré de maturité et de perfection, attesté par une série de chefs-d'œuvre. Ils représentent bien exactement la fin du siècle d'Auguste et la fin du siècle de Louis XIV. Sénèque arrive après Cicéron, Virgile, Horace et Tite Live comme La Bruyère après Corneille, Racine, Molière, Bossuet et La Fontaine.

C'est le temps où les littératures, sans être épuisées, éprouvent le besoin de se rajeunir, au moins extérieurement, par quelque nouveauté de costume ou d'ornement. Le précepteur de Néron et le précepteur des enfants de Condé, séparés par dix-sept siècles, appartiennent cependant à un même cycle dont le retour périodique, dans la suite des temps, ramène les mêmes esprits et les mêmes génies. Leur style porte la même date. Ils ont une façon analogue d'affûter leur pensée par le frottement des mots, et d'en indiquer les nuances les plus fines par la subtilité des synonymes. Ils excellent à nous montrer, dans une fine antithèse, des différences presque capitales entre des termes que des écrivains moins soucieux de rigoureuse exactitude, employaient presque indifféremment avant eux. On doit même reconnaître qu'à ce point de vue, ils sont d'excellents professeurs de style. Ils visent tous les deux à la saillie, pour ne pas dire à la pointe; ils y consacrent la même phrase courte, brisée, qui attire le regard et où les mots mêmes, raréfiés, nous apparaissent grossis comme dans une loupe. Ils ne sont pas d'une lignée inférieure, mais seulement d'une seconde promotion, d'un âge d'argent où les habiles succèdent aux forts et où l'art, toujours grand, dissimule moins sa présence. On est étonné de rencontrer, chez Sénèque, une foule de traits que La Bruyère imite, au moins par la façon dont il les prépare et les lance. Le styliste latin et le styliste français cheminent bras dessus, bras dessous, par la force des choses, dans ce sentier fleuri, mais un peu étroit, où la parole n'est plus seulement un moyen d'exprimer clairement sa pensée, mais un procédé d'ornementation et de décor. C'est le jardin d'agrément, avec ses savants parterres, substitué à la nourrissante moisson des grandes plaines.

Aucune des langues classiques, mortes ou vivantes, n'a échappé à cette transformation, encore très belle quand elle est relevée, comme chez Sénèque, par la supériorité de l'esprit;

comme chez Juvénal, par la hardiesse de la satire ; comme chez
Tacite surtout, par l'éclat de la peinture et la gravité de la
pensée ; comme chez notre La Bruyère enfin, par la concentration du tableau et l'extraordinaire brièveté du style.

« On voit trop qu'ils composent ! » disait un de ces bons
critiques de l'ancienne Université qui, habiles à démêler le fort
et le faible d'un écrivain, s'appliquaient surtout à préserver
leurs élèves de l'affectation et de la manière. Et n'est-il pas
vrai que La Bruyère ne cesse pas un instant de composer sa
physionomie littéraire comme d'autres composent leur visage,
leur langage et leurs gestes ? Il en convient lui-même dans son
chapitre de *l'Esprit :* « L'on a mis enfin dans le discours tout
l'ordre et toute la netteté dont il est capable ; cela conduit insen-
siblement à y mettre de l'esprit ».

Dans un autre passage, essayant de réfuter le principal grief
qu'on lui faisait de son temps, à savoir qu'il escamotait avec
trop de sans-gêne la difficulté des transitions, il invitait la critique à y regarder de plus près et à remarquer « une certaine
suite insensible de ses réflexions ». Trop insensible assurément !
Il se fût mieux défendu en se bornant à prétendre que l'unité
de son livre tenait à la continuité de son style. Et le fait est
qu'elle suffit presque à en relier les divers chapitres ; mais on
conviendra que ce lien même est singulièrement ouvragé. Cet
esprit dont il parle avec tant de complaisance, il en a mis partout ; il l'a semé à pleines mains, en homme convaincu qu'il
n'y avait plus autre chose à faire. C'est l'idée qui le poursuit ;
il l'exprime dès sa première phrase : « Tout est dit et l'on
vient trop tard... ». Non, l'on ne vient pas trop tard, mais l'on
vient à ce moment psychologique où, pour se distinguer des
grands prédécesseurs, on est presque obligé de se faire une
langue spéciale, une langue à soi. Le mérite de La Bruyère est de
l'avoir senti le premier et de s'être dirigé en conséquence. La
renommée immédiate et la gloire durable étaient au bout de
cette route nouvelle, qui n'était pourtant pas une grande
route.

Le branle étant donné, les imitateurs accoururent. Nous
avons déjà nommé Duclos et Fontenelle qui poussèrent à cette
roue de la fortune littéraire. L'école de la phrase courte et
incisive était fondée ; les *pointes* — un peu moins pointues —
retrouvèrent la vogue dont elles avaient joui au commence-

ment du xviie siècle; on en fit en prose comme Benserade et Voiture en avaient fait en vers, mais avec plus de discernement et de goût. Toutefois, l'usage ne s'en répandit pas chez un assez grand nombre d'écrivains pour laisser sa marque à cette mémorable époque. Au contraire, le caractère général de la prose est alors une élégante facilité, un tour alerte et vif, sans recherche ni abus du trait. Les philosophes n'ont pas de temps à perdre en saillies plus ou moins piquantes et les romanciers, comme Lesage et l'abbé Prévost, estiment sans doute que l'art du conteur peut s'en passer, car, chez l'un comme chez l'autre, l'esprit et le sentiment se contentent d'un même style uni et courant dont la chaleur latente égale presque, sans tension ni effort, le feu extérieur de Diderot. Il faudra arriver à la fin du siècle pour retrouver des faiseurs de *mots* et de *maximes*, comme Rivarol. L'honneur de La Bruyère est d'avoir fait un maître élève ou, si on le préfère, d'avoir inspiré un émule digne de lui dans la personne de Montesquieu. L'influence du premier sur le second est visible et tangible. Elle s'exerce même quand celui qui la subit s'efforce d'y échapper. Elle éclate dans les *Lettres persanes*, dans *Grandeur et Décadence des Romains*, et même dans cet *Esprit des lois* dont les contemporains disaient que c'était de l'esprit sur les lois. Le parallèle classique s'imposerait ici, comme dans les discours académiques, si notre unique dessein n'était pas d'établir que La Bruyère a créé une langue nouvelle, dont l'instrument principal est la phrase à facettes, un peu sèche dans sa brièveté, qui lui a survécu, qui a fait son chemin dans notre histoire littéraire grâce à un certain nombre de continuateurs dont le principal fut un homme de génie; une langue où l'expression semble tenir plus de place que l'idée, où l'idée, en tout cas, prend les formes les plus subtiles pour jaillir en une sorte d'étincelle finale qui fait quelquefois illusion sur sa valeur; une langue enfin qui, cultivée tout spécialement aujourd'hui par les journalistes, menacerait de devenir la nôtre, si quelques écrivains supérieurs ne nous rappelaient à propos, par le peu d'importance qu'ils lui donnent et le peu de services qu'ils lui demandent, qu'elle n'est, après tout, qu'un assez petit ruisseau échappé du grand fleuve, et qu'il a fallu un La Bruyère ou un Montesquieu pour y conduire de grandes barques.

II

Au point où nous en sommes, nous avons hâte d'aller au-devant d'une objection qu'on pourrait nous faire, et surtout d'expliquer une omission qu'on pourrait nous reprocher dans cette étude sur la seconde langue française, créée de toutes pièces par La Bruyère, s'il est vrai qu'on n'en trouve aucune trace avant lui : Et Voltaire? Si vous prétendez que la phrase coupée de La Bruyère a été une déviation, que direz-vous de Voltaire?

Son nom en effet se présente à la pensée, et le premier mouvement est de se demander si La Bruyère, fondateur d'école, et greffeur de prose, puisqu'il en a enté une à lui sur celle de ses devanciers, n'a pas donné naissance à un successeur plus grand que Fontenelle, plus grand même que Montesquieu, au génie extraordinaire dont la plume, pareille à une lumière qui aurait des ailes, éclaire et traverse tout un siècle. Mais, à la réflexion, cette impression se dissipe. Il est incontestable que Voltaire a autant et plus d'esprit, et plus spontané, que La Bruyère lui-même; il n'est pas moins évident qu'il parle une langue preste et rapide, dont l'agilité est la marque distinctive, une langue légère, armée d'une phrase courte, cursive, acérée, qui pique et blesse comme une fine aiguille, une phrase de guerre qu'il s'est fabriquée lui-même pour l'usage agressif auquel il la destinait, et qui n'a pu être maniée, après lui, que par un ou deux imitateurs.

Toutefois, il n'est pas nécessaire d'y regarder très longtemps pour s'apercevoir qu'il n'a ni le même esprit ni la même phrase que La Bruyère. Entre cet archer et ce frondeur la distinction est facile à établir : La Bruyère est un laborieux, Voltaire est un inspiré. La Bruyère grave et cisèle sur place, Voltaire, agité d'une fièvre perpétuelle, court au but qu'il poursuit, dédaigneux de tout ce qui ne sert pas ses idées, ses attaques ou ses vengeances. En réalité, il n'a emprunté à La Bruyère que sa brièveté, mais en la perfectionnant par l'aisance et en la portant ainsi à sa plus haute puissance d'effet. Il n'y a rien de plus alerte, rien de plus vif et courant que la prose de Voltaire. Inventée pour le combat, le journalisme l'a trouvée toute prête, il s'en est emparé et l'a faite sienne, moins ce qu'elle a d'inimitable. Quelques-uns, Stendhal, par exemple, et About l'ont maniée avec une dextérité digne de son créateur. Sous d'autres plumes elle est restée assez plate et banale, comme tous les instruments usuels, et il ne faut pas se dissimuler que l'absence d'images la rend un peu incolore. Elle tombe facilement aux négligences de la conversation courante chez le nouvelliste pressé qui se fait gloire de ne pas « soigner sa phrase » et de se rapprocher autant que possible du style télégraphique. Les dépêches, les informations, les réclames, les interviews, tout ce qu'on appelle aujourd'hui reportage, trois pages sur quatre, peuvent sans inconvénient ignorer les ressources de l'esprit voltairien et s'en passer. La langue que Voltaire a parlée est, en réalité, unique et toute à lui; c'est un instrument de combat, c'est une arme, fusée ou flèche, qui brûle et perce; mais, chez ses successeurs les plus habiles, elle part, un peu alourdie, d'un lanceur sensiblement détendu et, à vrai dire, aucun n'a complètement retrouvé la flèche de Voltaire.

Si grandes que soient les victoires qu'elle a remportées, si mortelles les blessures qu'elle a faites, elle apparaît dans notre histoire littéraire comme un phénomène en dehors de nos procédés de polémique et de notre tradition nationale. La brièveté, la légèreté même de la phrase voltairienne n'appartiennent qu'à Voltaire. On en chercherait vainement une trace quelconque chez tous nos grands écrivains, chez les primitifs comme chez les classiques, de Froissart à Buffon. C'est une nouvelle dérivation, un canal relativement étroit à côté du grand fleuve, ou encore — si cette image en donne mieux l'idée — une greffe très spéciale sur le vieux tronc. *Candide* et *Zadig*, et toute la correspondance de Voltaire pétillent d'un esprit égal à celui de Mme de Sévigné, mais quelle différence de couleur ! Quelle sécheresse d'arête ! Non, ce n'est pas là cette abondance française, qui, sans jamais se tarir, semble toujours prête à donner plus qu'on ne lui demande. C'est tout le piquant de la conversation familière, ce n'en est pas le libre abandon.

Et La Bruyère de même ; ne voyez-vous pas, quand il imite Montaigne, à quel point il abrège et condense, ne prenant, dans sa pensée, que le suc et la moelle, et toujours préoccupé comme un Ésope qui serait venu après La Fontaine, au lieu de venir avant, de ramener l'ingénieuse verbosité de l'auteur des *Essais* à sa plus simple expression, c'est-à-dire à une rigidité calculée, à une maigreur volontaire qui lui ôte de son charme ingénu et primesautier.

Sous ces formes fines et grêles, on ne reconnaît plus la généreuse exubérance des fondateurs, ni leur chaleur d'âme, ni — s'il faut le dire — la grande et intarissable source où ils ont puisé. Diderot, Buffon, Rousseau en sont encore tout imprégnés. Aucun d'eux ne parle la langue de Voltaire ; Rousseau la parle moins que tout autre, et c'est une assez curieuse observation à retenir, avec les conséquences qu'elle comporte, que la contrariété des idées et l'opposition des caractères, si marquées, si violentes entre Voltaire et Rousseau, se manifestent jusque dans l'instrument de destruction qu'ils ont choisi. Ils représentent assez bien, l'un, la presse qui commence à grandir ; l'autre, la tribune qui va naître. Voltaire est un journaliste, Rousseau est un orateur ; mais c'est Rousseau qui est dans le courant national.

Naturellement oratoire, et quelquefois déclamatoire, latine et romaine au premier chef, la manière de Jean-Jacques devait, comme ses idées mêmes, séduire les grands orateurs pompeux qui ont, soit à la Constituante, soit à la Convention, vanté les bienfaits de la liberté et célébré les vertus de la République. Mirabeau, Barnave, Vergniaud, Robespierre se la sont assimilée, avec plus ou moins de succès, en y ajoutant leur cachet personnel. Tous sont nombreux et verbeux, même sous la hache. Au contraire, celle de Voltaire ne se retrouve que dans quelques rares journaux du temps et notamment dans *le Vieux Cordelier* de Camille Desmoulins.

Mais lorsque le feu des passions révolutionnaires s'est calmé, lorsque la chaleur un peu factice qu'il a communiquée aux âmes et au langage s'est réfugiée dans les documents officiels et dans les proclamations militaires, il est intéressant d'observer quel parti va prendre notre langue nationale rendue à elle-même, quelle direction elle va suivre, à quelles influences elle obéira; si elle reviendra à ses premiers penchants, si enfin sa préférence la ramènera à ses vieilles et grandes avenues ou au chemin de traverse, au raccourci que lui ont indiqué La Bruyère, Montesquieu et Voltaire. Or le doute n'est pas possible. Non seulement notre poésie reste plus solennelle que jamais et donne en plein dans le pindarisme classique, ce qui n'est pas nécessairement un mérite; mais les vrais écrivains, les vrais poètes de ce temps, Chateaubriand et Mme de Staël retournent d'eux-mêmes à la vieille phrase, à la vieille forme compréhensive et enveloppante, à la prose éloquente de notre génie français.

Dépouillée aujourd'hui, par le progrès naturel du temps, de ce qu'elle avait d'un peu ambitieux et emphatique, elle a pris décidément possession de notre littérature, et presque tous les écrivains l'emploient, par simple habitude. Elle est supérieure à l'autre par son ampleur, sa souplesse et sa puissance de dilatation, cela va sans dire; mais elle l'emporte surtout par sa logique. Elle observe mieux, grâce à ses savantes constructions, le rapport des idées entre elles. Au lieu de les mettre toutes indistinctement en ligne sur le même plan par une juxtaposition continue, monotone, et contraire à leur indispensable gradation, elle les échelonne suivant leurs dépendances naturelles. Sa phrase a tous ses membres joints par d'ingénieuses articulations qui lui permettent de régler son mouvement et de le proportionner à l'importance relative des divers éléments qu'elle met en œuvre. Son unique désavantage est d'offrir à l'esprit un peu moins de facilités pour pousser et surtout pour montrer sa pointe.

III

Cette langue de La Bruyère, dont le principal défaut est de
paraître toujours un peu apprêtée, est encore chère à toute
une école qui tombe aisément dans la préciosité, et dont les
plus spirituels représentants ont le tort de ne chercher que le
mot pour le monter en épingle dans leurs articles. Ils procèdent
de La Bruyère et ne s'en doutent pas; ils procèdent plus immédiatement de Goncourt, qui procédait de La Bruyère et ils
s'en vantent. La prose de Victor Hugo, tout au moins celle de
ses pièces de théâtre et de ses romans, en tient aussi. Elle
cherche souvent l'émotion dans des effets de brièveté qui lui
donnent l'air essoufflé et haletant. Elle brille étonnamment
par l'absence de naturel. Maniée par un virtuose de génie, elle
a quelquefois des rencontres géniales, accompagnées de chutes
lourdes. Dans les écrits intimes, qui sont souvent de simples
impressions à peine rédigées, Victor Hugo se livre davantage,
et on se félicite qu'il n'ait pas songé à y mettre la dernière
main; il les eût probablement gâtées. C'est ainsi que *Choses
vues* et sa *Correspondance* avec sa fiancée abondent en pages
charmantes; il n'a pas eu le loisir d'en sophistiquer le charme,
et nous en savourons ainsi toute la fraîcheur. Il ne s'y évertue
ni ne s'y guinde en réformateur; il y parle, avec une simplicité
singulièrement méritoire chez lui, notre vieille et bonne langue,

celle qui a des prépositions pour lier les mots et des conjonctions pour lier les phrases : la langue usuelle, relevée de tout ce
qu'un homme de sa valeur a pu y mettre. Tous nos prosateurs,
depuis cette seconde renaissance inaugurée par Chateaubriand
sous le Consulat et au commencement du second Empire, y
sont d'eux-mêmes revenus, tous nos historiens, sans en excepter
Michelet, tous nos philosophes, de Jouffroy à Taine, se sont
contentés des ressources qu'elle offre, et se sont servis du même
instrument après en avoir vérifié la sûreté. Plusieurs, entre
autres Cousin, l'ont amené à son plus haut point de perfection.
Parmi nos contemporains plus rapprochés de nous, tous ceux
dont on peut dire sans exagération qu'ils ont su écrire, Prévost-
Paradol et J.-J. Weiss, l'ont choisie pour leurs polémiques, de
préférence à l'autre, comme plus substantielle et solide, et l'on
ne croit rien avancer d'excessif en affirmant que l'un et l'autre
ont égalé, dans l'usage qu'ils en ont fait, leurs plus illustres
devanciers. D'autres, moins doués comme stylistes, et à qui
l'originalité semble manquer, ont su tout au moins s'approprier
son élégance, et l'appliquer à ce genre académique dont peuvent
se moquer ceux qui sont incapables d'y atteindre, mais qui ne
laisse guère passer une seule année sans présenter à notre admiration quelque beau et nouveau modèle. En prenant soin d'en
élaguer ce qui lui donne, par une tradition obligatoire, une
apparence légèrement artificielle, il est bon à étudier et même
à imiter, non pas dans ses lieux communs et ses placages,
mais dans sa juste ordonnance et son inébranlable solidité. La
langue académique, en dépit des rieurs, est encore celle qui
s'adapte le mieux aux convenances de notre esprit et aux exigences de notre raison. Elle a le rare mérite d'observer certaines
règles élémentaires de nombre, d'harmonie, de proportion,
de progression, de composition enfin, dont ne s'affranchissent,
dans tous les genres de littérature, que les impuissants et les
incapables. Elle paraît répondre et, en fait, elle a toujours
répondu à nos besoins comme à nos goûts, et c'est encore elle
que nous employons, sans même nous en apercevoir, dans la
familiarité de la conversation. On peut trouver l'autre — celle
de La Bruyère et de Voltaire — plus légère et plus rapide, je la
trouve plus lourde parce qu'elle impose à l'intelligence une
peine inutile pour déterminer, à défaut des conjonctions absentes, l'exacte subordination des idées.

De plus, la phrase y perd, en certaines occasions où cette perte est regrettable, le ton démonstratif et un peu oratoire, qui est chez nous de naissance. Elle y perd surtout sa chaleur, avec sa solidité; elle y perd aussi de son éclat. Non pas qu'il faille regretter la vaine pompe et la ridicule majesté de ce style emphatique que Voltaire, très dur pour un de ses confrères, appelait du galithomas. Il serait excessif que les phrases les plus anodines fussent construites sur le modèle de ce fronton que Bossuet a mis à l'oraison funèbre d'Henriette de France, reine d'Angleterre; mais il ne faut pas non plus, si subalterne que soit leur rôle dans le discours, qu'elles soient sautillantes et dansantes comme les petits ballons rouges des enfants. Sans ses jointures nécessaires, la phrase française a l'air de marcher à cloche-pied, ce qui est certainement une singularité ou une disgrâce.

Au surplus, partagée, depuis La Bruyère et Voltaire, en deux branches d'un même tronc, en deux rameaux d'une même tige, quoique de sève inégale, la langue est une et fixée. On n'y touchera plus impunément, on n'y ajoutera rien que des mots nouveaux, on n'en retranchera rien que des termes usés, sa forme est définitive, et quiconque essaiera d'y créer une troisième végétation, entre les deux autres, n'arrivera plus qu'à la défigurer et à la rendre grimaçante, comme les Goncourt l'ont fait, comme les débris de leur école le font à chaque instant, par l'absence de tout naturel et de toute vérité. Nous aurons peut-être de nouveaux génies, nous aurons sans doute de nouveaux stylistes, mais ils sont condamnés maintenant à se servir de l'ancien instrument. Il suffit à tous les usages et nous avons donné des échantillons, peut-être trop nombreux, en tout cas très caractéristiques, de ce qu'on en fait lorsqu'on prétend le refaire pour le perfectionner.

Ce n'est pas en enfilant deux ou trois incidentes à la suite d'*avec* comme tête de ligne; ce n'est pas en changeant par une ellipse devenue banale le sens et l'emploi de *plutôt;* ce n'est pas en bouleversant, dans le verbe, l'ordre naturel des temps; ce n'est pas en coupant la phrase par des tirets et en surchargeant l'adjectif de l'exclamation *oh ! combien !* et autres gamineries du même genre qu'on renouvelle une langue, surtout quand elle n'éprouve aucun besoin d'être renouvelée et que, maîtresse de toutes ses ressources, elle a en elle de quoi traduire toutes les pensées et toutes les nuances de pensées. Il faut voir ce que ceux qui l'ont essayé et qui l'essaient encore tous les jours, ceux qui s'intitulent créateurs lorsqu'ils ont mis invariablement et contre toute logique l'adjectif avant le substantif, ont fait de notre poésie et de notre prose. Nous entendons vanter leur génie, on les proclame grands et illustres, on leur tresse des couronnes, on leur érige des bustes et des statues; mais cela même prouve à quel point ils ont troublé notre bon sens et corrompu notre goût. L'audace des charlatans qui se posent en réformateurs ne rencontre plus — je m'en plaindrai toujours — les résistances nécessaires, s'il est vrai que l'Académie elle-même, conservatrice par définition et par devoir, n'opposera désormais qu'une paresseuse indifférence aux attentats dirigés contre la langue, sa pupille naturelle et que l'incommensurable snobisme contemporain en est complice. Louer des sottises devient une habitude qui ne rencontre même plus son Alceste.

L'entreprise des frères de Goncourt et de leurs partisans serait restée inoffensive, s'ils s'étaient contentés de se fabriquer un style à eux dont le public aurait facilement aperçu et condamné l'effort. On aurait vu simplement, acharnés à leur opiniâtre travail, des écrivains en sueur qui se donnaient une peine diabolique pour mal écrire. Et comme ils ont eu des devanciers et qu'ils auront des successeurs dans tout le cours de notre littérature, on n'y aurait pas autrement pris garde. Il y a eu de ces fier-à-bras à toute époque; mais les Goncourt ont prétendu créer une nouvelle langue française; par quels moyens mauvais, dangereux, et surtout puérils, nous devions le dire et nous l'avons dit.

Ils ont cru que la nôtre était usée parce que le temps et un long usage communiquent en effet au langage, même écrit, une apparente banalité. L'expérience semble prouver qu'à un certain moment, tous les écrivains se ressemblent, par la faute de locutions toutes faites qui se présentent naturellement sous leur plume, — accident peu regrettable en somme, s'il est vrai qu'il nous ramène au temps où la pensée seule comptait. Les Goncourt en ont été frappés, comme Flaubert d'ailleurs, et se sont donné pour tâche de remédier à ce léger inconvénient de toutes les vieilles langues, qui n'a jamais empêché un écrivain d'être original, quand il était doué pour l'être. Le malheur est

qu'ils y ont employé un procédé de rajeunissement contre
nature, qui ne pouvait avoir qu'un très éphémère succès. Ils y
ont échoué, ils y échouent tous les jours dans la personne de
leurs continuateurs de plus en plus clairsemés; mais l'opération
n'en a pas moins été fâcheuse, et la langue en gardera longtemps une sorte de torticolis. Pour tout dire, ils l'ont méthodi-
quement, systématiquement martyrisée, et elle en porte les
marques.

Nous avons protesté, nous protesterons toujours et cependan·
dant, à mesure que notre besogne avance, une peur nous prend
qu'on ne nous fasse dire ce que nous n'avons jamais dit. Le
danger, dans un débat de cette nature est d'exagérer sa pensée
par une expression trop absolue et de paraître s'emporter au
delà du juste. Nous avons très formellement reconnu que les
langues subissaient une transformation lente et continue,
longtemps insensible et presque invisible, qui n'est pas toujours
un progrès, mais contre laquelle il n'y a rien à faire parce qu'elle
résulte plutôt du travail du temps que de la volonté des hommes.
Littré a eu raison de le constater dans la Préface de son Dictionnaire et nul n'était plus qualifié que lui pour donner l'exacte
mesure de cette inévitable transformation. Retenez qu'il lui
fait la part très large : « Le sens esthétique qui ne fait défaut à
aucune génération d'âge en âge sollicite l'esprit à des combinaisons qui n'aient pas encore été essayées. Les belles expressions, les tournures élégantes, les locutions marquées à fleur de
coin, tout cela qui fut trouvé par nos devanciers s'use promp·
tement ou du moins ne peut pas être répété sans s'user rapidement et fatiguer celui qui redit et celui qui entend ».

Goncourtistes, écoutez cette leçon du maître qui cependant
vous invite à innover, et tenez compte encore de celle-ci : « Quand
une langue, et c'est le cas de la langue française, a été écrite
depuis au moins sept cents ans, son passé ne peut pas ne pas
peser d'un grand poids sur son présent qui, en comparaison,
est si court... En examinant de près les changements qui se
sont opérés depuis le XVIIe siècle et, pour ainsi dire, sous nos
yeux, on remarque qu'il s'en faut qu'ils aient été toujours judi-·
cieux et heureux... ».

Ce que nous nions absolument, c'est qu'un écrivain quelconque, poète ou prosateur, un grammairien, un linguiste, fût-il
un homme de génie, ait, à un moment donné, le pouvoir de

substituer à cette transformation latente, spontanée, inconsciente de toutes les langues, une réforme personnelle et délibérée, une invention à lui, arrangée et combinée de toutes pièces. Malgré l'heure favorable, ceux qu'on appelle les régulateurs du Parnasse, Malherbe et Boileau, n'ont rien fait et n'auraient rien pu faire de pareil. Cela ne s'improvise pas et l'erreur des Goncourt, surtout du second, a été de prétendre l'improviser. Bornée à répudier certaines banalités ou singularités du langage courant, leur ambition était acceptable. Encore n'eût-elle pas conquis beaucoup de terrain dans cette voie où le réformateur est arrêté à chaque pas par l'habitude et l'usage, barrières supérieures à toutes les prescriptions et interdictions. Mais elle a espéré davantage, elle a rêvé d'une refonte complète, d'un emploi nouveau des diverses parties du discours, elle a inauguré des constructions jusqu'alors inconnues, et elle s'est brisée à une tâche impossible, à une œuvre folle.

Les changements que subit une langue ressemblent aux effets d'une fermentation inévitable, auxquels, bien loin de l'en défendre, sa vétusté l'expose. Elle ne peut y échapper et ce travail intérieur ne s'arrête jamais. La difficulté est de fixer le point juste où il détériore la langue au lieu de l'améliorer et devient ainsi tout à la fois un signal et un instrument de décadence. Il y a cependant, pour déterminer avec précision cette heure critique, une méthode à peu près sûre. Elle consiste à étudier les ouvrages préférés du public lettré ou semi-lettré qui a le droit, ou qui se l'arroge, de porter un jugement sur les choses de l'esprit. Si une certaine convention d'école y domine, si la forme l'emporte sur la pensée, si elle l'y remplace au point que tout soit forme et que des bribes de pensée plus ou moins obscure ou raffinée se démêlent péniblement à travers les fantaisies de l'écriture; si tout y est donné à l'effet extérieur, au mot, à ce qu'ils appellent le verbe, aux petites prétentions linguistiques, aux réformes insignifiantes, mais affichées et acclamées, vous pouvez hardiment conclure que la langue décline et que la littérature baisse.

Est-il défendu de craindre que nous en soyons là aujourd'hui, et qu'après une telle fécondité dans tous les genres, après tant de chefs-d'œuvre classiques, romantiques et autres, après un si long et si noble enfantement, un peu de lassitude se produise?

La moisson a été si belle ! La terre a été si remuée ! Épuisée, elle ne l'est pas, on ne nous fera pas dire qu'elle le soit ; mais ne semble-t-il pas qu'elle ait besoin de quelque repos et qu'en effet elle se repose ?

Le sentiment qu'ils en ont eu est peut-être ce qui a tenté les réformateurs. Ils se sont persuadé qu'il fallait réparer fond et surface, sur un plan arrêté, avec des moyens mécaniques et des formules écrites, autrement dit remanier par décrets ce qui ne se reconstitue que de soi-même et sans ordre. Les frères de Goncourt ont pris la tête de ce mouvement et il ne leur a peut-être manqué, pour arriver à la pleine possession, à la complète maîtrise d'eux-mêmes, que de s'arrêter moins longtemps à ces obsédantes recherches.

CHAPITRE XIII

L'ARCHAÏSME

I

L'école des Goncourt et de leurs successeurs, dans son ambition de renouveler la langue, a cru qu'il suffirait pour atteindre ce but de changer les mots, les tours, les locutions, les constructions, la grammaire et la syntaxe. Elle a fait du néologisme entendu dans son sens le plus général, c'est-à-dire appliqué à toutes les formes et à toutes les parties du discours, l'objet principal de son étude; elle a créé un jargon. Sous prétexte de répudier certaines banalités du langage courant, elle est tombée dans une prétentieuse barbarie. Elle a pris indistinctement la plupart des verbes qui n'avaient pas leur substantif et la plupart des substantifs qui n'avaient pas leur verbe et elle leur a donné aux uns et aux autres ce complément; elle a comblé hardiment ce qu'elle considérait comme une double lacune. Les exemples surabondent. C'est ainsi que de *juger* elle a fait *jugeoire* comme de *préface* elle a fait *préfacer.*

De même, elle a fait d'indifférence *indifférer*, d'article *articler*, de génération *générer*, de bêtise *bêtiser*, de méthode *méthodiser*, etc.

Mais elle s'est plus particulièrement émancipée sur l'adjectif et sur l'adverbe. Tout substantif qui n'avait pas l'un, tout verbe qui n'avait pas l'autre, s'en est vu subitement enrichi. Coup sur coup nous avons été envahis par *talentueux, livresque, poussinesque, montépinesque, troubadouresque, enfermement, allumement, enragement, serpentement, ramassement, souplement, intensément, fervemment, méprisamment, forcenément*, etc. Ils sont aujourd'hui légion.

Quelques adjectifs, contrairement aux habitudes grammaticales ont engendré leur substantif : vaste, *vastitude*, merveilleux, *merveillosité*, etc.

Tous ces mots nouveaux ne sont pas nécessairement mauvais. Plusieurs sont restés et resteront. Nous avons déjà recommandé *génial* et *mondial*, qui obtiendront probablement, s'ils ne l'ont déjà obtenue, leur naturalisation académique. Mais pour un mot heureux, que de néologismes mal venus, que de monstres !

Ce n'est pas d'aujourd'hui seulement que sévit cette manie qui consiste à étirer les racines françaises dans tous les sens pour en extraire des mots nouveaux. Dès l'âge classique nous rencontrons des composés comme *retardement*, qui est dans Racine, comme *aboutissement* qui est, si je ne me trompe, dans Bossuet et dont on voit d'un coup d'œil les trois étapes. Nous avions *bout*, un de ces monosyllabes qui sont à la fois notre grâce et notre force. La diphtongue, autrement dit le spondée dont il se compose, lui donnait la gravité nécessaire pour exprimer, par une sorte d'onomatopée, la fin, le terme, la conclusion d'une chose, d'une action, d'une opération quelconque qui s'achève après avoir commencé et continué. On en a fait tout naturellement le verbe *aboutir*, puis d'*aboutir*, on a tiré à force de bras *aboutissement*, lourd comme une montagne, n'en déplaise aux illustres qui l'ont employé, ou même inventé, alors que *bout* ou *fin*, exprimant la même pensée, suffisait amplement à tous les besoins. Malheureusement, l'usage de ces déroulements en spirale s'est perpétué et aujourd'hui il sévit dans toute sa pernicieuse malice. La langue politique, la langue courante et aussi, hélas ! la langue savante admettent des horreurs comme *solutionner*, aussi indigeste qu'inutile. Pourquoi *solutionner* quand on a *résoudre?* Est-ce donc parce que *résoudre* a donné *solution*, qu'il faut que *solution* donne *solutionner?* Le même phénomène s'est produit pour *louange*, dont on a tiré *louanger*, comme si *louer* n'était pas plus court et meilleur. « Ce sont les faits qui louent, ce sont les faits qui blâment », a dit Pascal. S'il eût dit : « Ce sont les faits qui louangent », toute la légèreté de sa phrase disparaissait, tout l'équilibre en était rompu.

On estimera peut-être que ce sont là des observations de puriste et de pédant. Non pas ! Ce sont des regrets d'harmoniste pour qui la langue française est tout ensemble la plus vive et la plus musicale du monde. Ses fortes constructions l'empêchent d'être sautillante comme son vocabulaire lui interdit d'être lourde. On a cru remplacer les unes par des phrases trop courtes, par des ponctuations multipliées qui l'époumonent; on travaille à remplacer l'autre par de gros et grands mots massifs qui arrêtent son élan et entravent sa marche. Nous avons pris peu à peu — et je n'impute pas ce grief aux seuls Goncourt — l'habitude et le goût des interminables pluriels abstraits : *les douces maternités, les délicates sensualités, les longues villégiatures*, etc. M. Émile Deschanel a noté, d'après M. Michel Bréal, quelques échantillons curieux de cette prose bizarre : « *Un dynamisme modificateur de la personnalité* », « *une individualité au-dessus de toute catégorisation* », « *une jeunesse qui sentimentalise sa passionnalité* », « *les impériosités du désir* », « *les célestes attentivités* ». Et l'auteur des *Déformations de la langue française* en a recueilli d'autres : « Une idée *contagionne* les esprits. » — « La longue contemplation inactive *englue* dans le platonisme des théories. » — « La satisfaction de Z… *s'expansionne* dans le bonheur. » — « Ce talent s'épanouit en une superbe et opulente *extériorisation*. »…

Ah! les barbares! Il n'y a pas de fardeau pareil pour une langue qui, aussi pesamment chargée, perd toute son aisance et toute son allure. Nous avons vu que l'abus toujours croissant de l'adjectif en était la mort; mais que dire de ces pondéreuses abstractions, sans corps et sans vie, qu'elle traîne maintenant derrière elle et qui la font ressembler à un coche allemand embourbé dans une fondrière.

Un homme qui a eu le sentiment le plus délicat de cette

grâce « plus belle encore que la beauté », dont brilla si longtemps notre langue, et qui a écrit lui-même le français avec
autant d'élégance que de verve, c'est encore J.-J. Weiss, trop
oublié. Il s'irritait, s'indignait quand on employait devant lui
ces pluriels exsangues et inanimés comme des cadavres. Il
entendait qu'on les réservât pour la métaphysique. Il voulait
que chaque mot, ou du moins chaque substantif, pénétré de son
devoir, représentât une substance, un objet concret que l'on
pût, pour ainsi dire, toucher de la main (1).

Les nouvelles écoles — car il y en a plusieurs qui complo-
tent ensemble — abusent à l'envi de ces pavés et paraissent
y attacher un certain prix. Elles n'ont rien trouvé de mieux
pour remplacer ces locutions courantes qui viennent tout
naturellement aux lèvres et sous la plume lorsqu'on ne se pique
pas de mettre de l'originalité dans chaque phrase et dans
chaque mot. Phrases d'épicier, nous disent leurs manifestes, et
l'on sait que Flaubert lui-même, ce martyr du style, ne se possédait plus quand il rencontrait dans un livre des métaphores,
suivant lui, complètement usées, comme : « il prit les armes », ou
encore : « elle fondit en larmes ». Il n'arriva jamais à se mettre
dans la tête que c'est leur usure qui les défend. La première
fois qu'un écrivain employa cette expression : *fondre en
larmes*, elle dut paraître singulièrement hardie ; aujourd'hui
elle n'est plus qu'anodine et commune, pareille en cela à une
foule d'autres qui ont peu à peu perdu leur physionomie première et qui sont tombées dans le domaine de la conversation.
Elles ne sont point à dédaigner. Leur simplicité, que l'on qua-
lifie de platitude, a pourtant ses avantages. Bien loin de donner
au style une couleur vulgaire, elles lui communiquent plus de
facilité ; elles l'assouplissent, le détendent, je dirais volontiers
le déguindent, si je ne craignais de tomber dans le défaut que je
signale en ce moment et de justifier ainsi la manie des néologues.
Elles en sont le liant nécessaire, et la jolie prose alerte du
xviiie siècle ne se les est jamais refusées. De notre temps, les
écrivains les plus purs, ceux qui ont exercé sur eux-mêmes la

____

(1) Un jour que j'avais écrit dans un article de son *Journal de Paris*, en
parlant d'une femme du grand siècle : « Elle s'abandonnait aux douceurs
de cette heureuse maternité », il se fâcha tout rouge : « La maternité, criait-il,
en arpentant le bureau à grands pas, la maternité, c'est un hôpital, c'est la
Bourbe ! »

plus rigoureuse surveillance, n'ont pas cru commettre un crime de lèse-langage en les utilisant. Pour n'en citer qu'un exemple, elles figurent assez fréquemment dans les romans ou dans les études historiques de Prosper Mérimée. L'envie d'y substituer des nouveautés qui sont déjà devenues des conventions a ôté au moderne style des novateurs cette aisance de mouvements sans laquelle il n'y a point de style. Leurs moindres billets sont raides et empesés comme des cols-carcans. Ils se sont ainsi créé à eux-mêmes des obligations inutiles et des servitudes gênantes où apparaît, à première vue, toute l'inanité de leurs réformes.

En rappelant leurs artifices, dans un chapitre intitulé *l'Archaïsme*, il semble que nous ayons oublié notre sujet. Mais ce n'est qu'une apparence; il fallait d'abord établir combien est vain et stérile le travail qu'ils ont opéré ou cru opérer sur la langue, en la surchargeant de mots nouveaux et de tournures nouvelles, pour montrer ensuite parallèlement cette grande erreur des archaïques qui poursuivent le même rajeunissement par l'emploi de mots vieillis et de tournures abandonnées. Ce procédé est aussi factice que l'autre et aussi contraire à la nature même des choses. Regardez comment se comportent les langues. Elles perdent des mots, elles en gagnent et généralement l'acquisition compense le déchet; mais de leur imposer un nouveau vocabulaire ou de les ramener à l'ancien, ce sont deux besognes au-dessus des forces humaines; non point inoffensives cependant, car elles troublent les habitudes reçues, elles prennent la place des innovations spontanées, qui sont les légitimes, elles impriment des déviations à la marche naturelle de la langue, elles retardent son développement normal.

Les archaïques sont des amateurs de curiosités, atteints d'une manie assez semblable à celle de tous les collectionneurs; parmi les antiquaires, ils occupent une place à part, et on établirait facilement un parallèle entre ces logophiles et leurs voisins immédiats, les bibliophiles. Ils affichent la prétention de remonter aux origines de la langue, de suivre ses diverses transformations, de reprendre, à chacune des étapes qu'elle a parcourues, les mots qu'elle a laissés en route, de les réhabiliter, de les ressusciter, de leur assurer une nouvelle et longue existence. C'est une perpétuelle bataille entre eux et l'usage — qui est roi.

Il est fort probable que leur innocente fantaisie a de tout

temps hanté les cervelles prédisposées, et rien ne prouve que Villon n'ait rien emprunté à Rutebeuf, mais c'est la Renaissance et tout particulièrement son grand prêtre Ronsard qui en a fait une doctrine. On sait comment il en a usé et abusé, plus excusable d'ailleurs que ceux qui sont venus après lui, puisqu'il se flattait de renouveler, de rajeunir la langue et la littérature nationale aux sources antiques. Son archaïsme lui est spécial; il ne demande rien, ou presque rien, au moyen âge, si fécond pourtant, et si abondant en ressources. Il le franchit, d'un bond en arrière, pour remonter à l'antiquité grecque et latine, grecque surtout. Il n'imite pas Rabelais, qui prend de toutes mains, sans d'ailleurs y mettre aucune préméditation doctrinale, et s'approvisionne également à tous les greniers d'abondance, y compris les fabliaux, romans, mystères, en un mot à tous les genres cultivés par ses prédécesseurs immédiats, suivant ainsi, comme un filon précieux, la vraie veine gauloise, jamais disparue, jamais épuisée. Ronsard, lui, la dédaigne de propos délibéré, après avoir admis toutefois qu'il y a quelque chose à y prendre.

On peut même croire, en lisant le Manifeste de Du Bellay, que la première idée des fondateurs de la Pléiade fut de se garder ainsi une réserve pour appuyer la révolution littéraire qu'ils entreprenaient sur un reste de fonds national, par-dessus lequel viendraient s'entasser toutes les acquisitions, toutes les richesses de la Renaissance gréco-latine. Du Bellay recommande en effet, à plusieurs reprises, avec un grand air de conviction, l'emploi des vieux mots français. Il entend qu'on les réveille, qu'on les *ressuscite*. De son côté, Ronsard affiche un enthousiasme surprenant « pour le vieux et libre français ». Il enjoint aux jeunes écrivains de défendre « leur mère », la vieille langue autochtone, contre ceux qui veulent « faire servante une demoiselle de bonne maison », de ne pas laisser perdre les vieux vocables « qui sont français naturel », et à ceux qui prétendent latiniser à perte de vue, il dirait volontiers, comme Rabelais : « Vous êtes Limosins pour tout potage ».

La plupart des critiques en ont conclu que cette grande école avait cherché et trouvé son berceau dans la poésie populaire du moyen âge. Du temps même de Ronsard, on se plaisait à répéter que, « par une industrieuse lavure, il tirait de Marot des limures d'or ». Mais, à vrai dire, on ne les aperçoit pas très bien, ces limures tirées de Marot ou de Jean Lemaire, et il semble qu'il y ait là une complète illusion d'optique. Ce que Du Bellay, Ronsard et leurs amis exigeaient d'un poète, c'est tout simplement qu'il préférât le français au latin dont se servaient encore, à cette époque, beaucoup d'écrivains, et qu'il exprimât sa pensée en langue vulgaire. De même que Dante, dans son opuscule *De vulgari eloquio*, invitait ses compatriotes à écrire en italien, Du Bellay et Ronsard conseillaient à tous les lettrés de leur temps de s'en tenir à ce « beau parler françois », qui en valait bien un autre; mais ils en répudiaient précisément la vulgarité, ils voulaient le rehausser, le magnifier, l'élever à la hauteur de l'antiquité gréco-latine, et l'on sait comment ils l'ont façonné et travaillé pour l'ennoblir.

Il y a, de nos jours, tout un groupe de critiques, savants et autorisés, qui ne leur pardonnent pas d'avoir ainsi rompu sa tradition et enchaîné sa liberté. Ils accusent la Renaissance de l'avoir trop ennobli et de lui avoir fait perdre en naturel ce qu'il gagnait en éclat et en dignité. Ils sont convaincus que sa flexibilité, son originalité même, en ont souffert.

Que cette critique, éprise des choses médiévales, exagère un peu le regret qu'elle en éprouve, c'est fort possible. A supposer qu'il y ait une part de vérité dans l'accusation qu'elle porte contre la Renaissance et qu'en effet, celle-ci ait imprimé à la langue ce pli un peu raide dont Malherbe allait outrer encore la rigidité, nous ne pouvons pas oublier que toute notre grande littérature classique en est sortie, que c'est la Renaissance qui a préparé le siècle de Louis XIV et que Boileau s'est montré ingrat envers Ronsard.

Ce qu'il importe de retenir, dans cette brève analyse des origines de l'archaïsme, c'est que celui de la Pléiade n'a rien de commun avec la manie à laquelle on donne aujourd'hui ce nom. Il ne s'attarde pas à exhumer et à rajeunir de vieux vocables, il franchit audacieusement les dix-huit siècles qui le séparent de l'antiquité pour se retremper dans cette source intarissable en s'y plongeant de pied en cap. Du Bellay pousse « les nouveaux Gaulois » à imiter les exploits des anciens et à s'emparer de la Grèce : « Pillez-moi les trésors de ce temple delphique ! »; il entend qu'à côté de cette poésie de Villon, de Marot, qu'il considère comme trop bourgeoise, trop populaire, et incapable, dans son humilité, d'aborder les grandes idées et les grands genres, la Renaissance crée une poésie à panache, lyrique et pindarique, « aristocratique ». Cette ambition donne la clef des premières œuvres de Ronsard, qui, heureusement, n'a pas toujours pindarisé, et d'une certaine pompe dithyrambique dont s'entoura l'ode française pendant deux siècles. Il faut bien dire que c'est un peu la faute des ronsardistes si les poètes pindarisèrent aussi longtemps dans notre pays. Jean-Baptiste Rousseau, Lefranc de Pompignan, et surtout Lebrun (qui méritait mieux que cette servitude littéraire) procèdent directement du pindarisme.

Il faut parler et écrire la langue de son temps, sous peine de paraître maniéré et pédant, et amateur de raretés, et, comme on dit vulgairement, chercheur de petites bêtes. Tous les écrivains que nous honorons aujourd'hui, tous ceux qui jouissent d'une renommée durable l'ont si bien compris qu'ils condamnent, par leur exemple, ces bizarres et prétentieuses imitations du vieux langage. Qu'avons-nous gagné, je le demande, à dire *orée* pour entrée, *ire* pour colère, *cependant que* pour pendant que; *autant comme* pour autant que, *superbe* pour orgueil, *tirez* pour fuyez, *un petit* pour un peu, la *fourbe* pour la fourberie, *heur*, moins logique que bonheur, et une foule d'autres mots ou locutions empruntés au vieux français. Il faut les expliquer à ceux qui ne les comprennent pas par des notes qu'on met au bas des pages.

C'est, dit-on, un goût qui a existé de tout temps et nul n'a fait un plus fréquent, on ajoute un plus heureux emploi de ces vieilleries que Corneille, La Fontaine et Molière. Heureux, c'est une question. D'abord, il n'est pas très certain qu'au temps de La Fontaine, de Molière, et surtout de Corneille, les vieux mots fussent tombés en désuétude autant qu'ils le sont aujourd'hui. La plupart des archaïsmes relevés chez Corneille ne sont pas, à l'époque, des archaïsmes. Et, en admettant même que l'usage de certaines formes employées par Molière et par La Fontaine fût alors presque perdu, il faut se rappeler que les poètes ont toujours eu la permission de tout oser, lorsqu'ils y ont trouvé pour leurs vers commodité et avantage. Mais ce qu'il serait téméraire de prétendre, c'est qu'ils aient toujours tiré bon parti de ces licences. Les défauts qu'Alceste *treuve* à la *veuve* Célimène me paraissent, je l'avoue, une

fâcheuse concession à la rime. J'en dirais presque autant du
vers connu :

Si j'y retombe plus, je veux bien qu'on m'affronte,

de *ramentevons* pour rappelons, de ma flamme *divertie* pour
contrariée et de vingt autres locutions dont plusieurs ont peut-
être déterminé l'arrêt excessif que Boileau a rendu contre la
langue de Molière. Quant à La Fontaine, l'archaïsme était
chez lui un goût de terroir et probablement un moyen de
donner un tour plus naïf à ses Contes et à ses Fables. Il y fait
souvent bonne figure et l'on peut remarquer que beaucoup de
vieux mots qu'il a rajeunis ont gardé cette seconde jeunesse,
par exemple, *noise, lie, lippée, huis, peu ou prou, bruire, liesse,
reliefs, heurt, ouïr, oyez, choir, gente, sapience, pitoyable, dru,
nef* et combien d'autres ! Il n'en est pas moins vrai que nous
n'avons pas adopté *duire* pour plaire, *déduit* pour plaisir,
lampas pour gosier, *semondre* pour inviter, *buter* pour se
diriger, *cellui* pour ce, *drète* pour droite, etc., etc.

De sa nature, l'archaïsme déroute, déconcerte le lecteur, et
cet inconvénient suffirait à le condamner, s'il n'avait d'ailleurs
l'inconvénient de communiquer au langage une sorte de
recherche et d'apprêt, toujours désagréable aux amateurs du
naturel. Le naturel, c'est-à-dire la nature elle-même dans sa
vive et simple expression, voilà ce qu'il faut aimer. Que de
gens se proclament et se croient naturalistes qui, ayant observé
et rendu en effet l'aspect matériel de la nature, n'ont jamais
pu donner à leur phrase la vie immatérielle, c'est-à-dire le mouvement et la chaleur même de la pensée !

II

Tous les archaïstes, tous les archéologues de style et de langage ont cédé à ces bonnes intentions dont l'enfer est pavé.
Tous ont fait un faux calcul. Ils ne nous ont apporté aucune
richesse nouvelle, ils n'ont rien récupéré de ce qui est perdu,
rien ressuscité de ce qui est mort. Les reprises qu'ils ont faites
ou cru faire ressemblent à ces fleurs naturelles qu'on a galva-
nisées et transformées en fleurs artificielles. Le bain de jouvence
où on les a mises accuse leur vétusté. En outre, les galvaniseurs
se sont nui à eux-mêmes, car beaucoup d'entre eux possédaient
à fond la langue et en connaissaient toutes les ressources. Leur
tort a été de mal employer une science qui, plus judicieusement
utilisée, en eût fait, non plus des collectionneurs, mais des
écrivains.

On comprend toutefois le but que poursuivent ces restaura-
teurs plus curieux et plus ingénieux que clairvoyants. Il entre
de la sympathie dans le regret que leur travail nous inspire.
Frappés des pertes continuelles que fait une langue, ils s'efforcent de les réparer, non plus par l'introduction de mots nouveaux et de locutions nouvelles, mais par la conservation et,
pour ainsi parler, le sauvetage de mots périmés et abolis.

La tentative en a toujours été aussi vaine que la tentation
en a été fréquente et forte. Non seulement cette exhumation n'a
pas réussi, en ce sens qu'elle n'a que très rarement ramené au
jour un débris présentable; mais elle a généralement donné aux

ouvrages de ceux qui l'ont opérée une apparence d'herbier botanique et de flore desséchée. Il y a nombre de mots fossiles
intéressants à étudier et à cataloguer pour servir à l'histoire de
la langue, mais auxquels il est impossible de rendre un semblant de vitalité. L'effort qu'on y fait est stérile et le seul
résultat qu'on en obtient est de glacer la page où ils essaient de
revivre. Il faut en prendre son parti. Le néologisme spontané
— j'entends celui qui naît de lui-même, créé par des besoins
nouveaux qui demandent à s'exprimer — est le seul moyen
efficace de boucher les fissures d'un idiome quelconque, qui
commence à fuir. Il y suffit largement par la vertu qu'il a de se
développer juste en raison des nécessités nouvelles et d'amener
avec lui, par la force des choses, toutes sortes de comparaisons
et de figures où l'imagination trouve son compte. Que de métaphores la science, aujourd'hui reine incontestée de l'univers,
n'a-t-elle pas introduites dans la poésie elle-même ! André Ché-
nier voulait qu'on fît des vers antiques « sur des pensers nouveaux »; la vérité est que l'on commence à faire des vers nouveaux sur des pensers modernes.

Il paraît certain — nous en avons recueilli le témoignage
dans l'histoire des langues — que chez toutes les nations euro-
péennes, l'Angleterre, l'Allemagne, l'Espagne et surtout l'Italie,
il s'est rencontré, il se rencontre encore de ces chercheurs de
mots qui se flattent de remettre en honneur la vieille langue en
semant çà et là, dans leurs ouvrages, de vieilles locutions abandonnées, comme ces architectes savants qui s'appliquent spécialement à la restauration des ruines; mais ceux-ci n'ont
d'autre prétention que de conserver un monument historique,
et si quelque millionnaire contemporain leur commande un
château, ils ne pourraient sans un manque de goût, dont,
aussi bien, ils ne se sont pas toujours assez défendus, refaire
Coucy ou Pierrefonds.

Il en est de même en littérature et en linguistique. L'impuissance où je suis d'en faire ici la démonstration sur toutes les
langues, m'oblige à me cantonner dans les trois langues classiques, deux mortes et une vivante, la grecque, la latine et la
française. Les preuves y abondent de la puérilité et du néant
de l'archaïsme grec, latin ou français.

L'archaïsme grec fut cher à toute l'École d'Alexandrie et à
ce que Virgile appelle les Muses de Sicile, *Sicelides Musæ,*

c'est-à-dire à Théocrite, à Moschus, à Bion et à toute leur lignée. On sait ce que fut l'alexandrinisme, autrement dit ce que fut la poésie sous le règne des Ptolémées : une académie de lettrés, de rhéteurs, de mythologues et de grammairiens, qui, à défaut d'inspiration, cultivèrent, non sans habileté, l'art pour l'art. Ce qui nous a été transmis sur la grande querelle de leurs deux principaux chefs, Callimaque et Apollonius de Rhodes, et ce qui nous est resté d'eux-mêmes, des *Hymnes* du premier et des *Argonautiques* du second, nous édifie complètement sur l'esprit d'imitation qui présida à la confection de leurs ouvrages. Imitation servile et passive ! L'un et l'autre se piquaient d'imiter Homère parce qu'ils expriment les sentiments de leurs personnages en ayant soin de nous prévenir, comme Homère, que celui qu'ils mettent en scène les éprouve dans son cœur, *en thumô*. C'est ce que fait Callimaque avec affectation et récidive. Et l'on n'imite pas davantage l'épopée ou la tragédie hellénique, comme Apollonius de Rhodes a cru le faire, en introduisant, dans un poème épique, un drame qui, par la recherche du minuscule détail réaliste, rappelle d'assez près, mais en l'outrant beaucoup, la *Médée* d'Euripide.

Tout cela est du pur archaïsme. Nous voyons qu'il n'a guère survécu à l'admiration des contemporains et nous voyons aussi quelle place médiocre l'alexandrinisme, en tant qu'école poétique, occupe dans l'histoire de la poésie universelle. La philosophie alexandrine mérite, même aujourd'hui, une mention plus honorable et Plotin reste fort au-dessus de Callimaque, tant il est vrai que l'âge de la philosophie commence lorsque l'âge de la poésie est passé.

Dans la conception, et surtout dans l'exécution de leurs ouvrages, les poètes lauréats d'Alexandrie s'étudient à faire de l'antique comme nos céramistes modernes font du vieux Rouen ou du vieux Gien. Il va sans dire que la langue qu'ils parlent n'échappe pas à cette fantaisie, et que, par ce penchant naturel qui force un imitateur, quel qu'il soit, à être un peu de son époque, elle combine hardiment l'archaïsme et la modernité. Pour opérer le triage, pour distinguer sûrement entre les éléments divers dont se compose ce mélange, il faudrait une profondeur de science et une délicatesse d'exégèse dont nous ne saurions nous prévaloir. C'est affaire aux hellénistes ; mais certains exemples que nous avons sous les yeux, dans notre propre littérature, font tout ensemble comprendre et condamner ces tentatives de rajeunissement par l'archaïsme. A notre avis, elles n'ont guère que la valeur d'un amusement. La poésie fatiguée en a toujours éprouvé le besoin; mais le peu de soulagement qu'elle en a ressenti inspire des doutes sur l'efficacité du remède (1).

On en a, même en présence de ce délicieux Théocrite qui, dans l'époque la plus raffinée qui fut jamais, et la moins pastorale, use de tous les artifices et particulièrement de la variété des dialectes, pour donner plus de vraisemblance à son ingénieuse naïveté. Poète exquis, créateur d'un genre qui a fleuri surtout dans des cours très galantes, expert dans l'art de communiquer un parfum sauvage à l'idylle civilisée, comme on mêle une fleur des champs à un bouquet de jardin royal, Théocrite a su mieux qu'aucun autre prêter à ses bergers un air de bergerie et il a eu l'honneur d'inspirer Virgile qui ne l'a point dépassé. Mais il n'est encore, suivant moi, que le mieux doué des archaïstes.

Je n'ignore pas que je me heurte ici, dépourvu d'autorité personnelle, à des partis pris d'admiration sans réserve; mais j'avoue que le dorianisme de Théocrite me gêne et m'irrite quelquefois comme une affectation de vieillerie. Il est bien vrai que ce dialecte où la voyelle *a* frappe sans cesse l'oreille semblait convenir à ses tableaux siciliens, puisque la Sicile était d'origine dorienne; mais je sais aussi à quel point il dépayse ceux qui se sont habitués à la douce langue d'Ionie. On le prendrait pour un patois ou du moins pour une langue régionale, comme cette langue provençale à laquelle la *Mireille* de Mistral a dû sa réputation et qui, contrairement à toutes les habitudes méridionales, abuse de l'*o* dans les terminaisons féminines.

Je ne serais même pas étonné que, dans le temps même où brilla Théocrite, on lui eût un peu reproché cet emploi abusif du dorien. Il vivait à la cour d'Hiéron, mais il a célébré aussi les Ptolémées d'Égypte avec une indiscrétion qui le met au premier rang des poètes alexandrins, presque sur la même

_____

(1) Nous empruntons ces idées aux savantes études de MM. Couat et Jules Girard sur l'alexandrinisme. C'est, sauf erreur, la conclusion qu'il convient d'en tirer. Malheureusement, l'un et l'autre, contents d'avoir mis à son rang la poésie alexandrine, s'arrêtent au moment de juger la langue qu'elle a parlée

ligne que Callimaque, et je n'ai pas ouï dire que le dialecte sicilien florissait à Alexandrie. Je suis surtout frappé d'un vers des *Syracusaines* où la petite bourgeoise Gorgo s'excuse de parler dorien au milieu d'une fête et d'une foule essentiellement grecques. Elle nous avertit par là qu'on s'y exprime dans un autre dialecte et nous sentons que c'est beaucoup moins Gorgo que Théocrite lui-même qui prend cette précaution oratoire pour échapper aux objections et aux critiques.

Enfin, sans manquer de respect à sa légitime renommée, sans contester même la parfaite sincérité de son talent, on peut le trouver moins naïf qu'il n'affecte de l'être lorsqu'il exagère à dessein le jargon paysan dans les dialogues de ses bergers. C'est à peine si, en face d'une réputation qui a traversé les siècles, on ose formuler cette observation qui n'est même pas un reproche; mais ne semble-t-il pas que la rusticité voulue du héros de Théocrite dit un peu trop souvent comme le Piarrot de Molière : « Aga, quien, Charlotte, je m'en vas te conter tout fin drait comme cela est venu; car, comme dit l'autre, je les ai le premier avisés, le premier avisés je les ai. Enfin donc j'étions sur le bord de la mar, moi et le gros Lucas, et je nous amusions à batifoler avec des mottes de tarre que je nous jesquions à la tête; car, comme tu sais bian, le gros Lucas aime à batifoler et moi, par fouas, je batifole itou... », etc., etc.

Une illustre romancière française, George Sand, a bien compris qu'il y avait un grave inconvénient, non seulement à patoiser, mais à abuser du jargon rustique, sous prétexte de faire parler les paysans comme en effet ils parlent. Ayant constaté que ce faux réalisme, qui ne peut jamais être qu'approximatif, déconcerte et fatigue, elle n'en a un peu forcé la note que dans la *Petite Fadette* qui, toute charmante qu'elle est, *berrichonne* plus que de raison. Au contraire, dans ses autres romans bucoliques, l'auteur de *François le Champi*, de *Jeanne* et surtout de *la Mare au Diable*, s'en tient à une juste mesure de paysannerie qui ravit ses lecteurs sans défigurer ses héros. Elle idéalise ceux-ci par les sentiments qu'elle leur attribue, mais un peu aussi par le langage qu'elle leur prête. Ils restent français sans cesser d'être berrichons et ils s'expriment à peu près comme tous les gens de leur condition, sauf quelques locutions soulignées à dessein et, pour ainsi dire, excusées par des italiques. Cela suffit. En voulant faire davantage et serrer de trop près un jargon qui change de province à province et quelquefois de village à village, on s'expose à devenir inintelligible, faute d'une traduction en regard du texte.

Il existe, sur les confins de la Picardie et de l'Ile de France — de la France, comme ils disent — une population très ancienne qui, contrairement au dialecte dorien, change tous les *a* en *e* ouvert et fermé ; elle prononce *mouterde* pour moutarde, un *quert de lerd* pour un quart de lard, et l'expression *tout à l'heure* garde pour elle sa signification primitive de *à l'instant même, immédiatement, sans désemparer*. Un certain groupe de poëtes normands et bretons ont chanté avec succès leur Normandie et leur Bretagne, mais une poésie pastorale qui tiendrait compte de tous les idiotismes régionaux serait absolument insupportable. La vraie naïveté, la pastorale sincère n'en a pas besoin, et la plupart des romanciers français qui ont mis les paysans en scène ont eu le bon esprit de n'y point recourir.

Si maintenant du grec nous passons au latin, nous rencontrons, au premier rang des écrivains illustres, un historien qui frappe tout d'abord par son affectation d'archaïsme : c'est Salluste. Nul plus que lui n'a abusé de ce jeu de patience, et on se demande, aujourd'hui encore, quel profit il en a retiré. A-t-il pensé que pour ressusciter cette ancienne pureté des mœurs romaines, dont il était personnellement si éloigné, il était bon de reprendre les vieilles formes de la langue latine ? A-t-il voulu sincèrement rendre à ce vieux latin son ancienne couleur, en compensation de certaines altérations qu'il lui paraissait avoir déjà subies ? Ou, plus probablement, s'est-il flatté d'appeler sur soi-même, en se singularisant, l'attention du public lettré ? C'est généralement le but que poursuivent les faiseurs d'archaïsme. Toujours est-il que, même en son temps, cette fantaisie n'a point servi sa réputation et lui a rapporté plus de critiques que d'éloges. Il paraît qu'il s'appliquait surtout à imiter la langue de Caton l'Ancien, sans doute aussi celle d'Ennius, de Lucilius, ou même de Lucrèce. Le style de Caton l'allécha par le renom d'intégrité qui s'attachait à l'homme ; mais, en vérité, on ne voit pas ce que ses ouvrages ou lui-même y ont gagné.

A nos yeux, ce n'est plus qu'un artifice gênant, et l'incontestable talent de Salluste aurait pu se l'épargner ; mais, de son temps, c'était déjà une affectation ridicule, comme l'eût été celle d'un Romain d'alors qui se serait habillé avec les vieux costumes de la Sabine ou de l'Étrurie. Il ne suffit pas de restaurer les vieux mots pour restaurer les vieilles mœurs. On cherche en vain à quoi pouvait servir à Salluste ce puéril déguisement. Le début de son *Catilina*, un hors-d'œuvre oratoire, un *morceau*, est-il meilleur parce qu'il commence ainsi : *Omnis homines*, lorsque tous ses contemporains écrivaient *omnes* au lieu *d'omnis?* Et que dire des autres locutions qu'il affectionne? Toutes sentent le parti pris et la recherche laborieuse; toutes sentent l'huile : *urbis* pour *urbes*, *maxume*, *lubidinem*, *caussam*, *optumum*, *œstume*, *verissume*, et tous ces mots où il change l'*i* en *u*, *cujus rei libet*, pour *cujuslibet rei*, *suopte* pour *suo*, etc. Voilà des trouvailles ! On en riait même à Rome; on se moquait de cette imitation trop exclusivement grammaticale de Caton, de ce vocabulaire suranné, de ces extraits que Salluste avait faits des *Mémoires* de son modèle. Il s'en était composé, pour son usage personnel, une sorte de bréviaire, *novandi studio*, disait-on alors, c'est-à-dire par une rage insensée de faire non pas précisément du neuf, mais du vieux-neuf, comme ces ébénistes du faubourg Saint-Antoine qui nous fabriquent des bahuts Henri II et même des fauteuils de saint Louis et y pratiquent adroitement de fausses piqûres de vers.

Salluste en était là s'il est vrai qu'Asinius Pollion qui, sous le rapport des mœurs, ne valait pas beaucoup mieux que lui, écrivit un livre tout exprès pour railler son faux archaïsme et sa laborieuse vieillerie. En somme, cette manie ne lui a pas réussi, même à Rome, et elle l'a plutôt desservi devant la postérité. Le grammairien Lenœus composa contre lui une savante et violente satire, où il l'accusait de s'approprier au hasard, sans discrétion ni choix, les mots de Caton. A l'entendre, Salluste n'est qu'un plagiaire, « un voleur », aussi monstrueux dans sa vie que dans ses écrits, et contre lequel on peut, sans être un diffamateur, accumuler les plus outrageantes épithètes. Il faut dire que ce Lenœus était un affranchi de Pompée, très hostile aux césariens, dont fut Salluste; mais nous avons un témoignage plus grave, celui de Cicéron lui-même qui, malmené par l'historien de Catilina, lui rendit fève pour pois, le qualifiant de vil parasite et de « pou d'alcôve ».

III

Convaincu que l'archaïsme n'est, chez un écrivain de race, qu'un moyen de se faire remarquer par sa rupture avec la langue de son temps et que cet ambitieux caprice n'offre pour la langue elle-même aucune ressource appréciable, j'ai hâte d'arriver aux modernes, à nos Français, et j'en prends deux, des plus autorisés, linguistes experts et doctes écrivains, initiés par de longues études à tous les secrets de l'art, Paul-Louis Courier et Charles Nodier, un pur classique et un romantique déclaré qui, à la même époque, ont donné dans le même travers. On lit beaucoup le premier et on essaie quelquefois d'imiter cet imitateur; on lit moins le second, disséminé dans trop de livres; mais tous les deux jouissent encore de la plus légitime réputation et restent classés parmi les maîtres.

Je laisse de côté Balzac dont les *Contes drôlatiques* ne sont qu'une distraction littéraire, un pastiche très réussi; et tous les fantaisistes qui, comme lui, se sont amusés, par passe-temps à contrefaire le vieux français. Ceux-là ne sont pas des archaïstes de métier, mais des parodistes plus ou moins habiles. On ne saurait confondre avec eux Paul-Louis Courier et Nodier.

Dans son Essai sur *la Vie et les Œuvres de Courier*, Carrel a eu raison de le présenter comme un ancien égaré dans une littérature de décadence et « vivant avec un passé que seul il eut le secret de reproduire ». Et Courier lui-même a eu raison de dire que la moindre femmelette de l'âge classique écrivait, sans le savoir, un meilleur français que les illustres de son temps. Mais, c'est là précisément la condamnation de l'archaïsme. Ce qui, chez cette femmelette du grand siècle était don et abandon naturels, grâce innée et facilité instinctive, n'est plus chez son admirateur qu'étude et imitation, travail et recherche, un jeu de patience, pour tout dire. Malgré tout l'esprit qu'un écrivain y peut déployer, on ne saurait s'y plaire longtemps; ce style fait de pièces et de morceaux, avec des lacunes inévitables où se trahit l'anachronisme, finit, presque toujours, par fatiguer le lecteur après l'avoir intéressé; on y sent comme un effort de traduction auquel on est obligé soi-même de participer, et on quitte le livre assez vite en se promettant de le reprendre le lendemain à tête reposée, pour continuer lentement l'étude qu'on en fait et les fouilles qu'on y pratique. C'est presque un travail d'érudition, où l'inspiration manque souvent, et parfois la chaleur. Là encore, la passion du collectionneur refroidit la verve de l'écrivain, plus empressé à réunir des locutions, et des tours, et des mots de l'âge précédent qu'à se pénétrer de son véritable esprit dans la composition du discours. Il y a aussi en peinture des antiquaires qui copient les primitifs.

Les compliments que Carrel adresse à Courier sur la supériorité qu'il déploya dans cet art spécial et tout particulièrement sur le parti pris qu'il y apporta, ne sont pas tout à fait à son avantage : « Pourquoi, dit Carrel, un grand écrivain (grand n'est pas le mot) ne serait-il pas aussi quelquefois le meilleur commentateur de ses propres ouvrages? Courier, par exemple, l'homme de son temps qui sut le mieux l'histoire de notre langue, le seul qui ait possédé le génie particulier de chacun des âges de cette langue, quel serait aujourd'hui le critique compétent à le juger sur toutes ses parties d'écrivain? » Il s'y jugeait trop bien lui-même, et c'est là ce qu'on a peut-être le droit de lui reprocher. Il était, avec trop de compétence, le critique, l'historien de son propre talent, il en connaissait trop à fond les ressources et, si l'on peut ainsi parler, les origines; il savait, de science trop certaine, où il prenait son bien. Cela ressort de ses propres aveux, de sa *Lettre à messieurs de l'Académie*, et généralement d'une certaine confiance en soi qui éclate dans tous ses ouvrages. Il se jugeait à sa valeur de linguiste hors de pair; mais il avait peut-être tort d'en donner

la preuve dans chacune de ses phrases, et de n'en pas écrire
une seule dont une critique un peu experte ne découvrît et ne
désignât immédiatement le modèle.

Et Carrel lui-même en convient : « Tout ce qu'il avait produit jusque-là (avant le *Pamphlet des pamphlets*) n'était pas
sans déplaire à quelques lecteurs par le retour fréquent des
mêmes formes, par le suranné d'expressions qui montrent la
recherche et n'ajoutent pas toujours au sens, par le maniéré
de cette naïveté villageoise, un peu trop ingénieuse... En un
mot, l'art du monde le plus raffiné semblait embarrassé de lui-
même. Ce pamphlétaire, qui ne se gênait d'aucune vérité
périlleuse à dire, hésitait sur un mot, sur une virgule, se montrait timide à toute façon de parler qui n'était pas de la langue
de ses auteurs ».

Il est impossible de mieux résumer la seule objection que l'on
puisse faire au style de Paul-Louis. A quoi lui ont servi, je le
demande, tous ces décalques du grand siècle, et ces citations
trop fréquentes, quelquefois intercalées dans le texte, et cette
place régulièrement donnée au pronom avant le verbe : « Voilà
un fait historique peu connu que je *vous* veux conter. Les
médecins m'ont pensé tuer »; et ces locutions hors d'usage :
« A Luynes, c'est toute la même chose... ». — « Bien il vit que
cela ne le menait à rien ! »; et ces inversions, ces ablatifs absolus,
ces anacoluthes dont on peut certes regretter la disparition,
car le style y suivait le mouvement même et jusqu'aux inter-
ruptions de la pensée; mais il y avait déjà longtemps que notre
langue française les avait rendues comme un emprunt désavan-
tageux, au latin et au grec : « Brulon et sa femme, tous deux
dans les cachots six mois entiers; leurs enfants, autant de
temps, sont demeurés orphelins »; — « Cela est si clair, qu'il
me semble aussitôt prouvé que dit »; — « Du temps de Montaigne, un vilain, son seigneur le voulant tuer, s'avisa de se
défendre... ».

Quelquefois, la locution employée devient presque incompréhensible : « *Ceci est dit notable* et vient à mon propos »;
c'est-à-dire : « Cette parole est à retenir et s'applique au sujet
que je traite ». Et encore : « Tout notre argent y va, tout,
jusqu'au moindre sou; *jamais n'en revient à nous rien* ».

C'est du français excellent; mais qui paraît presque barbare.
C'est de la vieille mosaïque.

La gloire de Paul-Louis Courier ne lui doit rien, elle repose sur un fondement plus solide, et l'on peut même dire que ces savantes imitations, en déroutant un peu le lecteur habitué à la langue moderne, le forcent à un travail de mémoire qui ne lui laisse pas toute sa bonne humeur. Un talent comme celui de Courier ne s'attarde pas à ces amusements. Des critiques sévères — trop sévères — ont osé dire qu'il y entrait toujours un peu de chinoiserie.

Chez Nodier, l'affectation est moins apparente, plus dissimulée dans la trame même du style, encore assez sensible toutefois pour créer une ressemblance au moins extérieure entre deux hommes aussi profondément dissemblables que Nodier et Courier; ils sont frères en archaïsme.

C'est ainsi que Nodier tire du latin des mots judicieusement choisis, mais qui, malgré son autorité, n'ont jamais pu s'acclimater dans notre langue. Il parle quelque part des fantaisies d'un *dériseur* sensé. Dans ses *Contes de la veillée* il vous dira : « Bercez un peu dans vos bras les enfants qu'ils ne s'éveillent ». Il vous contera l'histoire de Simon Grandjean qui n'était pas encore venu parce qu'il achevait ses prières à la Conciergerie où *il s'était communié le matin*, d'où il résulte que chez lui *communier* signifie également recevoir et donner la communion. Il assure, dans un autre passage, que « la philosophie *a déchu* la Providence de son influence morale sur les événements de la terre ». Et il met en scène une personne qui, « le premier janvier, étrenne ses jeunes amies de quelques vieilleries curieuses ».

Il serait facile de multiplier les exemples, mais il ne semble pas nécessaire, dans un livre où nous avons déjà beaucoup cité, d'en réunir un plus grand nombre, puisque personne n'a jamais contesté les tendances archaïques de Charles Nodier et que lui-même s'en faisait honneur. Sa science lexicographique avait contribué à les développer; et l'étude de notre vieille langue, qui n'avait été d'abord, dans son existence aventureuse, qu'une diversion aux plus graves soucis, était devenue peu à peu pour lui une vraie passion dont son style devait infailliblement porter la marque. On sait avec quelle compétence, avec quelle sûreté il s'en entretenait avec tous les lettrés de son temps, dans ses soirées de l'Arsenal; on sait aussi quelle reconnaissance il lui devait, puisqu'elle avait contribué à attirer sur lui les regards de ceux qui donnent les places tranquilles de bibliothécaire. Jamais homme ne fut plus approprié que lui à la sienne. Ne nous a-t-il pas raconté la scène qu'il fit un jour à un de ses amis, bibliophile et bibliomane comme lui, lequel cependant avait laissé vendre la *vintisettine* de Boccace sans enchérir sur le prix, et même sans assister à la vente. L'autre s'excusait de son mieux : « Que vous dirai-je? Nous avions un dîner exquis, des femmes charmantes... » — « Monsieur, interrompit violemment Nodier, quand la *vintisettine* est à vendre, on ne dîne pas ! »

On s'expliquerait malaisément qu'un tel amour du vieux livre, et un si fin discernement pour coter à leur valeur les trésors des vieilles langues, étrangères ou française, n'eût pas exercé son influence sur l'écriture de Charles Nodier. On la retrouve surtout dans la contexture générale de sa phrase, mais plus discrète pourtant que chez Courier. L'antique y est mieux dissimulé, mieux amalgamé avec le moderne, si bien qu'à y regarder de près, Nodier, linguiste émérite, écrit une prose sans tache, moins apprêtée que celle de Courier et encore plus pure, si c'est possible, que celle de Mérimée.

Sans doute l'archaïsme, dont il ne pouvait complètement se défendre, lui inspirait à lui-même et à sa délicatesse de dégustation littéraire, une certaine appréhension qui le garantissait de l'abus. Excusable chez des savants, chez des experts consommés comme lui, il n'est bon pour personne et conduit facilement ceux qui donnent dans ce travers, à de périlleuses manifestations d'ignorance. Quoique moins fréquent, dans les nouvelles écoles, que le néologisme goncourtiste, elles feront bien d'y prendre garde. Il se présente souvent chez elles comme un phénomène aussi disgracieux qu'imprévu. Il y produit l'impression d'un morceau de sucre qu'on rencontrerait tout à coup dans une salade de céleri à la moutarde. La Fontaine seul avait le droit de dire : « Il *soulait* passer son temps... ! » Encore ne l'a-t-il dit que dans son épitaphe et La Bruyère lui-même, bien qu'archaïste à ses heures, a condamné *soulait* comme hors d'usage et démodé.

CHAPITRE XIV

LA LITTÉRATURE BRUTALE

I

Il y a déjà près d'un demi-siècle qu'un écrivain de premier ordre dont nous avons invoqué plusieurs fois l'autorité et qui manqua à l'Académie, J.-J. Weiss, appliquait ce nom de littérature brutale à une certaine manière d'écrire, violente et dure, qui commençait alors à s'introduire dans notre littérature, surtout dans notre littérature dramatique. Ceux qui cultivaient cette nouveauté ne se contentaient pas de supprimer certains artifices de rhétorique visiblement fanés et flétris, certaines figures, périphrases, circonlocutions et réticences inventées par notre ancienne politesse, ils faisaient intentionnellement bon marché de tout ce qui était nuance, délicatesse, élégance, et de tout ce qu'on entend, en cette matière comme ailleurs, par noblesse et distinction. Ces qualités essentielles et essentiellement françaises étaient même l'objet de leurs plus épaisses railleries. Ils ne recherchaient pas seulement le mot propre, mais le mot familier, souvent vulgaire et bas, croyant par là donner plus de nerf à la pensée et à l'expression. Ils dépassaient le but, oubliant que l'excès en tout est un défaut, et ils mettaient Weiss en colère. Une étude sur Flaubert, Barrière et Baudelaire, complétée bientôt par un article éloquent sur Alexandre Dumas fils, montra à quel point il détestait leur brutalité. Dirigée contre certaine outrecuidance du réalisme naissant, son attaque venait à propos; adressées à un écrivain comme Alexandre Dumas fils, ses critiques n'étaient pas absolument justes ou du moins elles appelaient, pour rester dans la mesure, quelques ménagements et adoucissements nécessaires. Peut-être eût-il fallu expliquer comment cette tendance à la grossièreté se manifeste presque inévitablement dans les littératures et les langues fatiguées, lorsque l'écrivain, gêné par l'affadissement progressif qu'elles ont subi, se préoccupe de rendre au vocabulaire général un peu de la force qu'il a perdue. On a remarqué qu'au xvıı^e siècle, le mot *ennui*, si souvent employé par nos classiques et notamment par Racine dans son élégiaque tragédie de *Bérénice*, correspondait à peu près aux termes dont nous nous servons aujourd'hui pour exprimer la plus vive douleur. Il équivalait à ce que nous appelons chagrin, angoisse, désespoir. On citerait sans peine cent autres mots dont la signification s'est altérée et affaiblie, et c'est une curieuse observation à enregistrer que la plupart expriment des sentiments, tout au moins des sensations, comme si la faculté de sentir s'aiguisant avec le raffinement des mœurs, exigeait du langage lui-même une acuité analogue et une sorte d'exaspération proportionnée à ce surcroît de sensibilité. En tout temps, d'ailleurs, il y a eu des écrivains, surtout jeunes et à leur début, romanciers, poètes, et aussi des orateurs, qui, emportés par un excès de passion et d'ardeur, ont été entraînés à amplifier, à grossir leur pensée, à lui donner plus de relief par une certaine rudesse de l'expression et même par de hardis emprunts à l'argot populaire. Bossuet lui-même en témoigne. Sa jeune éloquence ne se refusait d'abord aucune âpreté, aucune audace, mais à mesure qu'elle grandit, elle dépouilla sa première violence. Quelle différence il y a entre ses *Panégyriques* et ses *Oraisons funèbres*, entre ses premiers *Sermons* et les derniers ! Il retouchait, il remaniait fiévreusement ses discours pour les amener à un degré de perfection qui ne comportait plus aucune outrance, même heureuse, même géniale. Il regrettait d'avoir appelé Jésus-Christ *le divin pendu*. Nous regrettons quelquefois, à notre tour, qu'il ait, çà et là, un peu trop édulcoré ses manuscrits avant l'impression définitive; mais nous admirons en même temps ces héroïques sacrifices à l'une des qualités maîtresses de l'esprit français, la mesure.

C'était précisément d'y manquer que J.-J. Weiss reprochait à Alexandre Dumas fils. Et il apportait à l'appui de son grief des échantillons nombreux de cette langue cassante et tranchante dont la substitution à la moelleuse souplesse de l'esprit français irritait son orthodoxie littéraire, comme une scandaleuse hérésie.

Il faut relire, dans ses *Essais sur l'histoire de la littérature française*, qui représentent sept années de sa vie (1858-1865), le réquisitoire passionné qu'il dirige en même temps contre Barrière, Flaubert, Baudelaire et Dumas fils. Il faut surtout revoir les citations qu'il emprunte au réalisme naissant et les expressions qu'il emploie lui-même pour justifier l'accusation qu'il lui intente. Quelle énergie! Quelle verdeur! C'était le bon temps de la critique. J.-J. Weiss reproche tout d'abord à ce réalisme d'être superlativement artificiel et de s'éloigner de la nature au moment même où il s'en réclame. La comédie de Barrière, comme celle de Dumas fils, ne répond qu'à des conventions « dont l'arrangement pénible trahit l'équerre de l'architecte plutôt qu'il ne révèle la main déliée de l'artiste ». Elle méconnaît, de parti pris, « les bienséances de l'art ». Et ce n'est pas seulement la comédie, c'est toute la poétique nouvelle qui brave ainsi notre légitime aversion. « Jointe à une conception défectueuse de la nature humaine, elle nous a donné, dans M. Barrière, des scènes qui répugnent. M. Flaubert y a ajouté des peintures licencieuses, M. Baudelaire ne recule pas devant la gravure obscène; et ce qu'il y a de plus remarquable, ce qui montre bien l'art livré à la préoccupation dominante des choses matérielles, les trois auteurs déploient la même habileté plastique, la même puissance dans l'expression du geste et des attitudes du corps. Attitudes viles, chez M. Barrière, attitudes de volupté irritante chez M. Flaubert, attitudes pires encore chez M. Baudelaire, aucun des trois ne s'effrayant de l'ignoble; mais celui-ci s'y enfonçant d'un air de triomphe... ».

Et M. Alexandre Dumas fils n'est guère mieux traité. Le critique en veut surtout à ce qu'il appelle sa « dureté », aux « formes raides de son discours », à « l'aridité préconçue » de ses caractères, et surtout au langage qu'il prête, dans la passion même, à ses personnages, tous entêtés de logique, tous raisonneurs. « Ce sont des rectangles », dit-il quelque part, et il se plaint de cette mathématique appliquée au théâtre. Elle s'en tient à « la copie mécanique » des objets; elle aboutit à « une âpreté savante, concentrée et crue », elle tombe souvent dans « le trivial et le baroque, la trivialité est devenue pour M. Dumas fils une seconde nature... », « un tranquille épanouissement de vulgarité consciencieuse... ». La vilenie des mœurs correspond dans la littérature, et tout particulièrement dans la comédie, à un dogmatisme absolu et sentencieux, compassé et pédantesque, à « une violence plate, à un instinct terre à terre » qui nous montre les choses et les gens par leurs plus bas côtés, et « tantôt à une peinture sans entrailles de l'homme, tantôt à une misanthropie amère portée par l'excès de la souffrance au paroxysme de l'insensibilité. Le style est à l'avenant, banal et plat à souhait, « hardi et fier dans sa banalité ».

Ceci regarde spécialement Dumas fils, bien que J.-J. Weiss ne lui refuse pas le style et le déclare même spécialement doué pour y prétendre.

Dira-t-on que, depuis bientôt cinquante ans, l'opinion générale donne tort à la critique contre les fondateurs du réalisme? Qu'est-ce que cela prouve? La postérité n'a pas dit son dernier mot ni prononcé son arrêt définitif. A part une pointe d'excès, il y a bien du vrai, dans ce jugement d'un contemporain. L'effort accompli par le théâtre dans ce demi-siècle pour se rapprocher de la réalité n'a pas laissé que d'imprimer au dialogue dramatique, non seulement l'allure de la conversation la plus libre, mais une certaine crudité de couleur qui caractérise généralement la prose d'Alexandre Dumas fils, dans ses préfaces comme dans ses comédies. L'exactitude rectiligne de la langue scientifique a contribué au succès de cette nouvelle manière. On a fait quantité de pièces à thèse où l'auteur dramatique, transformé en philosophe, a développé sur la scène des théories politiques et sociales, si bien que, par une pente naturelle, il est allé de la théorie au théorème, c'est-à-dire qu'il a enfermé ses déductions et ses conclusions dans la formule rigide d'un calcul de géométrie ou d'une équation algébrique.

En n'exagérant point cette remarque, on peut l'appliquer sans injustice à la sécheresse relative du style de Dumas fils; mais, comme tous les novateurs, l'auteur de la *Femme de Claude* a été singulièrement dépassé par d'ambitieux successeurs qui, aujourd'hui, le renient pour leur maître et le proclameraient volontiers doucereux et fade, lui qui a engendré Becque. On emploie maintenant, avec une préméditation avouée, tous les gros mots, toutes les locutions triviales devant lesquelles il reculait. On croit donner par là une preuve de force et on ne s'aperçoit pas que cette force est à la disposition du premier venu. Il s'est même produit, sur ce point, une véritable émulation de surenchère. On a mis la grossièreté au concours; on l'a poussée aussi loin qu'on a pu, sans en atteindre toutefois l'extrême limite. C'est une matière où il est impossible de tout oser sans révolter un reste de pudeur qui veille en nous, bon gré, mal gré. Et, dès lors, qu'est-ce qu'un soi-disant réalisme qui est contraint de s'arrêter à moitié route, sinon une convention comme toutes les conventions littéraires, une question de dose, de plus ou de moins, une vérité relative que l'on fausse dès qu'on en abuse et qu'on prétend être plus naturelle que la nature elle-même, en ne lui prenant que ses scories et ses monstres, au risque de détruire son équilibre.

Il est certain qu'Alexandre Dumas fils est un de ceux qui ont ouvert la voie à l'école réaliste, dépassée bientôt par l'école naturaliste; et, quoiqu'il semble répudié aujourd'hui par l'une comme par l'autre, c'est bien lui qui a enseigné à ses successeurs cette langue sèche et rêche, qu'ils ont si vite amenée à la grossièreté pure et simple. Elle ne règne pas chez lui d'une manière continue, et surtout elle y paraît quelquefois commandée par la hardiesse du dialogue ou entraînée dans l'emportement oratoire d'une tirade ou d'un morceau; mais c'est bien lui qui, le premier, s'en est offert l'usage et en a essayé l'effet sur le public. Elle lui a réussi. On a goûté comme une heureuse nouveauté cette simplicité apparente d'une conversation dans laquelle les interlocuteurs s'efforcent de préciser leur pensée par l'emploi des images les plus courantes et les plus communes, les plus brutales surtout, et où le lan-

gage faubourien intervient comme un élément de force et
de vérité.

C'est une tendance très caractérisée chez Dumas fils. On
sent là un goût, un besoin perpétuel d'énergie factice qui ne
peut se satisfaire que dans la recherche de l'expression triviale
et du mot cru. On a raillé avec raison la fausse élégance, que
dire de la brutalité calculée et voulue?

II

Il était naturel que l'habileté et le succès de Dumas fils à
transformer le langage de la comédie tentât le *servum pecus*
des imitateurs, et Dieu sait s'ils ont succombé à la tentation.
Nous avons déjà dit qu'une prime avait été offerte à la gouja-
terie. Plusieurs ont parlé, de propos délibéré, un jargon canaille, et ont même fabriqué un nouveau vocabulaire poissard
avec des mots ignobles et des jurons, une langue insolente et
impudente qui n'a d'autre originalité que son effronterie.
Cette barbarie a eu son heure de vogue ; elle commence à perdre
le singulier prestige dont l'avait entourée un moment la sottise
contemporaine. Les attardés qui la cultivent encore doivent
renoncer pour toujours à l'espoir de nous l'imposer. Elle n'a en
elle aucun pouvoir régénérateur.

D'autres, frappés de l'extension toute naturelle que les conquêtes quotidiennes de la science ont donnée à la langue scientifique et de l'importance que celle-ci a prise, même dans la
conversation, ont cru voir là un sérieux élément de transformation et de richesse. Plus savants eux-mêmes, ou du
moins plus initiés aux formules expérimentales, et moins
dédaigneux de leur froide exactitude que ne l'étaient autrefois
les gens de lettres, ils essaient de se les assimiler, ils s'en em-

parent pour leurs comparaisons et leurs métaphores. Nous avons lu des romans, nous avons vu représenter des comédies dont l'idée première était figurée par une image professionnelle ou industrielle, par un mot de métier. Et ces romans et ces comédies ont obtenu un très vif succès, ce qui prouve que si cette phraséologie nouvelle ne leur a pas profité, elle ne leur a pas nui non plus auprès d'un public un peu matérialisé lui-même et industrialisé.

Ce n'est pourtant point une bonne réforme. A première vue, la terminologie de la science a une rigueur qui ne convient guère à l'expression des sentiments, chose essentiellement ondoyante et diverse dont elle ne saurait rendre toutes les nuances. Comment appliquer à leur incessante mobilité, à leur « éternel changement » l'immuable fixité d'un vocabulaire mathématique? C'est l'absolu introduit de force dans le domaine du relatif. Il n'y peut que fausser la pensée, en lui ôtant toute marge pour évoluer et se mouvoir. L'expérience en a été faite depuis longtemps. Vers le milieu du siècle dernier, quelques écrivains, Maxime Ducamp, Laurent-Pichat, Louis Ulbach, inquiets du dommage inévitable, mais peu regrettable, que la disparition progressive de toute une catégorie de métaphores et de périphrases mythologiques avaient causé à la langue française, se proposèrent de réparer cette perte par des emprunts aux découvertes et aux inventions modernes. Ils pensèrent qu'on pouvait aussi s'adresser au Dictionnaire des arts et métiers et que la poésie elle-même ferait bien d'y puiser pour combler cette lacune. De son côté, Théophile Gautier soutenait qu'il n'y avait pas d'étude plus profitable, et que la langue, menacée de s'appauvrir, trouverait là toute une mine à exploiter.

Ce ne fut qu'un filon. Il donna moins qu'on ne l'avait espéré et, aujourd'hui, des ingénieurs qui, au sortir de l'École polytechnique, ont bifurqué vers les lettres n'ont pas tiré grand parti, pour leur style, de leur bagage scientifique. A peine leur a-t-il fourni, çà et là, quelques mots, quelques phrases, des titres de romans et de comédies où la mécanique et la minéralogie ont laissé leur trace. La vérité est que le contraste entre la rigidité de la science et la flexibilité de la littérature s'oppose à tout empiétement trop marqué d'une langue sur l'autre et qu'on dénature ou qu'on déforme ces deux instruments également nécessaires lorsque, par un mauvais esprit d'innovation, on s'obstine à les mêler. La botanique et une partie considérable de l'histoire naturelle, autrement dit le règne végétal et le règne animal, semblent offrir plus de ressources à l'écrivain en quête d'expressions et d'images ; mais on en a usé dans tous les temps, on en a même abusé, en prose aussi bien qu'en poésie, et on a fait une consommation de fleurs et d'oiseaux réservée aujourd'hui aux romances sentimentales. Il n'y a presque plus rien à en tirer.

Au demeurant, la langue, écrite ou parlée, s'est peu enrichie depuis un siècle, au contact de la science. Les écoles dites réalistes et naturalistes se sont imposées à l'attention publique, bien moins par la nouveauté de leur *facture* que par le sujet de leurs tableaux. Sauf ces quelques mots inconvenants dont nous parlons plus haut, elles ont employé, dans leurs scènes les plus grossières, la langue usuelle, panachée à peine de quelques néologismes sans conséquence, déjà défraîchis et abandonnés.

Ce n'en est pas moins Dumas fils qui a commencé le mouvement et donné le branle. Dans sa passion de logique, il a parlé souvent une langue spéciale, toute en déductions et syllogismes. Moraliste plus encore qu'homme de théâtre, il n'a pas toujours échappé à l'aphorisme impérieux et tranchant ; il a même cherché assez souvent cette quadrature du raisonnement rectangulaire, si chère à Pascal, si rare chez Montaigne, qui aboutit nécessairement à l'arrangement de la phrase en *pensée*, en *maxime*, au préjudice de la facilité et de la grâce. Plus de contours sinueux et estompés ! Plus de ces moelleuses ondulations qui atténuent la raideur d'un dessin trop appuyé. Cette aisance qui était le don de l'âge classique n'a pas complètement disparu, mais un peu de gêne se montre. L'auteur, s'il est permis de s'exprimer ainsi, semble plus serré dans son habit, plus compassé dans sa tournure, et on prévoit que chez les meilleurs cette application deviendra bientôt tourment et torture.

Nous serions trop heureux si on s'en fût tenu là. Cette précision de Dumas fils, un peu anguleuse avec ses vives arêtes, est encore un élément de solidité et de force. Elle donne l'idée de ces murs puissamment cimentés, au long desquels ne se déroule aucune végétation parasite, et qu'une sévère police défend contre l'invasion de la ronce et du lierre. Il y grimpe encore, malgré l'ordonnance, assez de liserons et de cléma-

tites pour réjouir l'œil et dissimuler la configuration un peu
trop symétrique de la bâtisse.

On est allé beaucoup plus loin, on ne s'est pas contenté des
transformations spontanées que subit une langue; on en a
imposé d'autres à la langue française et, en les lui imposant, on
l'a sensiblement détériorée. Il est démontré, il est évident que
les langues se modifient toutes seules, avec plus ou moins de
rapidité, au fur et à mesure de leurs besoins; mais qu'on n'y
peut introduire, par force ou artifice, aucun élément nouveau
qu'elles ne rejettent d'elles-mêmes comme incompatible avec
le développement naturel de leur liberté.

Nous avons vu que le néologisme et l'archaïsme n'y peuvent
rien, que ce sont des expédients dont l'insuffisance saute aux
yeux et qui ne donnent satisfaction qu'à la curiosité des linguistes. Il en est de même de l'hyperbolisme, c'est-à-dire d'une
certaine enflure et bouffissure du mot qui ne sert qu'à l'affaiblir
et à fausser l'idée. On s'en fatigue très vite comme d'une balance
trompeuse qui finirait par déprécier les balances justes, et on
répudie, pour la même raison, cette langue brutale qui s'encanaille et se dévergonde à plaisir. A quelque point de vue qu'on
se place, on arrive à conclure qu'il faut laisser les langues
accomplir librement leur évolution. Tout ce qui va contre leur
indépendance est en soi fragile et caduc. L'originalité d'un
écrivain ne consiste pas plus à devancer le travail du temps
qu'à le contrarier en essayant de rajeunir ce qui a vieilli. Les
langues sont comme la nature elle-même, lentes à se mouvoir.
Leur progrès, quand elles ont encore à progresser, leur marche,
quand elles commencent à se fatiguer, se caractérisent par une
égale paresse, ou plutôt par une égale hésitation. Encore une
fois, *Natura non facit saltus.* Les langues n'en font pas non plus.

Et c'est là ce qui marque bien la différence entre la langue
de Dumas fils et celle des Goncourt. La première caractérise
une évolution qu'un besoin de précision essentiellement moderne, et né du développement de l'esprit scientifique, avait
sans doute rendue inévitable. Ainsi envisagée, elle constitue
encore un progrès, acheté au prix de quelques sacrifices. La
seconde, sortie brusquement du cerveau d'un homme de lettres,
n'est qu'une création artificielle, contraire au mouvement
naturel, qui est très long et très insensible au début des transformations durables. En fait, elle n'a rien donné, ou bien peu

de chose, car on ne peut pas considérer comme une conquête
sérieuse l'emploi perpétuel de *un rien* pour *un peu*, de *pas très*
pour *pas beaucoup*, de *tel* substitué à *comme*, de *oh! combien!*
jeté à tout propos — entre tirets — après une épithète quelconque dans une phrase aussi quelconque que l'épithète elle-
même; et surtout (car il faut toujours y revenir) le sort bizarre
qu'on a fait à la préposition *avec*, en la séparant de son complément, en toute circonstance et coûte que coûte. Ici l'abus
est flagrant, criant, et tourne à la manie (1) : « Je vous envoie,
madame, mon hommage habituel, tel un fidèle serviteur, avec,
pour inaugurer ce jour de l'an pluvieux — oh ! combien ! —
quelques bonbons plutôt acides, dans une petite et fermée
boîte. Vous dirai-je qu'ils sont symboliques? Non, pas très; et
j'y dépose aussi ce billet avec, pour vous faire rire un rien,
mon cœur ! » Voilà comment se comporte aujourd'hui, dans
l'école, la correspondance galante; voilà l'originalité à laquelle
on prétend. Elle offre les facilités les plus séduisantes à tous les
imitateurs d'imitateurs; mais qu'elle ait rien ajouté aux ressources dont nous disposions auparavant, c'est ce qui paraîtra
contestable. Des nouveautés qui ressemblent à des jouets
d'enfants ne peuvent pas être considérées comme une richesse.
Nous avons montré que le néologisme, sauf légitimé par un
besoin évident, que l'archaïsme, nuisible à qui l'emploie, et
toujours impuissant à ressusciter ce qui est mort, ne pouvaient
pas non plus être considérés comme des acquisitions profitables.
Ne s'ensuit-il pas tout naturellement que tous ces attentats
contre la nature des choses ont laissé la langue française
dans l'état où elle était avant qu'on ne les dirigeât contre elle,
c'est-à-dire à peu près saine et sauve sous la plume de grands
et illustres écrivains dont chacun a eu son style, s'est fait son
style, sans recourir à des procédés arbitraires et baroques?

---

(1) C'est au moins la quatrième fois que j'y reviens, sous l'empire d'un
agacement dont je ne puis me défendre. Il faut bien taper trois et quatre fois
sur un clou pour l'enfoncer.

CHAPITRE XV

LA SYNTAXE ET L'ORTHOGRAPHE

I

La réforme de l'orthographe. — Causes et prétextes. — Libertés contestables. — Bizarreries et incorrections. — Tolérances fâcheuses. — Les
partisans et les adversaires. — La déformation de l'orthographe aboutit
à une déformation de la langue. — Concessions aux illettrés et aux ignorants. — L'orthographe et la langue, désormais fixées, ne subiront plus de
changements notables. — Elles sont au point.

Dans le même temps que cette manie de nouveautés sévissait,
les pédagogues songèrent à d'autres réformes; réformer est si
attrayant! Ils s'en prirent à la syntaxe et à l'orthographe. Les
journalistes se mirent de la partie, et la grammaire passa un
mauvais quart d'heure; c'était à qui en réclamerait la simplification. Elle donnait trop de mal, elle prenait trop de temps à la
jeunesse studieuse qui pâlissait sur ses difficultés. Il faut dire à
la décharge des réformateurs qu'ils n'étaient pas les premiers.
On aime, en France, la casuistique du langage, a dit Sainte-
Beuve, et il y a quatre siècles qu'on s'y adonne. Il y a quatre
siècles que certains docteurs demandent qu'on écrive comme
on parle, et qu'on leur répond que ce serait la tour de Babel,
parce que la prononciation varie encore et a surtout longtemps
varié de province à province.

Ils ont, de nos jours, recommencé cette campagne avec un redoublement d'opiniâtreté. Le grelot ayant été attaché par Sarcey qui, en cela, ne se montra pas judicieux conservateur de la langue, chacun fit ses propositions. A l'origine, elles étaient modestes et on aurait pu, à la rigueur, y souscrire. Il s'agissait tout simplement de rendre plus facile aux jeunes cancres l'art de parler et d'écrire correctement en français, et d'épargner aux autres une étude pénible, rebutante et sans grande apparence de profit. Les réformateurs alléguaient que, dans tous les examens et concours qui ouvrent les carrières libérales, les fautes d'orthographe prenaient aux yeux des juges une importance excessive; qu'une simple inadvertance pouvait causer à un candidat bien doué et suffisamment instruit un dommage irréparable en le détournant de sa véritable vocation; qu'il ne fallait pas l'éliminer sans appel pour une étourderie qui n'était pas toujours une preuve d'ignorance; que certaines orthographes avaient été longtemps douteuses et contestées; qu'elles n'étaient pas encore fixées d'une manière définitive; que nos pères n'y regardaient pas de si près; qu'on pouvait être un esprit supérieur et s'égarer dans le labyrinthe des participes, etc.; qu'enfin la réforme était une rectification destinée à corriger certaines anomalies qui, dans notre grammaire nationale, déconcertent la logique et le bon sens.

Ainsi parlait Labiche lui-même, le grand Labiche, dans une petite comédie qui s'appelle précisément *la Grammaire :* « Ah ! ces maudits participes ! Tantôt ils s'accordent, tantôt ils ne s'accordent pas... on ne sait jamais par quel bout les prendre ! » Et le héros de la pièce, réduit à faire tenir sa correspondance par sa fille, s'écriait avec admiration devant cette aimable enfant : « Regardez ! Voilà mon orthographe qui passe !... »

Les modifications indiquées par Sarcey et son groupe ne nous choquaient donc pas outre mesure. Cependant, le vice-recteur de l'Académie de Paris, le véritable grand maître de l'Université, M. Octave Gréard, procédait à leur égard avec une extrême prudence et, sans les rejeter de parti pris, il n'en admettait qu'un fort petit nombre, universellement réclamées. Encore se bornait-il à donner un simple avis, pour le jour où l'on voudrait absolument réformer, ou en avoir l'air. Il n'en passa pas moins pour acquis à la révolution grammaticale et les révolutionnaires, exploitant cette adhésion très limitée, s'autorisèrent immédiatement de son nom, qui leur apportait force et crédit.

D'abord les choses en restèrent là. On tâtait l'opinion. Le Conseil supérieur de l'instruction publique et l'Académie française, également consultés, délibérèrent longtemps, avec la bonne envie de faire quelque chose et, au mois de mars 1901, nous eûmes enfin ce bâton un peu flottant qu'on a appelé la réforme de l'orthographe. Vue de près, elle ne parut pas méchante et ses adversaires eux-mêmes proclamèrent sa bénignité. Ils se calmèrent tout à fait quand ils surent qu'elle n'était pas obligatoire. C'est uniquement une série d'amendements facultatifs, un complaisant *ad libitum*, un perpétuel comme il vous plaira. L'arrêté ministériel qui la consacrait s'efforçait de lui ôter tout caractère radical. Il n'ordonnait pas aux commis en nouveautés d'écrire à leur petite amie, comme le demandait un jour ironiquement Théophile Gautier : « *Ogustine, je t'atan o o du fobour du Temple !* » Pour tout dire, la montagne était encore une fois accouchée d'une souris.

Après avoir reconnu que son produit était à peu près inoffensif, on lui fit toutefois quelques petites chicanes assez justifiées. Prenons, dans l'ordre où on nous les soumit, un certain nombre d'exemples. Il est maintenant loisible de dire indifféremment : des habits de *femmes* ou de *femme*. Soit ! Mais voyez-vous d'ici La Valette s'évadant de sa prison avec des habits de *femmes*, comme si les robes de la sienne n'y avaient pas suffi. Ce pluriel a un petit air ridicule dont tous les délicats conviendront.

Un enterrement passe; quelqu'un crie : « Chapeau bas ! » Allez-vous, avec la permission qu'on vous donne, écrire : « Chapeaux bas ! » Évidemment, ce n'est qu'une nuance, mais sensible, malgré sa finesse. Pareillement, j'aurais bien de la peine à écrire que je viens d'acheter dans une vente *deux Meissoniers.*

En revanche, les réformateurs ont fait preuve de sens en décidant que, pour les mots étrangers tout à fait entrés dans notre langue, on aurait le droit d'appliquer la règle générale et d'écrire des *exeats* comme on écrit des *déficits*. Ils n'ont pas été moins bien inspirés en nous autorisant à écrire : *de la bonne viande,* aussi bien que *de bonne viande;* on a abattu les arbres *le plus* exposés ou *les plus* exposés; — elle a l'air *doux* ou *douce;* — je vous envoie *ci-joint* ou *ci-jointe* la pièce demandée; — ils sont sortis chacun de *son* côté ou de *leur* côté.

On citerait beaucoup d'autres libertés que l'arrêté ministériel octroie aux écoliers et qu'il était raisonnable, sinon nécessaire, de leur octroyer, du moment qu'on voulait leur rendre l'étude de l'orthographe moins compliquée et moins longue. Il en est d'autres sur lesquelles il est permis de conserver quelque doute, parce que les petites dérogations qu'elles impliquent produisent mauvais effet à l'œil ou à l'oreille et vont même, çà et là, jusqu'à heurter la construction rationnelle de la phrase. Ainsi, dans le paragraphe qui concerne l'adjectif, cette concession bizarre : « Comme on dit : *«se faire fort»*, on pourra dire : « se faire forte, forts, fortes, etc.... ». Cela parait barbare. Qu'on entende une dame, dans une promenade, dire qu'elle *se fait forte* de gravir cette montagne, n'en conclura-t-on pas que son instruction élémentaire a été négligée? *Se faire fort* est un verbe tout d'une pièce, malgré son apparence composite, aussi bien que *se vanter de, se flatter de...,* et il n'y faut rien changer sous peine de mutilation. Notre promeneuse féminisant le mot *fort* comme un simple adjectif semble aussi mal parler qu'une couturière qui dirait : « je *finise* une robe pour le bal de ce soir, » sous prétexte que *couturière* est un substantif féminin.

Les objections de détail se pressent sous la plume. Le lendemain du jour où parut l'arrêté, un journaliste protesta contre la faculté laissée aux dames par le ministre de l'instruction publique, le Conseil supérieur et l'Académie, d'écrire : « je suis *tout* à vous », ou « je suis *toute* à vous ». Il a expliqué que les deux locutions n'avaient pas du tout le même sens, qu'il fallait, de toute nécessité, distinguer entre elles et que, pour sa part, il se refusait à les confondre. C'est peut-être un peu subtil.

Le ministre a voulu qu'on tolérât la suppression de l'apostrophe dans les verbes composés comme *entrouvrir.* Il aurait pu stipuler également pour *aujourd'hui* et pour *grand'mère,* bien que l'apostrophe ait ici une valeur d'abréviation. Où il s'est montré le plus hardi, c'est en réglant, dans les verbes, les rapports entre le conditionnel et le subjonctif. On sait que leurs relations ont toujours été un peu tendues et l'on cite souvent la phrase légendaire de ce grammairien qui disait à ses élèves : « Je voudrais que vous vous enthousiasmassiez comme

moi pour les belles singularités de la langue française ». Hélas !
ils n'en auront plus l'occasion. Le ministre admet le présent du
subjonctif au lieu de l'imparfait « dans les propositions subor-
données dépendant de propositions dont le verbe est au conditionnel présent ». Exemple : « Il faudrait qu'il *vienne* ou qu'il
vînt ?». Était-ce bien nécessaire? Cet imparfait du subjonctif, si
attaqué, si conspué, ne marquait-il pas une différence intéressante à maintenir entre deux idées qui ne sont pas toujours
exactement semblables? Toutefois, cette simplification, depuis
si longtemps réclamée, présente tant d'avantages que, là encore, on passerait volontiers condamnation. Elle nous épargne,
dans certains verbes déjà lourds par eux-mêmes, l'emploi de
ces formes massives qui, bien que correctes, étaient bannies
de la conversation et même de l'écriture, parce qu'elles exposent celui qui en use à se faire moquer de soi et à passer pour
un cuistre.

Restent les participes. Ah! les participes, c'était la grosse
affaire ! Peut-être même était-ce la première et véritable cause
de cette petite guerre officielle déclarée à l'orthographe.
Labiche ne pourrait plus dire qu'on ne sait jamais par quel
bout les prendre, car, depuis trois ans, on peut les prendre —
pas tous, mais un certain nombre — par le bout qu'on veut, qui
n'est pas toujours le bon bout.

On écrit à volonté : « Les sauvages que l'on a *trouvé* ou
trouvés, errant ou *errants* dans les forêts... »; — les fruits que je
me suis *laissé* ou *laissés* prendre ». C'est fort commode et la
grammaire française, qui est l'art de parler et d'écrire correctement en français, s'en trouve notablement soulagée; mais c'est
égal, on ne fera pas que les deux exemples ci-dessus n'aient, à
première vue, un aspect désobligeant; le second surtout : « les
fruits que je me suis *laissés* prendre ». Est-ce habitude? Est-ce
routine? La phrase ainsi écrite paraît d'une effrayante incorrection. Ce n'est pas seulement la vieille orthographe qui
souffre, c'est la logique elle-même.

Il est entendu que l'intention est de faciliter aux élèves de
toutes nos écoles l'étude d'une langue que la plupart d'entre
eux, occupés d'autres soins, ne seront pas tenus de bien parler
et n'auront pas à bien écrire. On veut leur laisser plus de temps
pour se munir de connaissances qu'on croit plus pratiques, et
mieux régler ainsi l'emploi des heures consacrées à leur travail.

Est-ce un bon calcul? On en peut douter; mais, pour être justes, n'oublions pas que la réforme n'est qu'une tolérance et que la mauvaise orthographe n'est pas encore obligatoire, d'où il suit que nous restons libres d'observer les vieilles règles et d'écrire en français.

Beaucoup d'écrivains useront de cette faculté. On sait qu'i y a toujours moyen d'éluder certaines tournures à la fois correctes et ridicules, attendu que les trois quarts du temps, il s'agit bien moins de grammaire que d'euphonie et qu'avec un peu de dextérité on échappe sans accroc aux prescriptions grammaticales trop absolues.

Tous comptes faits, la réforme paraît sage et modeste, et nos alarmes seraient à peu près dissipées si l'expérience ne nous avait appris à quel point il est dangereux de donner le premier coup de pioche dans un vieux mur.

C'est pourquoi un peu de défiance persiste. De prévoyants linguistes, dont la timidité est le moindre défaut, ont regretté qu'on touchât, même d'une main légère, à notre ancienne orthographe. Ils considèrent que la langue y a perdu de sa physionomie, dont faisaient partie certaines irrégularités, et que, pour minces qu'elles soient, les concessions faites sont autant de primes, sans aucun profit, à l'ignorance et à la paresse. A leurs yeux, cette soi-disant réforme pourrait bien devenir une mésaventure préparée à la langue française par de maladroits amis, un petit pavé de l'ours.

Parmi les adversaires de ce premier pas — le seul, dit-on, qui coûte — il en est d'absolument irréductibles; mais ils conservent l'espoir que la force elle-même, fût-elle représentée par les pouvoirs publics, ne pourra rien contre la vieille grammaire. L'usage est le maître et le sera toujours. Il créera au besoin de victorieuses incorrections. Allez donc, aujourd'hui, par exemple, lui chicaner l'adjectif *inlassable*, qu'on rencontre à tout bout de champ, et qui est bien le plus mal formé qui se puisse imaginer puisqu'il détruit une règle. Il sonne à l'oreille aussi disgracieusement que si on disait *inlégal, inlégitime, inlettré, inlibéral, inlicite, inlimité, inlogique;* ou encore *inmédial, inmoral, inmualbe, inmérité, inmodéré, inmodeste, inmortel;* ou encore *inrécusable, inréfutable, inréligieux, inrésolu, inréparable, inrévocable,* etc., etc. Inutile d'insister : *inlassable* est un énorme barbarisme que l'usage, qui n'en démordra plus, a pris à son compte. Des mots, des formes, des tournures, des locutions, des prononciations même disparaîtront et seront remplacés par d'autres, si l'usage le veut. Archaïsmes, néologismes, c'est lui qui en décide, c'est lui qui refuse ou accepte, c'est lui qui rejette ou retient, qui conserve ou réforme, c'est lui enfin qui, comme le président d'un conseil de revision, prononce le mot sacramentel : « Bon ou mauvais pour le service ! »

Il exerce un pouvoir absolu, arbitraire, sans appel ni recours, et les grammairiens, qu'on accuse, n'ont jamais fait qu'enregistrer ses arrêts. Lorsque l'usage avait consacré ou proscrit une façon de dire ou d'écrire, ces malheureux sur lesquels une sorte de pédantisme à rebours crie haro, considéraient avec raison que sa décision avait force de loi et transformaient ses caprices en règles. Ils n'ont jamais été que les exécuteurs de ses hautes œuvres et le grand grief contre eux c'est de n'avoir pas fait de révolution contre lui.

La commission de l'Académie, devant qui le procès était porté, ne s'est-elle pas montrée trop accommodante? N'a-t-elle pas jugé nécessaire de faire la part du feu et de sacrifier les tentures pour sauver les gros meubles? Nous qui, dans notre for intérieur, comparions l'Académie au général américain Jackson, celui-là même que, dans la guerre de la Sécession, son inébranlable ténacité fit appeler *Stonewall*, mur de pierre, nous avons été un peu surpris quand elle a cédé. Encore faut-il lui savoir gré de n'avoir cédé que pour en finir, sans conviction et à contre-cœur, ce qui donne le droit d'espérer qu'elle reste un rempart contre de nouvelles et encore plus téméraires entreprises.

On se plaît à répéter que ce sont les irrégularités de la syntaxe et, par suite, les exceptions de la grammaire qui déconcertent et découragent nos écoliers. Je voudrais bien qu'on me montrât le poète, le savant, l'ingénieur ou le marchand de comestibles dont elles ont entravé la carrière. Ont-elles empêché Lamartine, Pasteur ou Potin, d'être Potin, Pasteur ou Lamartine? Vous voulez supprimer des bizarreries consacrées par l'usage, soit! Allez-y, braves gens, nous allons en voir de belles. Il n'y a pas deux verbes français qui se ressemblent — vous en conviendrez — comme *courir* et *mourir;* une lettre changée et ce serait le même mot. Il faut donc, de toute évidence, les apparier, les classer sous la même étiquette, et sur-

tout les soumettre l'un et l'autre au même système de conju-
gaison :

<table>
<tr><td>Je cours</td><td>Je meurs</td></tr>
<tr><td>Tu cours</td><td>Tu meurs</td></tr>
<tr><td>Il court</td><td>Il mourt</td></tr>
<tr><td>Ils courent</td><td>Ils meurent.</td></tr>
</table>

Il faut, par la même raison, dire *mouru*, comme on dit *couru*.
Et, déjà, les enfants, dans la logique de leur petit cerveau, ne se
font pas faute de le dire.

Il y aurait encore un autre moyen de rétablir la parité entre
ces deux frères jumeaux que la grammaire, esclave naturelle de
l'usage, a traités d'une manière si différente; on dirait le
Biennal est *cort* comme on dit : « Vidocq est *mort* »; et la
grande Course de haies est *corte*, comme Bossuet dit : « Madame
est morte ! »

Laissons là ces niaiseries. Le point grave, c'est qu'on ne peut
toucher à la syntaxe et à l'orthographe, c'est-à-dire à la grammaire, sans toucher à la langue elle-même, déjà très éprouvée
après la crise qu'elle a subie et qui n'est pas complètement
conjurée. On a discuté, on discutera encore cette prétendue
réforme. A côté des partisans, qui n'ont pas voix légitime au
chapitre, et qui n'obéissent, en la prônant, qu'à un mauvais
instinct révolutionnaire, elle a des promoteurs sincères qui la
croient tout ensemble justifiée et efficace. Tout ce qu'on leur
demande, c'est de modérer leur zèle et de rester dans la mesure
où ils se sont tenus jusqu'à présent. Il nous est impossible de ne
pas frémir en voyant cette pauvre vieille orthographe française
qui, suivant nous, fait corps avec la langue elle-même, livrée
ainsi à tous les assauts.

A cela on nous répond que nous sommes des ignorants et des
aveugles. De ce que le vocabulaire grossit de jour en jour pour
faire face à des besoins nouveaux, nos contradicteurs infèrent
que la langue, elle aussi, n'est qu'un perpétuel devenir. Ils nous
demandent avec ironie si nous nous figurons, en lisant *Athalie*
dans une édition récente, que nous avons sous les yeux l'orthographe même de Racine. Qu'ils nous fassent plus d'honneur !
Non ! Nous ne sommes pas taupes à ce point. Que les grammaires et les orthographes se soient fixées après le fond de la
langue, et plus lentement, c'est un phénomène naturel que

nous n'avons jamais contesté, mais qui ne prouve pas du tout que la grammaire et l'orthographe ne soient pas, pour ainsi parler, adultes, et n'aient pas acquis, à cette heure, ce maximum de stabilité contre lequel ne saurait prévaloir aucun décret. On ne peut plus guère les modifier sans les défigurer et les appauvrir.

L'idée qu'on nous oppose est très claire, très simple, mais je la crois radicalement fausse. Ne voyez-vous pas, nous dit-on, que toutes les langues vivantes se renouvellent indéfiniment ? Non ! elles ne se renouvellent pas, ou du moins cela dépend de la date de leur naissance. Arrivée à sa pleine maturité, à sa pleine force, une langue y stationne un assez long temps, puis elle s'altère et dépérit comme l'être humain. Comme lui, elle a son enfance, sa jeunesse, sa virilité et sa vieillesse ; comme lui, elle finit par mourir soit des atteintes de l'âge, soit des coups que les novateurs lui portent. Les diverses phases de son existence peuvent embrasser un grand nombre de siècles ; leur prolongation dépend des destinées historiques du peuple qui la parle. On parla le grec à Alexandrie bien après les successeurs d'Alexandre ; était-ce donc un renouvellement de la langue de Thucydide et de Sophocle ? Et dira-t-on que la langue grecque n'était pas fixée avant Plotin ?

Prenons un autre exemple, frappant, décisif, et sur lequel tout le monde pourra s'entendre. Le latin, ce latin qu'on étudie encore vaguement dans les lycées, il a eu, à l'origine, son flottement comme toutes les langues. J'admets qu'il n'était pas fixé, ou du moins qu'il ne l'était pas complètement au temps d'Ennius et de Lucilius, même de Lucrèce ; même, si vous y tenez, au temps de Cicéron et de César ; même à la grande époque d'Auguste et de Virgile. Direz-vous qu'il ne l'était pas au deuxième siècle, après Lucain, Tacite, Pline et Juvénal ? Il est si bien fixé à ce moment-là que la décadence arrive et se précipite. Le latin ne se renouvelle plus, il meurt, à moins qu'on ne soutienne que la langue romane était encore la langue latine.

Le français a mis environ le même temps à se fixer ; mais, il faut en faire son deuil : c'est fini. Quelques néologismes de mots ou de phrases, de bizarres tournures improvisées par des écrivains qui s'intitulent eux-mêmes décadents, ne sont que des excroissances inoffensives et des appendices sans valeur.

Notre langue a gravi pas à pas le plateau où elle doit se tenir sous peine de descendre, sur le versant opposé, la pente fatale. Et j'en dirai autant de l'orthographe. Voltaire écrivait *tiran* pour *tyran*; eh bien, après? Napoléon, malgré ses origines italiennes et ses connaissances militaires écrivait invariablement *enfanterie* au lieu d'*infanterie*. Qu'est-ce que cela prouve?

N'exagérons rien. Ici, nous rencontrons des maîtres pour lesquels nous professons le plus absolu respect. Il est bien certain que M. Émile Deschanel, écrivant tout un livre sur les déformations de la langue; que M. Octave Gréard, frappé des difficultés de notre orthographe et cherchant à y remédier avec prudence, et seulement dans la mesure nécessaire pour épargner aux écoliers un cassement de tête inutile, ont obéi l'un et l'autre à une très légitime préoccupation.

On les a écoutés, on a introduit dans la syntaxe et l'orthographe, telles que nous les tenions du dernier règlement opéré par les grammairiens, de petites réformes qui peuvent avoir leur utilité. Il n'est assurément pas très correct de dire : «Cet homme est plus savant que vous *ne* pensez ». Ce *ne* ne s'explique pas. M. Émile Deschanel fait remarquer qu'il vient on ne sait d'où (1). Il faut dire : « Cet homme est plus savant que vous pensez ». On s'y essaie, sans grand succès jusqu'à présent. Il est également incontestable que la façon d'écrire certains mots, de former certains pluriels, semble défectueuse, anormale, et que les participes surtout causent — ou causaient — à la jeunesse studieuse de réels soucis. Cependant, il n'y a guère plus d'une vingtaine d'années, ces irritants, ces imprenables participes, la jeunesse studieuse les prenait sans trop de peine comme nos difficultueuses grammaires voulaient qu'on les prît, et le travail de mémoire auquel il lui fallait se livrer pour y parvenir lui profitait comme profite, à cet âge, tout effort intellectuel. Mais enfin on consacrait à l'orthographe des participes un temps précieux et il était facile de prévoir qu'il y aurait un jour une réaction contre leurs exigences. Qu'est-il arrivé? C'est que la réaction, suivant son habitude, est allée trop loin, qu'on ne s'est pas contenté de simplifier la règle des participes, que des réformateurs radicaux ont soutenu qu'il

---

(1) A vrai dire, on voit assez aisément d'où il vient. Il vient d'une négation qui est dans l'esprit des deux interlocuteurs : « Vous ne pensez pas cet homme aussi savant qu'il l'est... ».

fallait conformer l'orthographe à la prononciation; qu'ils ont obtenu en partie gain de cause, qu'il y a une tendance paresseuse à leur faire de nouvelles concessions et qu'ainsi, de complaisance en complaisance, à force de déformer l'écriture, c'est-à-dire la figure même de la langue, on aura déformé la langue elle-même au point que ceux qui l'aiment ne la reconnaîtront plus. Ce sera un beau résultat !

Écoutez ce même Émile Deschanel, le moins pédant des maîtres, qui s'écrie : « Pourquoi ne pas défendre, à notre tour, la bonne langue française, honneur de nos pères? » Écoutez Michel Bréal, qui rappelle, dans sa *Sémantique*, qu'un goût naturel portait les anciens grands lettrés français, la plupart gens du monde, à s'occuper des problèmes ou difficultés de la langue française », pour en écarter « tout ce qui est obscur, inutile, bas, trivial... ». Enfin, croyez-en Littré, qui reconnaît que l'usage, quand on lui permet de s'implanter, « est très susceptible de céder à de mauvaises suggestions ». Et non seulement Littré, mais La Bruyère, mais Lamennais, qui disait déjà, il y a soixante-dix ans : « Les langues ont, comme la société, leurs maladies, et quelquefois mortelles... On ne sait presque plus le français, on ne l'écrit plus, on ne le parle plus. Si la décadence continue (elle a continué), cette belle langue deviendra une espèce de jargon à peine intelligible ». Reste Bossuet qui, sur cette ridicule idée, aujourd'hui en faveur, d'écrire les mots comme on les prononce, a donné son opinion et signalé, du premier coup, le vice irrémédiable de ce qu'on appelle l'orthographe phonétique : « Il ne faut pas, dit Bossuet, souffrir cette fausse règle d'écrire comme on prononce, parce que, en voulant instruire par là les étrangers et leur faciliter la prononciation de notre langue, on la fait méconnaître aux Français mêmes. Si l'on écrivait *tans, chan, émais* ou *èmès, anterreman*, qui donc reconnaîtrait ces mots? On ne lit pas lettre à lettre; mais la figure entière du mot fait son impression tout ensemble sur l'œil et sur l'esprit; de sorte que, quand cette figure est considérablement changée tout à coup, les mots ont perdu les traits qui les rendent reconnaissables à la vue, et les yeux ne sont pas contents » (1).

(1) Je n'ai pas à cacher que me trouvant ici pleinement d'accord avec M. Émile Deschanel, je lui emprunte la plupart de ses citations. Je n'en eusse point trouvé d'aussi caractéristiques.

M. Émile Deschanel a protesté contre cette malheureuse orthopédie qui casse et brise sous prétexte de rectifier et qui, en matière d'écriture, prend pour des infirmités certaines exceptions dont elle ne comprend pas l'utilité, n'en apercevant pas l'origine.

Il nous apparaît bien qu'elle a contribué, pour sa part, à défigurer notre idiome français, et qu'en tout cas, le moment était mal choisi, dans cette fièvre de destruction qui sévit contre lui depuis quelques années, pour offrir cette arme nouvelle aux démolisseurs. Toutes les raisons qu'on en a données sont faibles à côté du grand intérêt de conservation qui s'oppose, à cette heure, aux entreprises de ce genre. Il faut éviter les secousses aux malades (1).

(1) Et puisque nous discutons sur la correction grammaticale, je soutiens, malgré les puristes, et malgré M. Émile Deschanel lui-même, que cette dernière phrase : « Il faut *éviter* les secousses aux malades » est plus correcte que si j'avais dit simplement : « *épargner* les secousses ». Quoi qu'on en pense, dans ces sortes de locutions, *épargner* a un sens, *éviter* en a un autre.

CHAPITRE XVI

CONCLUSION

I

La réforme de l'orthographe, bien que partielle et, sur certains points, rationnelle, est venue mal à propos. Elle a encore empiré cette maladie de *modernité* qui persiste si malheureusement depuis un demi-siècle avec des alternatives de recrudescence et de rémission. Elle a surtout changé l'aspect général et l'extérieur de notre *écriture*. Par là, elle a de beaucoup dépassé son but. Mais elle devient relativement inoffensive si on la compare à cette révolution violente et radicale que des écrivains, peut-être convaincus, mais certainement mal inspirés, ont prêchée et poursuivie, avec plus ou moins de succès, dans ces cinquante dernières années. Celle-ci a porté sur le fond même de notre idiome, qui en a subi une atteinte profonde, peut-être irréparable. Si puérils qu'aient été les moyens employés, si bizarres que soient les résultats obtenus, la blessure reste ouverte, et c'est une tentation permanente pour tous ceux qui, faute d'autre originalité, s'évertuent encore à l'élargir. Nous avons montré comment deux générations successives y ont travaillé. La poésie en a souffert encore plus que la prose. On est parvenu à déformer notre prosodie au point de la rendre méconnaissable. On présente, on recommande tous les jours à notre admiration des vers amorphes, des phénomènes, des monstres, qu'on appelle des vers libérés.

Cependant, il s'est produit, en ces dernières années, un temps d'arrêt. Découragement, lassitude ou repentir, on observe que la plupart de ceux qui ont d'abord suivi le mouvement ont une tendance à revenir sur leurs pas. Ils font mieux, ils renoncent si complètement à leurs anciennes habitudes qu'ils semblent désirer qu'on les oublie. On ne les retrouve guère dans leurs nouveaux ouvrages; soit qu'en effet, après avoir été sincères dans leur entreprise, ils reconnaissent aujourd'hui, avec la même sincérité, qu'ils poursuivaient une dangereuse chimère; soit que, contents d'avoir appelé sur eux l'attention publique, ces anarchistes se résignent, en rentrant dans la grande famille des écrivains français, à n'y apporter que la différence des facultés et des talents. Les exemples de cette conversion sont si nombreux que s'il nous fallait citer des noms, nous n'aurions que l'embarras du choix. Quelques-uns ne sont encore que sur la pente du regret; mais, chez les plus échauffés, la contrition s'accuse et il en est fort peu qui menacent de pousser l'endurcissement jusqu'à l'impénitence finale.

Il y a donc une halte dans la marche de l'ennemi. Peut-être ne s'arrête-t-il que pour reprendre haleine. Ses chefs ont tout au moins changé leur plan d'attaque. Ce n'est plus à la langue, c'est à la littérature elle-même qu'ils en ont, c'est à la clarté même du génie français. Ils l'embrument à plaisir, ils se servent de la langue usuelle, qu'apparemment ils trouvent excellente, pour le rabaisser dans des programmes fort inquiétants pour son avenir. En même temps qu'on s'extasie sur les productions germaniques ou scandinaves, il se fonde tous les jours quelque nouvelle école qui, loin de redouter pour nous la décadence littéraire, la souhaite, la proclame, l'élève à la hauteur d'un rajeunissement et arbore son nom comme un drapeau. L'action que ces tard-venus exercent et le demi-succès qu'ils obtiennent, sembleraient prouver que leur doctrine, si doctrine il y a, n'est qu'une constatation, l'enregistrement d'un fait trop réel; et que, s'ils osent se baptiser décadents, c'est justement pour se mettre en complète harmonie avec la perversion littéraire dont ils observent les symptômes autour d'eux. Ce sont des témoins qui se sont faits acteurs pour prendre part à la comédie. Nous n'avons pas à nous occuper de ceux-là dans une étude spéciale-ment consacrée aux autres, si ce n'est pour rappeler qu'entre la corruption de la langue et la corruption de la littérature, il y a une relation étroite de cause à effet, et que les premiers sont non seulement les introducteurs qui ouvrent la porte aux malandrins, mais les agents actifs qui les invitent et les aident à piller la maison.

Les plus coupables ne sont-ils pas ceux qui en ont livré les clefs? C'est la raison qui nous anime contre ces provocateurs. Ils ont méconnu la loi fondamentale du progrès, ils n'ont rien compris au développement naturel de toutes les langues an-ciennes et modernes. Attaquer une langue quelconque par son vocabulaire, c'est l'attaquer par sa base. Il se détériore et se répare tout seul, et n'a que faire de ces mauvais replâtreurs pour accomplir sur soi l'œuvre automatique à laquelle il tra-vaille incessamment et que les prudentes Académies se bornent à consacrer lorsqu'elle leur paraît définitive. A quelle pensée ont-ils bien pu obéir en inventant cette espèce de couveuse arti-ficielle d'avortons bâtards? Faut-il répéter encore que les langues, ensemencées spontanément par les peuples, donnent leur moisson à la chaleur d'une germination libre et continue, mais lente, que la volonté humaine et même le génie humain n'ont pas le pouvoir d'accélérer. Comme la nature elle-même, et plus encore que la nature elle-même, elles accouchent sans opérateurs.

Ceux que notre langue française en pleine maturité, en pleine virilité, a rencontrés sur son passage ne pouvaient que la blesser en la redressant. Et, en effet, ils l'ont estropiée sans avantage appréciable; ils ont surchargé sa beauté native d'excroissances pareilles à des abcès. L'officier de santé Bovary soignait ainsi son malheureux pied-bot en lui infligeant le plus cruel des supplices, et si je prononce ce nom, en apparence étranger à mon sujet, c'est que les écrivains qui ont accompli cette lamentable besogne éveillent en moi l'idée de ces rebou-teux dont la clientèle augmente après chaque bévue.

Le créateur de Bovary, Flaubert, n'en était pas. Son élève Maupassant n'en fut pas davantage. On sait quel respect ils professaient pour la langue. Mais, à côté de Flaubert, dans le

temps même que son premier roman lui faisait une célébrité,
les Goncourt préparaient cette réforme empirique dont les dé-
sastreuses conséquences, bien qu'atténuées, pèsent encore sur
l'esprit et la plume des débutants. Était-ce par besoin de concurrence, par rivalité littéraire? On serait tenté de le croire en
se rappelant avec quelle âpreté l'un d'eux a disputé à Flaubert
la priorité du réalisme.

Il nous en coûte de répéter toujours ce nom : Goncourt !
Ceux qui l'ont porté avec un honneur professionnel auquel il
est impossible de ne pas rendre justice ont bien mérité des
lettres françaises, d'abord par leur talent d'écrivains et ensuite
par le labeur d'une longue carrière parcourue avec suite et
dignité. Jamais on ne rappellera, sans une sorte de reconnaissance admirative, le noble exemple qu'à ce double titre ils ont
donné. Ce serait donc méconnaître nos intentions que de voir
ici un réquisitoire partial et passionné contre leur œuvre.
Peut-être n'en ont-ils pas mesuré, au début, toute la fâcheuse
portée. Peut-être même ne songeaient-ils pas tout d'abord à
l'ériger en doctrine. Il semble, quand on vérifie les dates, que la
première velléité d'une semblable réforme ne se soit déve-
loppée, dans leur esprit, que peu à peu, sous l'influence des
contradictions et des polémiques. Elle n'a pris corps qu'assez
tard, alors que l'un des deux frères avait disparu. Attaqué, le
survivant se défendit de son mieux et c'est bien le cas de dire
que les coups reçus dans la bataille fortifient les convictions.
Les deux Goncourt n'ont certainement pas, dans cette affaire,
une égale responsabilité. S'il est permis de les dédoubler après
leur mort, on peut affirmer que Jules y prit moins de part
qu'Edmond et que celui-ci aggrava leurs idées communes en
leur donnant la précision d'un programme. C'est autour de lui
que se groupèrent les imitateurs et surtout les flatteurs. Et
comment ne pas rejeter sur lui le principal grief quand on
songe aux encouragements qu'il leur prodigua, quand on se
rappelle ce nouveau Cénacle où il trônait dans les dernières
années de sa vie, au milieu des thuriféraires prosternés, comme
le créateur d'une nouvelle religion littéraire? Et son grenier !
Et son Académie !

Non ! Si peu de parti pris qu'on y apporte, il faut bien caractériser la faute commise, et par qui et à quelle époque elle fut
commise, et les longues conséquences qu'elle a eues; il faut en

marquer le point de départ historique; il faut surtout constater
que les effets de cette petite révolution ne seront jamais absolument conjurés, et que, semblable à toutes les révolutions,
elle a laissé des traces et précipité la descente.

Aujourd'hui, il y a trêve et répit, ou plutôt halte et station-
nement; c'est entendu. Le vent a tourné. Une réaction s'est opérée chez les plus farouches sectateurs du nouveau régime et,
contents d'avoir fait tout le bruit nécessaire à leur notoriété,
ils renoncent peu à peu aux manifestations tapageuses; ils
retournent de l'excentrique au raisonnable; en un mot ils se
rangent et ils s'étagent, suivant leur grade, dans la foule des
écrivains qui comprennent que la langue des arrivistes ne peut
plus être la langue des arrivés.

On pourrait en conclure qu'il ne faut pas attacher trop d'importance à ces effervescences calculées et périodiques auxquelles préside généralement quelque meneur ambitieux, suivi
de naïfs adeptes, naturellement destinés à donner dans tous
les puffs d'art ou de littérature, et d'habiles exploiteurs em-
pressés à en tirer parti. Mais il faut, au contraire, s'en préoccuper
et barrer, autant que possible, le chemin aux manifestants,
parce que leur cortège, petit ou grand, casse toujours quelques
vitres sur son passage.

C'est ainsi que la langue française souffre encore un peu de
cette violente secousse. Il lui en est resté, dans la démarche,
quelque chose de gauche et de lourd et aussi, à l'occasion, un
peu de sautillement et de cahot. Excepté chez quelques vieux
connaisseurs, elle ne sait plus ce que c'est que le nombre, elle
accueille et emploie les termes impropres, les locutions
bizarres qu'un certain snobisme met à la mode; elle fait des
efforts inouïs, accompagnés de disgracieuses grimaces, pour se
les assimiler; elle se plaît aux épaisses constructions germaniques, et surtout elle sacrifie, chez les meilleurs, la finesse du
trait à la grosseur du dessin et la justesse du ton à la violence
de la couleur. Nous avons énuméré tous les vices qu'on lui a
inoculés; il faut bien reconnaître qu'elle en a gardé quelque
empreinte, sans le vouloir et même à son insu; qu'elle s'est
contaminée par infiltration et qu'elle ne parviendra peut-être
plus à rejeter complètement tous les microbes pathogènes,
conjurés, aujourd'hui encore, contre ce qui lui reste de vigueur
et de santé.

II

Parmi les ennemis de la langúe, il faut compter les orateurs politiques, les avocats et les journalistes. — Leurs improvisations perdraient à être trop soignées. — Le besoin d'information rapide achemine le journalisme vers le style télégraphique. — Les anciens journalistes. — La bonne langue a contre elle la tribune, le barreau et la presse. — Nécessité d'une critique sérieuse et sincère. — La réclame. — La perversion du goût. — L'ancien parterre de la Comédie-Française. — Le volapük et l'espéranto. — Décadence inévitable de toutes les langues vivantes. — La langue internationale.

Indépendamment de la guerre que font à la langue française et des coups que lui portent ceux qui prétendent la régénérer en un tour de main et qui pratiquent sur elle, comme *in animâ vili*, les plus téméraires expériences, elle a toujours eu trois grands ennemis naturels qui ne lui veulent pas de mal, mais qui, par leur fonction même, sont condamnés à lui en faire. Ce sont les orateurs politiques, les avocats et les journalistes. Les orateurs et les avocats cesseraient d'être éloquents s'ils s'étudiaient trop à parler français; les journalistes n'ont pas le temps de s'y appliquer. Les uns et les autres s'en préoccupaient encore un peu autrefois. Nous avons connu, en petit nombre, des avocats illustres dont les plaidoiries cicéroniennes, très retouchées dans le cabinet, supportaient, vaille que vaille, l'impression, surtout quand elles avaient été revues et arrangées par quelque habile correcteur. C'est ainsi que Berryer a pu, en y perdant beaucoup, se survivre à demi dans quelques gros volumes, dont on retrancherait encore, sans dommage, des pages entières. Jules Favre, plus heureux et aussi plus disert, a transporté dans le livre ses élégantes ironies, aujour-

d'hui figées. On en citerait encore deux ou trois dont les discours se relisent sans ennui, malgré la médiocre langue qu'ils
y parlent; mais il n'est pas contestable que la demi-improvi-
sation de la tribune et du barreau se contente à peu de frais
quand il s'agit du choix des expressions. L'avocat aurait trop à
faire s'il cédait à des préoccupations de styliste. Et aussi bien
sa langue parlée n'est pas la langue écrite. A trop se surveiller,
il perdrait certainement de sa verve, et ses discours auraient
l'air de morceaux plaqués, appris par cœur. Quiconque a suivi
les séances du Parlement sait que l'oreille et l'esprit ne s'y
trompent pas.

Le journaliste, lui, gagnerait certainement à se soigner
davantage. Puisqu'il écrit, il pourrait, sans inconvénient,
négliger un peu moins son écriture. Mais comment y songer
en face d'un papier qui, la plupart du temps, doit être noirci en
cinq minutes et sur le pouce? La presse a pris de nouvelles
habitudes et, un peu par la force des choses, elle s'est créé de
nouveaux besoins qui l'obligent à aller vite et l'acheminent
rapidement vers le style télégraphique. Si elle n'en a pas encore
toute la brièveté, elle en a déjà toute l'incorrection et toute la
platitude. Le désir de l'information immédiate et presque ins-
tantanée a tué chez nous le goût de l'article élégant et bien fait.
Le reportage et l'interview ont pris dans le journal un développement qui se substitue peu à peu à la chronique signée
dont l'auteur donnait à ses idées personnelles un certain tour.
Même dans les parties littéraires, dans la critique théâtrale, la
lutte s'est établie sur la rapidité comme pour les courses de
chevaux. Cette émulation de vitesse a fini par primer toutes les
considérations de vérité et de justice. Le meilleur juge est celui
qui arrive le premier au poteau.

On conçoit aisément que, dans ces conditions, son jugement,
dépourvu de toutes les garanties d'examen et de réflexion qui
avaient longtemps paru nécessaires, manque à la fois d'autorité et de style. Aussi la plupart de ces comptes rendus dramatiques sont-ils rédigés à la diable, avec plus ou moins
d'esprit — et d'argot. Le journaliste contemporain s'est fait
une langue à son usage, qui a son mérite spécial, mais dont la
pureté est certainement le moindre défaut. Il s'est donné pour
but d'égaler l'impatience de notre curiosité par l'abondance
et la variété de ses nouvelles. On ne leur en veut pas trop

d'être fausses dans le fond et barbares dans la forme, pourvu qu'il nous apporte chaque matin un bon panier de ces salades.

Autrefois, les journalistes politiques et littéraires se donnaient encore quelque peine pour procurer au lecteur un semblant de satisfaction intellectuelle. C'est un point que j'ai déjà touché, mais sur lequel il est bon de revenir. Les Saint-Marc Girardin, les Sacy, les Paul de Saint-Victor, les Prévost-Paradol, les J.-J. Weiss et tant d'autres n'écrivaient guère sans se préoccuper du livre où ils rassembleraient plus tard leurs articles, et le fait est que le jour où il leur plaisait de réunir ainsi dans un volume toutes ces feuilles volantes, elles s'y adaptaient et s'y casaient d'elles-mêmes avec une aisance qui témoignait chez l'auteur d'une logique d'esprit et d'une unité de vues, égales à la sûreté de sa plume. Elles y prenaient corps, pour ainsi dire; de fugitives qu'elles étaient dans leur destination première, elles se consolidaient mutuellement par leur faisceau et se reliaient assez entre elles sans autre nœud que la suite quotidienne des événements. C'est ainsi qu'on relit aujourd'hui, sans fatigue, les *Souvenirs d'un journaliste*, les *Variétés politiques et littéraires*, *Hommes et dieux*, les *Essais de littérature française*, *Quelques pages d'histoire contemporaine*, les *Moralistes français* et une quarantaine d'autres ouvrages, où les journalistes du second Empire ont imprimé leur sceau. On les retrouve, comme livres de bibliothèque, et quand ils vous tombent sous la main, on éprouve un plaisir attristé qui appelle des comparaisons et provoque des regrets. Cette heureuse tradition, entretenue par une sorte de respect professionnel, s'est perpétuée, pour l'honneur des lettres, dans plusieurs Revues, et même dans quelques rares journaux dont chacun reconnaît, à leur style, les rédacteurs anonymes; mais elle va chaque jour s'affaiblissant, et combien sont-ils encore, ceux qui peuvent se transporter ainsi du journal dans le livre, sans déchet ni dommage?

N'en accusons personne, car c'est la presse à bon marché, encouragée par le goût public pour l'information de pacotille, qui nous a ainsi porté malheur. Une nouvelle, même douteuse, pourvu qu'on l'assaisonne de gloses absurdes et de commentaires extravagants, obtient plus de succès qu'une page éloquente de littérature ou d'histoire. Et cela est si vrai qu'aujourd'hui, lorsque ces beaux et sérieux articles des vieux journalistes nous tombent par hasard sous les yeux, l'admiration qu'ils nous inspirent n'est pas exempte d'étonnement. Ils ressemblent à d'anciens portraits des siècles passés; le temps y a mis sa patine et leur supériorité même contribue à leur donner un air démodé. Ils ne gardent leur prix que pour les amateurs; la curiosité générale s'attache à des peintures plus modernes.

S'il est vrai qu'il y ait décadence, ou tout au moins dépression, ce n'est donc pas de ce côté qu'on peut espérer un relèvement. Le barreau, la tribune et la presse ne sont pas nécessairement et, dans tous les cas, n'ont pas toujours été des destructeurs de la langue; mais ils y introduisent, par la force des choses, des éléments de dissolution parmi lesquels figurent, au premier rang, la négligence et la banalité. Les avocats, les politiciens et les journalistes — sauf exception — ont créé, à leur usage, un langage courant d'où l'enflure est bannie, mais dont la simplicité manque généralement de distinction et de grâce.

C'est la rapidité de la vie, l'allure fiévreuse des mœurs, l'âpreté de la concurrence dans les professions libérales, le progrès lui-même, en un mot (puisqu'on a l'habitude de l'appeler ainsi), qui ont déterminé ce relâchement progressif de la langue. L'instruction plus répandue, la culture d'esprit plus intensive, ont multiplié les écrivains, les talents même, si l'on veut; mais la qualité ne semble pas avoir répondu à la quantité; l'industrialisme a envahi la littérature; on s'est fait un métier et une carrière de ce qui devrait n'être qu'une vocation; on s'est entendu, autant que possible, pour exploiter toutes les branches de la profession et ne pas trop s'y gêner les uns les autres. La critique a disparu pour faire place à la réclame. Privé de cette surveillante, parfois injuste, mais toujours utile, le discernement public a fléchi et le niveau a baissé. Il faut bien le dire, à tout risque, puisque c'est la vérité, quatre écrivains sur cinq parlent une langue impossible, écrivent mal, n'écrivent pas, ne se doutent même pas de ce qu'on entendait autrefois par écrire. Parmi ceux qu'on renomme, plus d'un en est là. Ils ne s'en apercevront jamais, puisque personne ne s'en aperçoit pour eux et que les délicats qui en souffrent n'ont pas le courage de protester. Nous sommes en présence d'une maladie qui ne manquerait pas de médecins, mais que les médecins ne veulent plus soigner par crainte d'y perdre leur temps et leur repos.

Le seul remède efficace était précisément cette critique, aujourd'hui morte, qui fit si heureusement son office dans les deux grands siècles classiques, le dix-septième et le dix-huitième et qui s'exerça encore avec avantage dans les deux premiers tiers du dix-neuvième. Les écrivains ont beau en médire, elle les soutient et les protège. Quelquefois injuste et envieuse, elle ne tarde jamais à panser les blessures qu'elle fait, parce qu'elle est forcée, sous peine de perdre son crédit, de se surveiller elle-même de très près, et que l'accord loyal des lettrés qui la représentent finit toujours par triompher de toutes les cabales, de toutes les mauvaises chances et par réhabiliter les belles œuvres un instant méconnues. Est-ce que la *Phèdre* de Pradon a pu tenir longtemps contre la *Phèdre* de Racine? Est-ce que toutes les ironies de la vieille tragédie et de la vieille poésie aux abois ont pu prévaloir contre la prestigieuse virtuosité, contre le génie lyrique de Victor Hugo? Est-ce que la fanfaronnade romantique n'a pas dû, à un moment donné, s'incliner devant un retour inévitable au naturel et au bon sens? Il suffit de quelques années à la critique pour relever ce qu'on a trop abaissé, pour diminuer ce qu'on a trop grandi, pour tout remettre au point et donner à la postérité elle-même les indications nécessaires.

Malheureusement, elle a été victime, elle aussi, de l'arrivisme contemporain et de la pusillanimité moderne; elle a voulu vivre tranquille, considérée, quelquefois rentée, elle a craint surtout de se faire des ennemis et elle s'est appliquée en prodiguant l'éloge à s'assurer une réciprocité de compliments et d'hommages. Donnant, donnant! Parmi ceux qui lui font encore honneur et qui semblaient doués pour lui rendre son antique énergie, il en est fort peu qui, après avoir rendu quelques arrêts sévères, n'en aient montré du regret, témoigné du repentir et n'aient présenté leurs excuses comme d'une étourderie coupable et d'une mauvaise action. Il en est d'autres, en plus grand nombre, qui se sont contentés d'exprimer des idées générales, de développer des thèses d'esthétique dans les Revues et de donner de vagues conseils faiblement appuyés d'études et de comparaisons rétrospectives, sans ombre d'action sur les mauvais penchants de la littérature actuelle. Au lieu de s'en prendre directement aux œuvres et à leurs auteurs, en un mot, au lieu de faire son métier, la grande critique est devenue *essayiste*, c'est-à-dire que, négligeant sa fonction propre de monitrice, elle a discuté des idées, exposé des programmes, écrit de longs articles en marge des livres qu'elle avait à juger; entre le bon et le mauvais elle est restée normande, volontairement indécise, elle n'a jamais dit ni oui ni non; elle a plaidé à côté.

C'était abdiquer, c'était mourir, et mourir mal à propos, comme une douairière qui a oublié de faire son testament et qui laisse une succession très embrouillée; car elle s'en allait juste au moment où un certain trouble de l'art, né de la disparition des règles autrefois acceptées de tout le monde, exigeait la présence et l'intervention de ces guides sûrs, autorisés, sans lesquels la liberté dégénère fatalement en anarchie.

Sainte-Beuve en fut le type achevé ! Il est unique dans notre littérature, il est le critique, il est la Critique elle-même, en chair et en os. Et c'est précisément une Muse nouvelle qu'on aurait dû mettre sur son monument funéraire, une Muse oubliée des anciens, la Muse de la Critique, avec ses attributs spéciaux qui ne sont ni la masque de la Comédie, ni le fouet de la Satire, mais plutôt la balance de la Justice, accompagnée d'une petite sonnette d'avertisseur.

Lorsqu'un talent nouveau s'annonçait par quelque tentative hardie, Sainte-Beuve tenait, de son propre aveu, à le signaler. Seulement il y regardait à deux fois, car la seule idée de passer pour un gobeur le couvrait d'une confusion recherchée par beaucoup de nos contemporains. Ce n'est pas lui qui aurait recommandé à l'admiration des hommes un tas de ratés prétentieux que d'autres ratés encensent. Il savait distinguer — chose plus rare qu'on ne pense — entre les diamants et les cailloux.

Il a piloté Flaubert. Il s'est tenu sur une certaine réserve avec les Goncourt, qui étaient pourtant ses amis et les amis de sa princesse. Il n'admettait pas que les relations devinssent une chaîne et jamais, sous l'empire de la plus violente obsession, il n'eût dit ce qu'il avait résolu de ne pas dire. Il possédait la seconde faculté maîtresse du critique, la volonté, aussi nécessaire que la clairvoyance. Pour Flaubert lui-même, on se rappelle comme il en rabattit lorsque *Salammbô* succéda à *Ma-*

dame Bovary et à quel point il exaspéra Flaubert en comparant ce poème épique en prose aux *Martyrs* de Chateaubriand. De même pour Stendhal. En dépit de la mode, il ne se rendit jamais. Ce qui lui déplaisait chez Stendhal comme chez les Goncourt, c'était l'hypertrophie du moi. Il n'aimait pas, bien qu'il en usât pour lui-même, les notes quotidiennes, les petits papiers, les petits cahiers, le journal publié trop tôt, le roman chez la portière.

> Du poète mort jeune à qui l'homme suivit,

le critique émergea, vivant, vaillant, armé de toutes pièces, et docte, et fort, et passionnément curieux, et universel. Dans le passé, après sa moisson, il ne reste plus rien pour faire glane. On croit prendre un sentier détourné, visiter une ruine inconnue; tout à coup, au coin d'un buisson, derrière une brèche, un gardien se lève qui vous en révèle le mystère ou vous en raconte l'histoire. C'est lui, c'est Sainte-Beuve; il a tout vu, tout décrit, tout jugé. Il a tout abordé, tout épuisé, il a tout pris.

Pour l'immensité de son œuvre, comme pour la largeur d'esprit qu'il y déploya, on ne voit vraiment pas qui l'égale. Ce n'est certes point La Harpe, si piteusement démodé, bien qu'on rencontre encore, par ci par là, dans ses pédantesques conférences, de bons jugements en assez bon style. Ce n'est pas Nisard, abandonné, à qui on reviendra quand certain flot aura passé. Ce n'est pas même Diderot, bouillant et fumant, dont la tête encyclopédique se rapproche pourtant de la sienne. Diderot, avec ses grands cris d'indépendance, nourrissait encore trop de préjugés de toute nature pour n'avoir pas à envier, comme critique, ce parfait dégagement, cette absolue liberté, cette possession et maîtrise complète de soi qui caractérise Sainte-Beuve, — sauf quand on le lutine, car alors il enrage, il pince et il mord. Il ne commençait jamais une querelle le premier, mais, une fois attaqué, il rendait fève pour pois et boulet pour balle. On le savait et on ne se risquait pas. Il ressemblait en cela à Girardin.

Le malheur, c'est qu'on ne voit personne à qui il ait laissé sa plume. Nos mœurs littéraires, si détériorées, notre critique actuelle, faite de basse flagornerie ou d'imbécile violence, ne nous permettent pas d'espérer un second Sainte-Beuve et le défendent assez contre toute rivalité présente ou future. Il restera Sainte-Beuve, indivisible et seul. Est-ce à dire que, parmi nos contemporains, nul ne soit digne d'être nommé après lui. Ce serait faire tort à de légitimes renommées que de les croire forcément éclipsées par la sienne. Ce qu'il faut seulement retenir, c'est qu'aucun écrivain n'a été critique au même degré, avec la même érudition, avec la même autorité, disons le mot, avec la même sincérité que Sainte-Beuve. Plusieurs l'ont surpassé, sur certains points, mais sans le remplacer. Au nombre des généraux qui succédèrent à Turenne et qu'on appela sa monnaie, il y en eut sans doute auxquels la nature accorda certaines parties du général d'armée, par où ils furent égaux ou supérieurs à Turenne lui-même. Cependant, toutes ces fractions réunies ne valurent jamais le lingot. C'est ce qu'on peut dire de la monnaie de Sainte-Beuve, laquelle, au demeurant, serait peut-être l'équivalent de Sainte-Beuve lui-même si elle le voulait bien, mais qui, pour des raisons à elle connues, ne le veut pas et ne peut pas le vouloir.

La consigne est de ne pas se faire d'ennemis : « Ne marchons pas, mon maître, de peur des entorses ! » disait Sancho à don Quichotte. Ne parlons pas, de peur des ripostes, disent aujourd'hui les trois quarts de ceux qui auraient le droit de parler. Que voulez-vous? Ils connaissent trop de monde; chaque connaissance qu'on fait vous met un bâillon et vous coud les lèvres.

Il est parfaitement certain que quatre ou cinq académiciens et une dizaine de simples mortels (je me garde bien de les nommer) déploient chaque jour dans les discussions littéraires, une science, une compétence égales à celles de Sainte-Beuve. Ils ont des idées, ils ont des vues; ils ont traité à fond, l'un après l'autre, la plupart des questions qui nous intéressent et que le moindre incident fait naître ou renaître. Chacun d'eux a porté, dans l'exposé de ses doctrines, son tempérament personnel, ceux-ci plus de force et ceux-là plus de grâce. Mais qu'est-il sorti de ce congrès permanent? Rien d'assuré, aucune règle précise, aucune résolution ferme, pas une vraie polémique, pas même une provocation sérieuse, pas un manifeste contre la folie qui commence à nous envahir; au contraire, une profession de tolérance, un catéchisme de complaisance professionnelle, un échange de salamalecs.

Que parlé-je même de doctrines? Il n'y en a plus, il n'y a plus de croyance littéraire. On a rejeté cette foi sincère, qui agit, ou, si on l'a encore, on la cache. L'esprit de combativité, si nécessaire, s'est réfugié chez quelques bafouilleurs. Les autres bénissent ou se taisent. Admirez comment procèdent les critiques éminents dont chacun eut peut-être, à un moment donné, l'étoffe d'un Sainte-Beuve. Quand ils ont un livre à apprécier ou, ce qui est encore plus délicat, un portrait à faire, ils se préoccupent d'abord de ne pas désobliger le modèle. Sauf une ou deux exécutions, rachetées par de prompts repentirs, ils émoussent le pinceau et éteignent la touche. Quelquefois ils s'attardent volontairement au paysage et au cadre, éludant la figure et donnant à l'accessoire un développement démesuré. Le livre ou le portrait devient sous leur plume un simple prétexte à variations littéraires. Ils ont ainsi élargi la critique; mais ils l'ont terriblement énervée. Ils en ont fait un champ d'expériences et de manifestations personnelles, comme un chimiste qui, chargé d'analyser l'eau d'une rivière, commencerait par y prendre des bains et, au lieu d'opérer, s'oublierait à de savantes évolutions de nageur. Pendant ce temps-là, ils ont permis à la rivière de nous empoisonner.

Sainte-Beuve n'avait peut-être sur eux qu'une supériorité, mais il l'avait bien : critique, il critiquait. L'amour sacré des lettres conduisait et soutenait son bras vengeur. Il jugeait avec les précautions que la justice commande, mais avec la rigueur que la vérité exige. C'était le bon temps! Sainte-Beuve nous manque. L'opinion publique ne sait plus où se prendre et où s'arrêter. Elle passe indifférente à côté d'œuvres sérieuses et méritantes; elle salue avec enthousiasme des sottises prônées et recommandées. Nous assistons chaque jour à des engouements inexplicables contre lesquels personne ne proteste.

Faut-il parler plus clairement, déchirer tous les voiles? Faut-il apporter ici quelques preuves décisives, quelques citations péremptoires? Non, le cœur manque dès qu'on y songe. Ce serait crier dans le désert, s'exposer, sans résultat, à de féroces représailles et attirer peut-être sur soi un discrédit irréparable. Tenez pour certain qu'à cette heure un critique loyal, honnête, convaincu et sincère serait bientôt vaincu, étouffé, terrassé, honni et banni de la corporation comme un gêneur et un fâcheux, comme un faux frère.

Regardez ce qui se passe au théâtre, sur nos grandes scènes subventionnées, et tout spécialement à la Comédie-Française. Elle a un passé, une tradition, tout un héritage de gloire à soutenir et à défendre. Elle s'intitule fièrement la maison de Molière, elle est aussi celle de Corneille, de Racine, de Regnard et, sans remonter si haut, d'Émile Augier, des deux Dumas, de Meilhac, de Pailleron (encore une fois je ne veux nommer que des morts). Eh bien, regardez certaines pièces qu'on y joue et dites si le succès qu'elles obtiennent ne vous cause pas quelque surprise. Admirez surtout la langue qu'on y parle, c'est effrayant ! Toutes les fantaisies de l'argot boulevardier y sont admises; toutes les vulgarités de la conversation la plus familière et la plus suspecte y sont en honneur. A chaque instant, dans les pièces nouvelles, on vous sert des fanfreluches passées à l'état de lieux communs et de clichés. On déballe toute cette friperie conventionnelle que la Comédie-Française eût rejetée autrefois avec dédain. L'empressement qu'elle y met prouve simplement qu'elle est devenue un théâtre comme un autre, où manque et manquera toujours désormais cette élite intellectuelle qu'on appelait jadis le parterre, corbeille spéciale, fins connaisseurs, amateurs lettrés, délicats dégustateurs, bouches fines et oreilles fines, critique vivante et savante dont il fallait subir l'inspection et conquérir le suffrage pour réussir devant le grand public. Elle existe peut-être encore, mais désagrégée, débandée, éparse; il n'y a plus de parterre et c'est pourquoi la Comédie-Française, abandonnée à elle-même, n'est plus ce qu'elle a été, une sorte de régulateur et de métronome, qui donnait le ton et préservait la langue et la littérature dramatiques d'écarts dont elle n'a pas toujours compris l'inconvenance et le péril. La Comédie-Française, sous prétexte de suivre le mouvement — quel mouvement ? — s'encanaille et déroge.

On comprendra que tant de causes diverses aient contribué à détériorer la langue; il était peut-être impossible qu'elle y échappât, si son moment psychologique est arrivé; mais l'espèce de complot que nous avons dénoncé et suivi dans tout le cours de ce travail en a certainement précipité l'effet et aggravé l'action. Même sur une langue faite et à peu près définitive, le temps qui s'écoule exerce toujours une influence; la liste des mots vérifiés, des locutions usitées, des orthographes acceptées, des significations reçues, se modifie toujours, dans une certaine mesure, d'un siècle à l'autre. Nous avons vu comment des inscriptions nouvelles correspondent à des radiations nécessaires; on défait et on refait, on ajoute et on supprime; le vocabulaire, la grammaire, l'orthographe et la syntaxe obéissent à la loi du changement, qui n'est pas toujours la loi du progrès. C'est une fatalité à laquelle il leur faut absolument s'assujettir. Mais quand on les pousse sur cette pente, quand des réformateurs présomptueux s'efforcent d'accélérer cette naturelle évolution et d'y substituer une transformation artificielle, il est certain que cette brusque opération, contraire au tempérament et à la santé des langues, laisse après elle une blessure dont on voit longtemps la cicatrice.

Nous la voyons aujourd'hui, après cette malheureuse expérience d'un demi-siècle, et nous voyons aussi que la plaie mal fermée a toujours une tendance à se rouvrir, comme chez ces invalides à qui les moindres variations atmosphériques rappellent leurs anciennes mutilations. Elle est trop profonde pour se fermer complètement. S'il faut dire toute notre pensée — et pourquoi ne pas dire ce que l'on croit être la vérité? — nous allons, sans retour désormais possible, à une déformation totale de ce qui fut autrefois la langue française. Et ceci est à l'excuse des novateurs imprudents comme de la critique défaillante : l'état général du monde conspire avec l'imprudence des uns et avec les défaillances de l'autre. La facilité des communications internationales, en rapprochant les peuples et, par conséquent, les langues, devait nécessairement aboutir, dans un temps plus ou moins long, à une combinaison d'influences réciproques et à une promiscuité continue où disparaît leur marque originelle, leur signe de race. Les diversités s'atténuent, les originalités se confondent. Cet effacement général est déjà sensible aujourd'hui. Il le sera bien davantage lorsque l'idée de substituer à chaque idiome un jargon universel et commun à tous aura décidément fait son chemin. Elle le fait peu à peu, parce qu'elle répond à un besoin naturel de rapidité et de simplification. Au lieu de perdre un temps précieux à apprendre quatre ou cinq langues, chaque peuple, sans renoncer complètement à la sienne, n'en apprendra qu'une qui lui permettra d'entrer immédiatement en relations avec toute la terre. Trois mois d'études, et on se comprendra d'un bout du monde à l'autre avec un bréviaire accessible au premier venu. Le besoin créera encore une fois l'organe; on nous assure même qu'il est déjà créé et que l'usage s'en répand chaque jour de proche en proche. Si le *volapük* n'a pas réussi, c'est peut-être qu'il n'a pas su s'y prendre; mais la pensée qui lui avait donné naissance n'en était pas moins juste, et un autre instrument de conversation universelle, l'*espéranto*, s'apprête à recommencer l'expérience. Pour mieux dire, il l'a, depuis quelques années, reprise avec succès et il a obtenu des résultats extraordinaires.

Cet *espéranto*, qui n'est encore qu'une curiosité, finira-t-il par s'imposer à toutes les nations? C'est le secret de l'avenir; mais, au train dont marche cette pénétration, qui ne fera bientôt plus de la terre qu'une vaste promenade commerciale et industrielle, une grande foire *mondiale*, il n'est pas défendu d'envisager le jour assez lointain, mais peut-être inévitable, où les langues modernes, encore vivantes aujourd'hui, ne seront plus que des langues d'académie, des langues mortes.

FIN

TABLE

CHAPITRE V

SUCCESSEURS ET IMITATEURS

CHAPITRE VI

LA CONCURRENCE

I

II

CHAPITRE VII

LES DISCIPLES

I

II

III

IV

CHAPITRE VIII

LE SYSTÈME

I

II

CHAPITRE IX

L'IDÉE ET LE MOT

I

II

III

CHAPITRE X

L'ENFANCE DE LA LANGUE

I

II

CHAPITRE XI

MALHERBE

CHAPITRE XII

LES DEUX COURANTS

I

II

III

CHAPITRE XIII

L'ARCHAÏSME

I

II

III

CHAPITRE XIV

LA LITTÉRATURE BRUTALE

I

II

CHAPITRE XV

LA SYNTAXE ET L'ORTHOGRAPHE

CHAPITRE XVI

CONCLUSION

I

II

B — 6646. — Imprimerie MOTTEROZ et MARTINET, 7, rue Saint-Benoît, Paris.

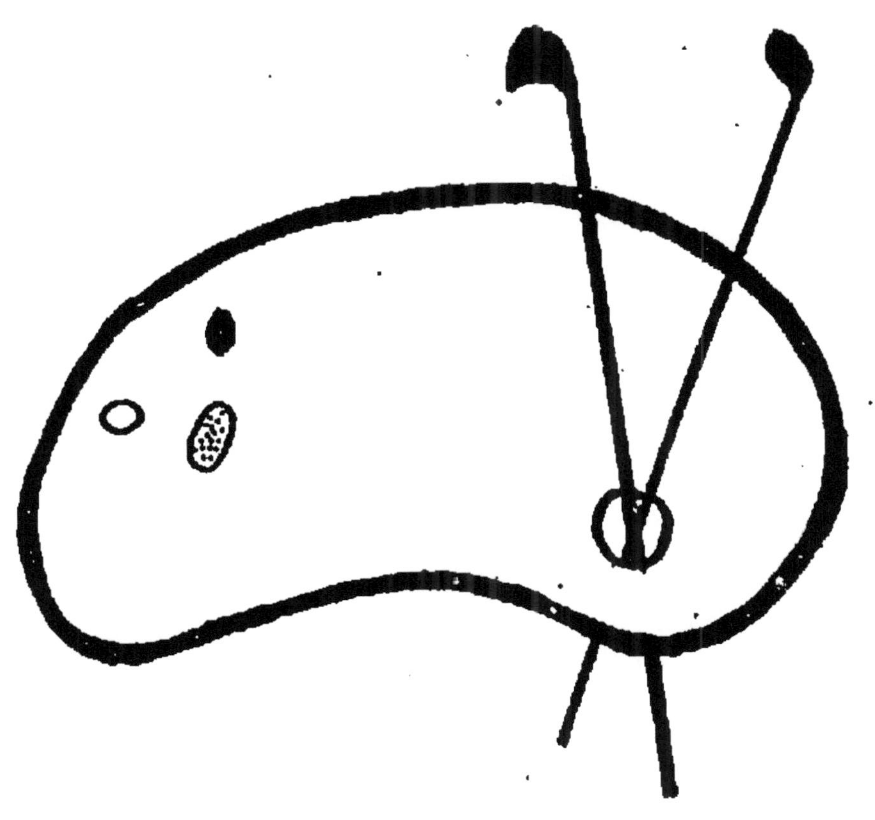

ORIGINAL EN COULEUR

NF Z 43-120-8